墨　人　著

本全集保留作者手批手稿

墨人博士作品全集【全60冊】

第十六冊　紅　塵6

文史哲出版社印行

紅塵6目次

第六卷

第七十六章 緬甸揚威兩兄弟 衡陽死守一孤軍

她們兩人到家之前，天行早就接到紹地的電報，知道她們要回來，余純純由學生變成了媳婦，他們一家人都很高興。

她們兩人到家時仍然是一身軍服，不過不是野人山中穿的那套又髒又臭，滿是蝨子的軍服，那身軍服已經在藍姆伽燒掉，換了一套新的質料好的美軍羅斯福尼軍服。身上、頭上的蝨子也清除乾淨了。

她們彷彿是再世為人，一看見天行的茅屋就喜極而泣，紹芬一見到蝶仙就抱著她淚流滿面地說：

「大媽，我們總算活著回來了！」

「我想得到，妳們這次苦頭吃大了。」蝶仙拍拍她，同時望望余純純說。

余純純也改口叫蝶仙大娘，對天行的稱呼也改了。

天行他們只從報紙上看到他們的部隊從野人山撤退到印度的消息，個中情形一點也不清楚。天行從東京國際報社發行的《世界畫報．大東亞戰爭號》上看到指責英軍的話：

「臨陣先逃，渝軍徒為其犧牲，狡猾根性，實堪切齒。」

他知道他們的部隊犧牲重大。因此他一直關心他們的安危。等她們兩人說出進入野人山那段經歷之後，他才完全瞭解。蝶仙聽完她們兩人的敘述之後，禁不住一手摟著一個說：

「妳們真是命大！居然過了野人山那種鬼門關？好好地休息一陣子，我要把妳們兩人的身體養好。」

「大媽，我和純純兩人現在無隊可歸，連畢業證書都在野人山泡湯了！白吃了這幾年苦，現在只好給您做灶下婢了。」

「我看妳們還是繼續升學吧？」天行說。

「爹，我門年紀大了，功課快忘光了，又沒有任何證件，怎麼升學？」余純純說。

「妳可以插班唸三年級，我和黃老師給妳出證明。紹芬以同等學歷考大學，還有大半年的時間溫習功課，考中大應該可以過關。」天行說。

「二伯，除非您替我護航，不然我真沒有把握。」紹芬說。

「妳的考運好，又很有一套，我對妳有信心。」蝶仙笑著鼓勵她。

「如果不是為了從軍，我們都大學畢業了。」余純純說。

「現在還不算遲。」天行說：「中大三十歲的學生都有好幾位。」

「我們這個圈兒可兜大了！」紹芬說。

「沒有幾個人是走直線到底的。」天行說：「不經山重水複，也沒有多大意義，你們兩人總算沒有虛度此生。可惜的是李烈、劉安娜，我真沒有想到，他們滿腔熱血，壯志未酬，卻暴骨野人山！……」

「希望紹武、紹地能替他們復仇。」余純純說。

「這次一定能辦到！」紹芬說。

「何以見得？」蝶仙又問。

「他們現在完全是美國裝備，有三個師的步兵，還有七個戰車營、三個砲兵團、兩個工兵團、一個輜重兵團、一個憲兵營。給養好、武器新。以前我們是裝備給養遠不如日本人，現在處處超過他們，士氣又高，自然可以報仇。」紹芬說話的口氣完全像個行家。

蝶仙聽了不禁一笑，望望她們兩人說：

「妳們兩位真是我們家的花木蘭。」

「我們吃的苦，受的罪比花木蘭多，可惜不是得勝回朝。」余純純說：「我們這樣回來，真沒有面子。」

「本來我們兩人要隨軍反攻緬甸，不肯回來。可是由於政工隊、華僑隊死的人太多，上級硬不准我們參加，只好憋著一肚子窩囊氣回來。」紹芬說。

「我們到底是女人，不能逞強。」蝶仙拍拍她說。

她們回來以後，又熱鬧多了。尤其是紹華、紹珍、紹玲她們三姐妹，把她們兩人當巾幗英雄看待，無事時總是要她們談戰爭情形，她們像聽《天方夜譚》一樣，樂此不疲。

「我真耽心妳們給日本人俘虜去了做押寨夫人！」紹珍有一次忽然這樣說。

「那不叫押寨夫人！」紹華說：「日本人比強盜、土匪更壞……」

「當時我們真沒有想到這一點。」余純純說：「現在回想起來，反而害怕。」

「要是真的當了俘虜，那妳們怎麼辦？」紹珍又問。

「妳說怎麼辦？」紹芬反問她。

「我會嚇得手腳發軟，不知道該怎麼辦？」紹珍天真地一笑。

「沒有出息！」紛芬罵她一句：「妳不會死？」

「死不成又怎麼辦？」紹珍笑問。

「別問這些傻問題。」紹華笑著罵她。「一當俘虜，不論男的女的還不是任敵人宰割？」

「所以我們寧可死在野人山，也不甘願被俘。」余純純說。

蝶仙瞭解他們的情形之後，對她們兩人特別憐愛，更注意她們的營養，每天另外給她們一人兩個荷包蛋，做為特別補充。她們看見荷包蛋，想起在野人山往往十天、八天吃不到一點東西，和連包穀心都當作寶貝吃進肚子的情形，不禁落淚，對蝶仙也就格外感激。紹芬常常對她說：

「大媽，我們現在是生活在天堂裏，不要再加雞蛋了，有糙米飯吃就心滿意足了。」

「聽妳說得怪可憐的！」蝶仙憐愛地向她們兩人笑笑：「我在妳們這種年齡時，還是大門不出，二門不邁，風不吹、雨不打，那像妳們這樣湯裏火裏都去過？一餓就是十天、半個月，連米湯都喝不到，三、四個月不洗澡，渾身都長滿蝨子，我真是做夢都想不到。」

「大娘，您的福氣比我們好。」余純純說：「我們是一出門就遇著打頭風，日本鬼子彷彿是衝著我們這一代人來的？」

「日本鬼子是衝著我們大家來的，不過就靠你們這一代人和他們拚命，不然我們連沙坪壩這個茅屋都住不成，早做亡國奴了！」蝶仙說。

龍太太還怕余純純有喜，她暗中囑咐蝶仙好好為她調養，蝶仙曾經悄悄問她，她紅著臉笑著搖搖頭。蝶仙笑說：

「大概是身子太虛的關係？這樣也好，可以順利完成學業，有了孩子就麻煩多了。杏芳現在整天被孩子纏著，什麼事兒都不能做。」

郝薔華也很體恤她們，時常帶她們去沙坪壩上小館子，或是買些魚肉回來打牙祭。因此她們兩人的身體復元很快，又漸漸豐潤起來。紹芬出落得比紹華、紹珍、紹玲三姐妹更有丰采。余純純顯得更成熟。

由於紹華她們三姐妹在學的關係，她們兩人溫習功課也很方便，她們的理解力又遠超過同年齡的人。紹芬還在報紙副刊投稿，把她的生活經歷片片斷斷寫了出來，這是別人不能寫的，很得讀者的喜愛。天行也很賞識她的才華，蝶仙更加疼她。

余純純順利地復學，紹芬也考取了中大。

紹芬一上學就引起老師同學的注意，她已經小有名氣，大家都把她當作小作家、傳奇人物看待。余純純雖然沒有寫文章，當別人知道她結過婚，又當過上尉，也是刮目相看。

在這期間，紹武、紹地他們這批駐印遠征軍已經完成叢林作戰訓練，士飽馬騰，為掩護修築雷多公路，便開始對緬甸日軍發動攻擊。

先由一一二團進入緬北，攻克拉家蘇、新平洋、寧便等地，有一部分被日軍田中新一師團主力包圍一個多月，官兵糧盡，以芭蕉維生，仍堅守陣地，直到一一四團增援上去，裏應外合，消滅日軍一個大隊的兵力，造成于邦大捷，將更的宛河與大龍河合流處的日軍全部肅清，大龍河以西無一敵蹤，雷多公路也修到新平洋。

而劉連生這一團又奇兵突出，做為右翼，紹地已升連長，與紹武這一連在大洛河的叢山密林中披荊斬棘，做開路先鋒，向大洛挺進。

他們費了一個星期的時間突然進入大洛河谷的百賊河畔，紹地這一連負責切斷日軍後路，紹武這一連擔任正面攻擊，出其不意，一舉殲滅了日軍岡田中佐大隊長以下官兵七百多人，俘虜二十六人，鹵獲一營的裝備，順利攻下大洛。他們兩個連只死傷六十多人，是一次漂亮的殲滅戰。

他們兩兄弟會師的時候，紹武對紹地說：

「這一仗總算雪了我在溫藻濱負傷和上次撤退到印度的恥辱。」

「也算替李烈和劉安娜報了仇。」紹地說。

「可惜紹芬、余純純沒有看到我們這次的大勝仗！」紹武說。

「她們能活著回重慶就不容易。」紹地說：「女人到底不是戰鬥人員，她們這幾年也苦夠了！從前沒有女人經過這種九死一生的大難。」

「別說是女人，唐僧取經也沒有那麼危險。」

「我們到印度的路線也和唐僧不同，唐僧絕不可能通過野人山。」

這次他們反攻緬甸，攻克大洛，又完全是在叢山密林中披荊斬棘，一面開路一面前進，一個星期完全靠軍用餅乾、生水維持，樹林遮天蔽日，日本空軍也沒有辦法發現，所以他們突然出現在百賊河畔時，日軍驚惶失措，想跑也跑不掉，因為退路已被紹地一連人切斷，正面又遭到紹武這一連人迅雷不及掩耳的猛烈攻擊，他們現在的武器又比從前由雲南進入緬甸時精良得多，火力又超過日軍，以前對付日軍的碉堡沒有辦法，只能用手榴彈攻擊，因此傷亡重大，現在他們有火燄噴射器、擲彈筒，對付叢林和碉堡中的敵人十分有效，因此岡田大隊完全被他們消滅，僅餘的二十六名殘卒，又被他們活捉，粉碎了侵緬日軍「攻必克、守必固」的神話。可惜這個勝仗沒有隨軍記者參與，他們不知道詳情，只能在指揮部發出一則簡略的電訊。

隨後他們又一路攻克班卡、孟關、般尼、丁高沙坎、間希班山、瓦魯班、喬魯陽、瓦拉查、沙杜查、拉班、瓦康、大樹班、馬拉高這些重要據點。

日軍很狡猾，也善於叢林作戰，他們的狙擊手的射擊也十分準確。這些狙擊手都隱藏在高大的樹上，伺機向他們襲擊。紹武、紹地的部隊也受過嚴格的叢林作戰訓練，他們各自挑選了一班百步穿楊的神射手做斥堠，專門對付隱藏在大樹上的日軍狙擊手。他們當初從雲南入緬時，就有不少士兵死在日軍狙擊手的槍下。這次日軍又想重施故技，但遇到頭上戴著綠色鋼盔、紮著綠色樹枝，身穿草綠卡其軍服，手持衝鋒槍、卡賓槍的神射手時，便像打鳥一樣把他們從樹上一個個打下來，有些還掛在樹叉上，像掛著死貓死狗。

紹武、紹地這兩連的神射手斥堠，自己取了個綽號「打鳥隊」，反攻緬北以來，都是他們先肅清日軍據點外圍的狙擊手，然後殲滅守軍。

攻打孟關一役，紹武、紹地兩連擔任正面攻擊，鏖戰十天，日軍才不支敗退。敗退之前，紹武截獲了日軍向孟關東南的瓦魯班撤退，準備集結主力反擊的作戰命令，他們以閃電的行動啣尾急進。而美軍一部已先到瓦魯班東北，向正集結的日軍進攻，卻被日軍打敗，後退八哩，美軍告急，他們兩連奉命截斷日軍退路，連續兩天兩夜急行軍，實施超越攻擊，日軍腹背受敵，損失慘重，又攻克瓦魯班。胡康河谷的日軍又全部肅清。

堅布山是胡康河谷的分水嶺，兩側山勢險峻，森林綿密，自古以來罕有人跡。日軍以一個聯隊配備各式砲三十門，準備死守隘路口，控制山腰的滇緬公路，隘口以北的丁高沙到以南的沙杜渣，全長十哩。紹武、紹地兩連奉劉連生命由北向南進攻，與由南向北進攻的友軍兩面夾擊。日軍砲火兇猛，戰鬥慘烈，有五位連長身負重傷，他們都是紹地的同學。好不容易攻下高魯陽，又向南兼程急進，攻克堅布山要隘沙杜渣，與由南向北夾擊的友軍會師，日軍遺屍遍野，樹上、碉堡裏、壕溝裏，都是屍體，血流成渠，五十六聯隊幾乎全軍覆沒。緬北天險從此全都由駐印遠征軍掌握。

紹武、紹地兩連在攻佔馬拉高之後，已近雨季。為了早日消滅田中新一師團於索卡道以北地區，劉連生這一團奉命自馬拉高向西經二三九高地西側，再向西南沿拉西河、南亞色溪，經魏家向東，指向索卡公路二十二哩處，切斷田中新一師團退路。但是劉連生這一團只有紹武、紹地兩個連長沒有負傷，兵力也比較完整，劉連生便把他們兩人叫到面前，親自對他們說：

「這次上級決定一舉殲滅田中新一師團，命令本團切斷他們的退路，任務重大。連長當中只有你們兩人沒有受傷，實力比較完整，因此我要你們兩人達成這個任務。」

劉連生隨即指著作戰地圖，要紹武擔任自馬拉西向西經二二九五高地至拉西河上基準點的確定，紹地擔任自魏家向東至索卡公路上切斷拉其卡據點的建立。一面阻止敵人向南脫逃，一面阻止敵人援軍北上。

「你們兩個連要背靠背佔領陣地，把索卡公路封鎖得水洩不通，使日寇成為甕中之鱉，我們報仇雪恥，在此一舉，只許成功，不許失敗！」劉連生向他們斬釘截鐵地說。

他們兩人連連答「是」。劉連生又對他們說：

「俗話說：『打虎還要親兄弟。』日本鬼子比老虎厲害狡猾得多，田中新一師團又是日寇的精銳，反攻緬甸以來，我們雖然一路打勝仗，但田中新一師團並未完全消滅，這一次也是你們兩兄弟報仇雪恥立功的大好機會，一定要同心協力，把敵人完全殲滅。」

日本一個師團是兩萬人，田中新一師團自侵入緬甸以來，打得英軍落花流水，最近又在瓦魯班東北打敗美軍。劉連生這個團反攻緬甸以來，卻戰無不勝，攻無不克，紹武、紹地兩連更是戰果輝煌，損失最小，所遇的對手又都是田中新一師團以及松山祐三師團的一部分。上次由於英軍過河拆橋，逼得他們退入野人山的就是田中新一師團。這次他們捲土重來，連戰皆捷，使田中新一部隊聞風喪膽，不敢出戰，只是龜縮在碉堡裏死守。對英美軍隊則主動出擊，不但在瓦魯班打敗了美軍，在孟拱以南又將英軍五百人包圍，又是友軍解圍。所以這次他們決定在索卡公路以北地區把他們包圍聚殲，他們這兩連就是迂迴敵後，收緊口袋以達聚殲的目的。

他們在大雨滂沱中執行這個任務，一路又是披荊斬棘，關路迂迴，艱難困苦，不下於退入野人山和最初向大洛反攻時的情形，只是有乾糧可以裹腹，有雨衣可以遮雨，不致全身盡濕，膝蓋以下還是透濕。經過一星期的急行軍，他們終於按照計畫各自佔領陣地，完成封鎖、阻擊態勢。隔著南亞色溪還有紹地同學率領的一個連和他們成犄角之勢。這一團的排、連、營長都是劉連生的學生。

他們剛佈署完畢，敵人就以一百門重砲，向紹武陣地連續轟擊兩天，然後以四個大隊的兵力向他的陣地輪番突擊，想衝出重圍。他們的陣地積水盈尺，官兵全泡在水裏，乾糧也吃完了，餓著肚子對付敵人，有兩次敵人已衝到陣前，都把他們打了回去，不讓他們越雷池一步，結果這些敵人都被消滅在口袋裏。

紹地也成功地阻止了北上增援的日軍，使他們知難而退。

經過九天包圍的殲滅戰，使殘缺不全的田中新一師團遺屍七千多具，生俘英井少佐以下官兵二百多人，鹵獲重砲五十六門，車輛一百九十多輛，戰馬三百多匹，步槍、機槍六千多枝，田中師團全部被殲。僅田中師團長率少數殘餘泅印道河倖免。這是日軍在緬甸的最大慘敗。

他們乘索卡道勝利餘威，又攻佔緬北重鎮卡盟。反攻緬甸第一階段作戰勝利結束。

戰役結束後，劉連生高興地對紹武、紹地說：

「這一仗打下來，才算雪了我在南京突圍的奇恥大辱，也算替老師報了仇。」

「可惜田中新一跑掉了。」紹武意猶未足地說。

「只要他在緬甸戰場出現，總有機會逮著他。」劉連生充滿信心地說。

反攻緬甸第一階段勝利結束後，他們擴編為兩個軍、五個師，還有七個戰車營、一個獨立步兵團、四個砲兵團、一個高射機槍營、一個汽車兵團、兩個工兵團、一個通訊兵營、一個高射機槍營、一個教導團、一個特務營、一個獨立憲兵營。實力增加一倍以上。這些擴編的部隊都是國內第六、第九兩個戰區調來的精銳之師改編裝備的，美軍只有一個團又一個營。

部隊擴編，論功行賞，劉連生升為師長，紹武、紹地都升為少校營長。

隨後展開第二階段的反攻作戰。紹武、紹地的部隊是西路，首先進入伊洛瓦底江北岸，連佔叫支、摩首、丁八佛因，鹵獲大批日軍奪自美軍的渡江器材，這批器材正好幫助他們渡過伊洛瓦底江。屬於第二師團的一部分日軍和緬軍驚惶失措，他們迅速將這兩部分敵人擊潰。再克稅古，殘敵向派勒友突圍，逃往八莫。他們奉命協助東路友軍攻佔八莫，向曼大挺進，與東路友軍在公馬哈會師，合力攻佔八莫，日軍搜索聯隊全軍覆沒，聯隊長原好三大佐陣亡。他們又歸還原建制戰鬥序列。

當他們進攻到距離緬甸首都曼德勒不到一百哩的地方時，國內戰局惡化，他們突然奉命空運回國馳援。

原來日本人因在緬甸節節失敗，西南太平洋海空軍優勢盡失，美軍大規模反攻，處處於挨打的局面。在中國戰場又因飛虎隊成立後，中美空軍已取得制空權，日本飛機不敢再炸重慶，重慶又從瓦礫中重建起來，人心安定，日趨繁榮，日本國內外情勢反而一天不如一天，人民生活相當困苦，美子都在節衣縮食，一日三餐都成問題，而最糟的是中美空軍已經不止一次遠征東京，投下大量傳單，替日本人敲起喪鐘。日本軍閥知道事態嚴重，為了安定國內人心，不得不做最大的掙扎，因此擬訂了第一號作戰計畫，第一個目標就是奪取桂林、柳州的B二十九空軍基地，以免日本本土遭受轟炸。最終目的當然是希望打到重慶。因此又在國內動員，增編十四個步旅團，並從本土及東北抽調部隊，全部投入中國戰場。以十四個師團，二十八萬人的兵力，向湖南長沙、衡陽瘋狂進攻。龍子也捲進了這個戰場。川端太郎因在桂南戰場負傷，斷了左臂，已經退役回國，他弟弟次郎卻在這次動員中編入十四步兵旅團，參加了這次的瘋狂進攻。他出征時家人十分悲傷，太郎雖倖而未死，但已經給他很大的打擊。加之緬甸、太平洋的皇軍都在敗退，「皇軍無敵」、「武運長久」的神話已經不攻自破。他出征時美子正在娘家，他請美子縫千人針袋，美子哀傷地對他說：

「你哥哥的千人針袋丟了，斷了一隻胳膊。希望你能平安回來。不過，我有幾句話必須交代：你千萬不要殘忍。中國人並沒有侵犯我們，是我們對不起他們。你哥哥在南京犯下的大錯，現在他已經後悔莫及，你千萬不可再犯！我們家信觀音菩薩，小心冥冥中會有報應，姑姑向你說這番話，並不是因為姑姑愛了一個中國人，而是做人應該分別是非，要有良心……」

美子想起龍子、天行，忽然泣不成聲。隨後又囑咐他說：

「我這些話你只能記在心裏，要是說出去了，姑姑就擔待不起反戰的罪名！」

次郎也聽他哥哥談起戰爭的情形。太郎曾經對他說：

「當時我還以為自己是個武士、英雄，現在想起來，實在該死！我斷了這隻殺人的手，算是很輕的報應。」

次郎想不到，這次又輪到他出征！自己能不能活著回來？他不敢想。隔壁的荒木只有骨灰回來。他一想起那盒骨灰，心裏就涼了半截。

他一開到中國，就參加進攻長沙。他們以壓倒的優勢兵力猛攻長沙十三天，守軍知道敵人的兵力過於強大，不可能像以前一樣把他們擊敗、消滅，只求消耗他們的實力，打到十三天，不得不撤退。

紹忠的部隊也隨著撤退，一直退到衡陽，才奉命死守。死守衡陽在名義上是四個師，但兵力並不完整，實際上只有兩師、一團、一營，共約一萬五千人，不過都是久經戰陣的老兵。紹忠先後參加過三次長沙會戰，兩次大捷，只有這次撤退，他已經升任連長。他的部隊裝備自然遠不如紹武、紹地的反攻緬甸部隊。幸好衡陽的防禦工事做得非常好，地形又很有利。衡陽是在湘江西岸，北有河寬百公尺的蒸水，西南兩面是複雜的丘陵地帶，週圍有無數的蓮池魚塘，接近城廓的道路都是池塘之間的小徑，沒有寬闊的大路，在小徑上又有堅固的地堡，丘陵地帶有幾線據點工事，各碉堡的位置都能相互支援，發揮直射、側射的火力，形成猛烈的火網。各丘陵地基部都削成斷崖，上面有手榴彈投擲戰壕，各據點之間又有交通壕相連，形成虎形巢綜合陣地。軍部設在五桂嶺。

所有守軍都按照計畫進入陣地，但他們只有十天的彈藥糧食。而進攻衡陽的日軍總兵力是五個師團一個獨立旅團，達十多萬人，雙方兵力約一與十之比。因此日軍預定一天之內攻下衡陽。

日軍最先對衡陽發動攻勢的是佐久間師團和岩永師團。佐久間師團長先以精明勇敢的松山圭助大佐統率步兵一千人攻佔衡陽機場，但他們沒有戰鬥機立刻進駐，因為他們的空軍已經破產，而且不敢在白天出動，怕遭中美混合空軍的攻擊，他們自知不是對手。

他們佔領機場後，佐久間師團乘勢渡過湘江，會同岩永師團發動第一次夜間猛攻，大砲、機槍、步槍、手榴彈聲，震耳欲聾，火光燭天，衡陽週圍如同白晝。日軍幾次衝到陣前，都被守軍據高臨下，以密集的手榴彈消滅了。木柄手榴彈殺傷力很強，半徑五十公尺以內的敵人很難倖免。他們每次衝鋒都是兩、三百人一排，每次都死傷慘重，無功而退。

日軍使用大砲向守軍陣地施放毒氣彈，守軍損失很大，死傷的官兵都是前額潰爛，眼睛瞎掉。他們都沒有防毒面具，也沒有想到日軍會違反《國際公約》，不顧人道，又是黑夜，更措手不及，紹忠這一連一下子就死傷了二十幾位士兵，其他第一線守軍情形也都相差不多，有的死傷更重，但他們的陣地屹立不搖。

天亮以後，戰事沈寂下來，他們和日軍距離只有二百五十公尺，陣前躺滿了日軍屍體，紹忠陣前就有四十多具，來不及運走。而佐久間師團長及參謀長，各聯隊長因在第一線偵察守軍迫擊砲陣地，都負重傷，旅團長吉摩源吉少將更被迫擊砲彈貫穿腹部陣亡。

川端次郎是在毒氣彈發射之後，隨著兩、三百人的敢死隊做最後一次的衝鋒，他們準備奪下守軍迫擊砲連的陣地，想不到快衝近陣地三十公尺時，陣地上突然向他們投出雨點般的木柄手榴彈，手榴彈像鞭砲一般地開起花來，他想叫一聲觀音菩薩都沒有叫出來，就和別人一樣震倒下來，身體彈了兩下就死了。

龍子自臺兒莊戰役之後，又轉戰各地，第二次、第三次長沙大戰他都參加了，雖然都失敗了，狼狽而逃，幸未負傷。但他對戰爭愈來愈厭惡，愈來愈痛苦，而且知道日軍一天天在走下坡，不但補給比從前差了很多，彈藥也顯得不足，最明顯的是缺少空軍支援，他曾經親眼看到日本飛機見了中美空軍就逃，不敢交戰，偶然交戰，都被打了下來，連零式飛機都不是對手。他愈來愈覺得前途無望，他看到死了那麼多中國人，更加深了自己的罪惡感。尤其是這幾年來他親眼看見官兵的姦淫擄掠，慘無人道，更加痛心，這次進攻衡陽，湘江東岸沒有守軍，官兵又大肆姦淫。王家集有一個人家的媳婦懷孕了八、九個月，士兵都要姦淫，他出面勸阻，他們不聽，反而質問他說：

「你是日本人，怎麼反而替中國人說話？」

他聽了一驚，不敢再作聲。他們還惡作劇地要他先姦淫，他死也不肯，他們又譏笑他說：

「他不是武士，他是聖人。」

他們不但把那個大肚皮的孕婦輪姦了，還用刺刀刺進那個孕婦的肚子，把胎兒挑出來。他恨不得把那個毫無人性的士兵殺掉，但他孤掌難鳴，他們都是一個樣子，殺也殺不了那麼多，他只有暗自落淚，想起美子和天行的話，他心裏更加難過。

另外有一個生產才三天的女人，也被他們輪姦而死，還用刺刀刺進嬰兒的胸脯，將他高高舉起，揮舞取樂。

他們到達一個叫做李家村的地方時，部隊向村長要「花姑娘」，要他做翻譯，他十分為難，小隊長罵他：

「你為什麼不翻？我們的營妓不夠，為什麼不就地取材？」

他只好向村長說明，村長推說婦女都逃走了，找不到，他善意地警告村長：

「他們不講理，像一群瘋狗，你小心大禍臨頭！」

村長很感動，但他很堅定地對龍子說：

「我想不到還有你這樣的日本人？但是我不能找花姑娘來給他們蹧踏。」

「他們會殺了你！」龍子說。

「我情願一個人死，也要保全全村姑娘的清白。」村長說。

龍子沒有辦法，向小隊長說姑娘們都逃走了，村長找不到。那些士兵便凶神惡煞般地把村長綁在他們李家祠堂的麻石柱子上，澆了他一身汽油，點一根火柴，把村長活活燒死，燒成焦炭，村長沒有哼一聲，龍子看了卻忍不住眼淚淋淋。

他們又抓住村長的兒子，要他找花姑娘，那孩子也不肯，他們便把他綁在一棵榕樹上，當活靶來打，一人一槍，打了兩、三百個窟窿，腦袋打成個爛西瓜。

離開這個村子不遠的地方，他們碰到一群年輕的女人，集體逃避，他們便像瘋狗一樣地追了上去，那些女人急了，都跳進湘江，他們卻用機槍向他們掃射，江水立刻變成一片血紅。龍子望著那幾十個年輕婦女載沈載浮的屍體，仰天歎了一口氣。他想不透，人為什麼會這麼殘忍？這和野獸有什麼分別？

還有一次，他們一班人去一個村莊抓雞吃，這個村莊的人都逃光了，有一個生病的女人來不及逃，他們這一班人也把那個女人輪姦死了，還把軍刀插在她的小腹上，把她關在雞裏的雞統統捉走。

川端次郎和他不在一個聯隊，他不知道次郎是否也像太郎在南京一樣殘忍？這次在湖南是不是也和他隊上的官兵一樣沒有人性？他在岳陽見過他一面，以後就再也沒有見到他了，他也不知道次郎在第一次攻擊中就陣亡了。

由於師團長負傷，損失很重，日軍重新調整佈署，白天戰爭突然沈寂下來。

守軍也利用這個機會修補工事，掩埋屍體。天氣很熱，屍體上集滿了大頭蒼蠅，不埋就會發臭。

可是一到夜晚，日軍又發動猛攻，砲火比第一夜更兇，毒氣彈射得更多，守軍卻聰明地迎著逆風衝過去，等毒氣散了再回陣地，減少了一些死傷。日軍也在這天夜晚把屍體運走。

龍子卻在這一次的黑夜攻擊中受了重傷。他們兩、三百人也是在砲兵射過毒氣彈之後，向紹忠的步兵陣地衝鋒，想一舉奪下這個陣地，卻被他們的交叉火網封鎖，衝不過去，非死即傷。他被同伴即時拖下戰場，連陣亡的人也拖走了，他們怕守軍再知道他們死傷的情況。

日軍三天猛烈的攻擊，沒有得逞，戰事便暫時和緩下來，他們預定在一天之內攻下衡陽的夢想完全破滅了。

但是守軍因為毒氣的關係死傷也很重，軍部撤退到城內的中央銀行，部隊重新調整佈署。

這段期間雖只有斷續的攻擊，但日機卻在拂曉或傍晚時分猛炸衡陽，尤其是傷兵醫院，更是他們轟炸的目標，傷兵本來缺少醫藥，舊的傷兵傷得更重，天氣又十分炎熱，蛆從傷口往外爬，遍地都是蛆，死亡一天天增加，新的傷兵也一天天增加。城裏的房屋已經夷為平地。

守軍的彈藥一天天減少，副食也完全斷絕，只有鹽巴，主食是霉米，連飲水也成問題，湘江的水雖然喝不完，但衡陽城已被團團圍主，要想取得一滴江水，也要人命去換。空氣中瀰漫著屍臭，城裏的井水也有臭味。

日軍經過十天的整補之後，又開始第二次總攻。首先是施放毒氣，接著用排砲轟擊，守軍陣地都轟平了，再以步兵衝鋒，但守軍從彈坑裏爬起來，給敵人一陣陣手榴彈，讓敵人都死在陣前，不放棄一寸土地。

方軍長覺得第一線陣地不能再守，守下去只有增加死傷，會縮短守城的日期，便自動撤退到第二線陣地。

撤退時軍心有些慌亂。彈藥、士兵愈來愈少，紹忠這一連還不到一排人，三個排長都死了，他也負了輕傷，他要一位資深的上士班長王虎代理排長，指揮作戰，王虎悄悄問他：

「我們損失太大了，彈藥又不夠，要不要突圍？」

「我們是奉命死守衡陽的，沒有命令，絕對不能突圍。」紹忠斬釘截鐵地說：「我們同生死共患難這麼久，三次長沙會戰我們都挺下來了，這次也要挺下去！」

他們又在第二道防線穩定下來，儘管敵人怎樣猛攻，他們仍然死守陣地，迫擊砲、手榴彈發揮了最大的威力。

第二次總攻，使右翼的佐久間師團所有重要的指揮官都負了傷，戰力完全癱瘓，由左翼一一六師團長統一指揮，岩永師團也損失慘重。兩個師團各隊官兵平均只剩下二十名，原任隊長所剩無幾，改由士官代理。這次總攻又有聯隊長一人陣亡，大隊長六名陣亡。攻勢又停頓下來。

守軍抱定必死的決心，與衡陽共存亡。到處用粉筆和石灰寫著：

精兵勇將死守衡陽

人在城在人死城亡

抗戰到底勝利在望

日軍的第三次總攻集結了重砲五門、野山砲五十門，五個師團的兵力，而守軍已經不到一千人，仍然死守。

週圍不到四百公尺，高不過百公尺的天馬山的泥土，被日軍排砲翻起過三次，寸草不留。日軍以為這一次必然十拿九穩地奪下這個陣地，幾百人蜂湧地衝到山下，山上突然豎起青天白日旗，赤膊帶傷的守軍一聲不響，從彈坑裏跳出來，猛然投出一陣手榴彈，這樣解決了三批進攻的敵人。這時山上只剩下紹忠和十幾個弟兄，他們投完了最後一顆手榴彈才壯烈成仁。

日軍原來以為這次總攻一下子就可以佔領衡陽，想不到猛攻了三天還進不了城。這時城裏只剩下伙伕、號兵、理髮兵、勤務兵，和一位姓張的戰鬥兵，他先傷了左腿，拄著棍子再去戰鬥，又打斷了左臂，傷了頭部，他要求軍長給他幾顆手榴彈，請勤務兵揹著他再進交通壕，投了幾顆手榴彈，才嚥下最後一口氣。

八月六日晚上，一小隊日軍從小西門衝進來已經無人可堵了。八日清晨，城裏再也聽不見槍聲和手榴彈爆炸聲，也沒有一個活著的士兵，更沒有一個人投降。日軍得到的是一座死城。

衡陽失守的消息很快傳到重慶，自然也很快傳到沙坪壩龍家。他們剛為紹武、紹地他們的駐印遠征軍反攻緬甸，克復密支那高興過兩、三天，又為紹忠在衡陽殉國悲哀，紹華、紹珍、紹玲三姐妹又哭了一場。紹芬和余純純比較鎮定；她們安慰大家說：

「或者還有一線希望？」

「他們孤軍打了四十七天，衡陽已經夷為平地，沒有一兵一卒，他怎麼可能活著？」紹華哭著說。

天行不好作聲，他知道紹忠生存的機會太少。但他不知道川端次郎在衡陽陣亡，也不知道龍子又在衡陽重傷。

蝶仙又買了一些紙錢，備了一些酒菜，在菜園路邊祭奠。她喃喃地說：

「紹忠，不管你是死是活？我燒些紙錢安心，也祭祭衡陽的忠魂。」

第七十七章　黔桂路難民如蟻　沙坪壩落葉知秋

日軍進攻長沙衡陽時，有大批難民湧到桂林，那時候正是夏天。日軍攻佔衡陽之後，在八月底又結集了四個師團的兵力沿湘桂鐵路進攻桂林。另外還以兩個師團的兵力直犯湘西芷江。原先逃到桂林的長沙、衡陽一帶的難民還沒有疏散出去，桂林早有人滿之患，桂林的許多山洞裏都住了難民，七星崖的棲霞洞住得更多。現在日軍又一路向桂林打來，一路姦淫擄掠，老百姓十分恐懼，新的難民又湧到桂林。

日軍打到桂林時已經是冬天，經過十天的激戰，桂林又被日軍砲火夷為平地，有好幾千無法逃走的難民和退入七星崖棲霞洞抵抗的守軍，都被日軍施放毒氣慘死在洞裏。

十一月九日，桂林和柳州同時失守。幾百萬難民又從桂林、柳州一路逃往貴州。黔桂路上的人像螞蟻一樣，綿延數百里，絡繹不絕。他們手上挽著大大小小的包裹，肩上挑著棉被、鍋盌、日用的東西，背上揹著孩子，懷裏抱著的也是孩子。這時正是寒冬，又冷又餓，孩子哭哭啼啼，晚上就睡在馬路邊上，而敵人一直在後面追趕，往往一夕數驚，因為桂林、柳州撤退下來的部隊，兵力十分單薄，擋不住強大的敵人，又沒有援軍的消息，人人如同驚弓之鳥。

紹人、凌菱兩夫妻也在難民潮中，他們生了一個女兒才滿月，他挑著鋪蓋和幾年來的雜誌合訂本以及未用的稿件，凌菱揹著女兒，挽著換洗衣服等應用的東西，兩人走得很慢。起先還有幾位文化界的朋友一道走，慢慢地她們就跟不上，掉了下來。紹人向來沒有挑過東西，起先他捨不得丟掉那些雜誌合訂本，和自己心愛的書籍，但書籍雜誌最重，他勉強挑了一天，肩膀就磨腫了，只好丟下幾本心愛的書籍。俗話說：「長路無輕擔。」他覺得愈來愈重，只好丟下多餘的雜誌合訂本。後來肩上破了皮，愈挑愈痛，只好把雜誌全部丟掉，保留別人的原稿。還沒有走到貴州邊界，他連別人的原稿也不得不丟了。

「你丟掉人家的稿子，將來怎麼向人家交代？」凌菱說。

「我實在挑不動，有什麼辦法？」他無可奈何地說。「天氣這麼冷，我總不能把鋪蓋捲兒丟掉？」

丟掉鋪蓋睡在公路邊上準會凍死。這幾天晚上有鋪蓋還會凍醒，他們的小女兒的兩頰都皸裂了，又冷又餓，奶水又不充足，小孩子比大人更可憐。

最後留下的鋪蓋不敢再丟，只好走走停停。

在路上有對三十多歲的夫妻，帶了一個十來歲的男孩，跟著他們兩人走了三天。這對夫妻是浙江人，身上沒有錢。他們兩人在小鎮上買到吃的東西都分給他們三人一點。他們兩人的路費可以用到重慶，紹人的錢都放在一個皮篋裏，買東西拿錢時也沒有避開那兩夫妻，他認為大家都是難民，應該彼此照顧，那女人很會籠絡凌菱，凌菱更把她當作患難之交。一天晚上他們兩家人又一起睡在馬路邊上，早晨醒來，發現那對夫妻和孩子不見了。他們兩人還以為自己走得太慢，人家不願意跟著自己慢慢拖。沒有想到別的方面去。直到看到路邊有賣稀飯地瓜的攤子，他們想買兩碗稀飯和地瓜充饑，才突然發現皮篋不見了！這一下他們慌了，他才懷疑皮篋是被那對夫妻摸走了。凌菱還說：

「也許是你自己弄丟了？不要冤枉好人。」

「我一直很小心放在褲子口袋裏，怎麼會弄丟？」紹人說。

沒有錢就買不到東西，此地到重慶還得走一、兩個月，那非餓死不可！幸好那個賣稀飯地瓜的老人聽他們說丟了錢，請他們吃兩碗白稀飯，又送了兩條地瓜。在「天無三日晴，地無三尺平，人無三分銀」的貴州，這真是個天大的恩典。他們千恩萬謝地向那個老人道別，匆匆趕路。他們不敢再拖，希望早天趕到金城江，那邊也許還有熟朋友，可以救濟一下。

他們餓著肚子匆匆趕路，看到了飲食攤子也不敢走近，他們從來沒有乞討過，怎麼也拉不下臉皮來乞討。走到金城江時人都快餓暈了。

在金城江他第一個碰見的熟人就是那個姓金的男人，他手上托著荷葉包著的滷菜，腋下還夾著一瓶酒，他邊走邊吃，優哉游哉，完全不像和他們一道走時那種悽悽惶惶的樣子。他發現他們兩人，揚長而過，彷彿不認識他們似的？紹人想叫住他，但他很快擠進人叢中去了。

「我現在敢斷定，我的錢一定是那傢伙偷的！」紹人憤憤地說。「真是知人知面不知心！」

「他怎麼會做出這種事來？」她還有些疑惑。

總算天不絕人，他們找到了重慶社會部設在金城江的文化人接待站，領了一筆救濟金。再遲一天接待站就要撤走了，因為桂林逃出來的文化人已經領了救濟金走了，他們是最後一批。

領了這筆救濟金他們就安心多了。先在攤子上吃了一頓白米飯，這頓飯是他們有生以來覺得最好的一頓，比在家中大年除夕的那頓飯好多了。

街上到處是人，彷彿湖南、廣西兩省幾千萬人都擠到這兒來了！再加上一些別省的人，把金城江擠得水洩不通。他們想在街沿找個地方安身都不容易，費了很大的勁，才在一個街角上找到一個地方坐下，鋪蓋都不能打開。

入夜的風特別大，他們坐的這個地方又是風口，巷子裏的過堂風比公路旁邊的風更刺骨。睡在他們旁邊的是一位老先生，已經生病，兒子媳婦坐在旁邊陪著，滿面愁容。偶爾聽見他們兩夫妻低語，他們一聽就知道是上海人。紹人問他們貴姓？男的回答說姓劉。

「你們逃難很久了？」紹人說。

「從八一三開始逃到現在，已經七年多了！」男的無可奈何地回答。

「我比你們逃得更早，我是七七之前就逃出北平的。」紹人安慰他說。

「不知道要逃到那年那月？」女的哭喪著臉說。她現在雖然面有菜色，蓬頭散髮，但臉型輪廓十分齊整，年輕時一定是十里洋場的美人。

「這很難說，希望有援軍來堵住日本人。」紹人回答。

「我們是愈逃愈慘！」姓劉的男人說：「這次從長沙一路逃過來，簡直沒有停留，在桂林剛喘過一口氣，又一路逃到金城江，現在再也逃不動了！」

「你們一家只有三個人？」凌菱問。

「我們離開上海時是六個人。」男的回答。「我娘和妹妹在武昌炸死了！我十歲大的兒子在長沙衝散了，現在我父親又生病……」

女的聽丈夫提到兒子就哭了起來。男的卻對她說：

「有什麼好哭的？這麼多難民，誰不是家破人亡？也不止我們一家如此！」

「不錯，我們這幾百萬難民，大家都是同樣的命運，相差不了多少。」紹人說，隨即把他家裏的情形告訴他們。

「這位先生家裏有四位男人為國家犧牲了，那麼大的家業也完了，他還不是和我們一樣逃難？」男的馬上對他太太說。

「殺千刀的日本鬼子！害得我們到這種地步！」女的哭著說。「我們在上海家裏不也是舒舒服服的？誰吃過這麼多的苦？現在日本鬼子把我們趕到這個山窩裏，還在屁股後面窮追，爹又生病，我們怎麼逃得過這一關……」

她又忍不住傷心地哭了起來。男的也暗自落淚。

老人躺在地上呻吟，他在發燒，臉頰和眼窩都陷下去了，山羊鬍鬚和頭髮像一綹綹枯黃的亂草，在寒風中飄颺，咳嗽聲像生鏽了的機器發出的磨擦聲，十分乾澀，也十分痛苦。

「您老太爺可能是肺炎？」紹人對那姓劉的男人說：「明天最好找個醫生看看。」

「幾百萬難民，生病的很多，那有許多醫生？我也不知道去那裏找？傷兵都沒有醫藥，何況我們難民？」男的無可奈何地說。

他們一路來也看到不少傷兵，躺在馬路邊上呻吟。大家逃命都來不及，誰也顧不了病患。因為日本人攻下桂林、柳州之後就長驅直入，長官部的特務團都在懷遠打光了，金城江也危在旦夕。

他們十分疲憊，凌菱把女兒裹在懷裏，他們靠著牆壁坐著睡了。

突然，他們被一陣哭叫聲和雜沓的腳步聲吵醒，說是日本鬼子來了！他們睜開眼睛一看，身邊的老人已經斷氣，兒子媳婦正跪在地上哭泣，不知如何是好？紹人連鋪蓋也不敢要，拿起一根扁擔拖著凌菱就跑，天還未亮，但金城江的火光熊熊，風助火勢，金城江很快成了一片火海，照耀得如同白晝。他們跟著逃命的人潮向河池方面逃跑，一路哭聲震天，山鳴谷應，小孩子衝散、踩死的不少。

直跑到天亮，他們才喘過一口氣來，前後一看，盡是人山人海，金城江的濃煙，直上雲霄，衝得比山頭還高，這時凌菱才摸摸懷裏的孩子，發覺她前額燒得燙手，她驚慌得哭了起來：

「怎麼辦？孩子燒得燙手？」

紹人連忙伸出冰冷的手一摸，果然燙手？這樣的高燒，最少有四十度，沒有藥、沒有醫生，他也不知何是好？他拖著她說：

「快走！趕到河池，看有沒有救？」

於是兩人加快腳步，但是馬路上的人太多，要快也快不起來。凌菱急得只是哭泣。

公路上的人潮蜿蜒不斷，前面望不到盡頭，後面也看不到絕尾。兩邊多是荒山絕嶺，冬天的烏鴉也餓得聒聒叫，在頭上飛來飛去，一大清早聽見那種叫聲，自然有一種不吉利的感覺。

難民中的老弱婦孺最可憐，他們的體力差，行動緩慢，老人走走停停，坐在馬路邊上流淚，有一位老婦人哭著對兒子、女兒說：

「你們不要管我，快些逃命吧！我實在走不動了！」

聽她說話的口音，像是武漢三鎮的人，她頭上的白髮在寒風中飄颺，一雙改組派的腳，布鞋上還套著一雙草鞋。女兒對她說。

「娘，您不走，我也不走，要死我們死在一塊。」

「妳年輕，不走不行。娘老了，反正只有一條命，死了算了。」

「娘，我們從漢口逃了這麼多年，總不能死在這個山窩裏？兒子還想帶您家回去。」兒子說。

「我會和你爹一樣，回去不成了！」老婦人流著眼淚說。

「娘，就是死我們也不能死在日本鬼子手裏！」女兒說：「日本鬼子下作得很！凡是女人，不問老少，統統遭殃！」

兒子把東西交給妹妹，揹起母親就走。妹妹把包袱往身邊的十來歲的孩子肩上一套，孩子哭了起來說：

「娘，我也走不動，怎麼能再加這個包袱？」

「乖，娘牽著你走，我們不能丟下外婆。」她一面哄著兒子一面挑起哥哥交給她的擔子。

「娘，我們要逃到什麼時候？逃到什麼地方為止？」

「娘也不知道，我們跟著舅舅走，你爹死了，現在只有舅舅可靠，他到什麼地方，我們就到什麼地方，只要不落在日本鬼子手裏就行，你長大了一定要替你爹報仇！」

「長大了我要開飛機，也讓日本鬼子知道厲害！」

「那你現在就要練習揹包袱，不然長大了也開不動飛機，怎麼炸日本鬼子？」

孩子似懂非懂地望望母親，母親牽著他向前追趕母親、哥哥。

紹人、凌菱兩夫妻看到聽到這三代人的情形和對話，一時忘記了自己的女兒在發高燒，直到凌菱覺得女兒在懷中動了幾下，起先她還有些高興，以為她好些了。她向懷裏一看，女兒眼睛發直，全身抽動，她把手在孩子頭上摸摸，發覺更燙，她有些驚慌，把孩子交給丈夫，他也覺得不大對勁，但不知道是什麼毛病？原來孩子是高燒不退抽筋。

孩子痛苦地抽了幾個鐘頭，快天黑時才斷氣，他們抱在懷裏，在馬路邊上坐了一夜，凌菱的眼淚也哭乾了，直到第二天清早，紹人才選了山邊一個背風的地方，用扁擔撬土，挖了一個小坑，把孩子埋葬。凌菱哭得死去活來，紹人把扁擔插在小墳前面，當作墓碑，拖著她走。她一路走，一路哭。紹人勸她說：

「沒有什麼好哭的，那位劉老先生昨兒晚上還不是死在金城江？他的兒子、媳婦有沒有逃出來？還不知道？抗戰以來，不知道有多少人，比我們更慘？」

他們兩人現在除了隨身攜帶的一個小包袱之外，沒有別的東西，走得比較快。不久就看見那一對兄妹，陪著老太太、孩子，坐在路邊休息，一臉的愁雲，十分無奈。

他們走到河池時，聽說金城江已經丟了！

他們買了幾個饅頭又匆匆趕路，不敢停留。很多難民也和他們一樣，生怕日本人追上來。他們真想不透，日本人怎麼這麼快？這不是打仗，好像是行軍。難道前方已經沒有部隊了？

他們剛逃到南丹，日軍又到了河池；他們逃到了獨山，日軍又到南丹；他們逃到了都勻，日軍又到獨山！他們一路疲於奔命，簡直是在和日軍競走，心想這樣下去，貴陽、重慶也難保了！

貴陽、重慶也在震動。貴陽的人開始往重慶逃，重慶的人又向成都逃。人心都浮動起來，反攻緬甸的勝利，對國內的戰局無補，大家也不知道這是日軍的迴光反照。

他們直逃到馬場坪，才發現援軍源源南下，這些部隊是遠自第六戰區、第八戰區調來的，所以費了不少時日。

難民看到援軍南下，才漸漸寬心。援軍在獨山、都勻之間的麥沖、黑石關一帶堵住了敵人，節節反攻，連克獨山、南丹，打到河池。同時紹地、紹武他們兩師反攻緬甸的精銳部隊，也到了雲南，日軍聞風而退。

他們到達貴陽時，貴陽人心已經安定下來，他們也喘了一口氣，但是貴陽街上已經擠滿了難民，不但大十字、南大街一帶商業繁華地區的難民像螞蟻窩裏的螞蟻一樣多、一樣擠，所有街頭巷尾都是人山人海，一不小心，都會踩著躺在地上的人。

他們在貴陽等了好幾天，又碰到不少文化界的朋友，大家都有說不完的辛酸，也聽到一個好消息，說重慶要派專車來接運桂林撤退下來的文化人。

果然，沒有兩天，他們兩人就和一批桂林文化界的朋友，先後乘了幾輛專車直開重慶。到重慶，大家都找到地方安頓，他們兩人也在有關單位協助下，有個住處。

重慶不但穩定了下來，由於這兩年日本飛機不敢再來轟炸，市面已十分繁榮，連戲院都重建起來，要恢復營業，郝薔華也打算再來重慶演唱。

他們兩人在重慶休息了一夜，第二天就到沙坪壩來探望家人。

大家看他們平安回來，十分慶幸。凌菱還是第一次來到龍家，家人都把她當新娘子看待。周素真看他們兩人沒有把孫女兒帶回來，首先追問。紹人只好向她說明經過情形，大家都同聲歎氣，周素真還掉下了眼淚。

家人對凌菱的印象都很不錯。紹芬知道她會寫文章，更引為知己。

他們兩人向大家訴說這次逃難的艱苦時，紹芬聽了一笑說：

「你們逃難還有大馬路走，我和二嫂由野人山撤退到印度的那種情形，你們做夢也想不到！」

他們知道她所說的二嫂是指余純純。紹人問她是怎樣的情形？紹芬便照實描繪一番。紹人聽後便說：

「照妳這樣說來，我們這次逃難比妳們還好多了？」

「當然好多了！」紹芬立刻回答：「你們是文化人嘛，有人抬舉。」

「你們這次大逃難，全國重視。我們那次撤退到印度，死了那麼多人卻很少人知道。」余純純說。

「當時要是有記者跟你們一道撤退，知道的人就多了。」紹人說。

「就是有記者跟我們一道，也會死在野人山，還是不會有人知道。」余純純說：「劉安娜、李烈您該記得吧？」

「難道他們也死在野人山？」紹人說。

「可不是？」紹芬接著說：「他們兩人和我們一樣，都受過嚴格的軍事訓練，可不是活老百姓，還是過不了野人山。」

「我們都被日本鬼子害慘了！」紹人說：「聽說紹武哥和二哥的遠征軍都到了雲南，希望他們能在國內好好地打垮日本鬼子！」

「我們也是這樣想。」大家都這麼說。

蝶仙又像上次款待照顧余純純和紹芬一樣，殺雞給他們進補，弄好菜給他們吃。

天行問紹人今後的計畫，紹人說還是要辦雜誌，在家休息兩天就去重慶住，天行拿了一筆錢給他們兩人製衣服鋪蓋。

他們在家裏住了兩天。蝶仙對淩菱很好，她也跟著紹人叫蝶仙姑姑。她和杏芳、余純純、紹芬她們幾姐妹也處得很好。

他們兩人和郝薔華一道去重慶，郝薔華應戲院要求，要去演唱，她想趁現在能唱的時候積點錢防老，她答應蝶仙每周回沙坪壩一次。

杏芳又接到香君的來信，因為她生第二個兒子傳宗時寫了一封信向香君報喜，香君十分高興地回了這封信，還附來了美子給她和文珍的信以及古美雲給天行的信。

香君的信是這樣的：

杏芳：

來信收到，雲姑奶奶、文珍阿姨和我均十分高興。龍家後繼有人，娘亦與有榮焉。故都今非昔比，往日繁華如夢，居民生活艱難，甚至連窩窩頭亦不可得矣。娘與文珍阿姨、雲姑奶奶尚可維持，唯以物資缺乏，城鄉交易不多，供不應求，粗茶淡飯已勝珍饈。

附信請轉，諸多珍重。

母字　大雪日

美子寫給文珍、香君的信是這樣的：

文珍、香君二姐妝次：

久未相見，思念為勞。龍子又負重傷，本欲來華探視，再圖良晤，剪燭西窗，共話巴山夜雨，無奈阮囊羞澀，貧病交加，造化弄人，兩地相思，恐將誠如佛言，落一癡字，死而後已也。

秋風瑟瑟，江戶有人長落淚；神州莽莽，燕京無女不成詩。銅駝荊棘，天意乎？人欲歟？其問天。

雲姑不另

妹美子於江戶

文珍、香君在美子信後聯名加了兩句詩：

江戶有人長落淚，燕京無女不悲秋。

杏芳看了這封信和文珍、香君附加的兩句詩，十分感動，她很想立刻送給天行看，但還有古美雲的信未看，她也很想知道信裏寫些什麼？她連忙攤開看：

天行：

前信收到。近獲確訊，彼得、楊仁所乘之船，永沈海底。文珍未去，誠如汝所云是福不是禍也。

美子近況，可於附信中思過半矣。秋水伊人，誠異數也。

夕陽無限好，只是近黃昏。後會有期，餘不一一。

雲姑襝衽　大雪日

杏芳看完以後，興沖沖地把三封信都送給天行看。天行先看美子的信，看後，黯然無語。龍子又負重傷，生死如何？不得而知；美子貧病交加，又為情苦，更使他心中戚戚。看了香君和古美雲的信，臉上又露出一絲笑容，他問杏芳：

「妳給姑姑看了沒有？」

杏芳搖搖頭，笑說：

「爹，我是先送給您看的。」

「妳也該送給姑姑看看。」天行把信交給她說。

杏芳走後，他獨自坐在書房沈思。他不知道龍子在什麼地方負傷？依他的判斷，長衡會戰以來，日軍以圍攻衡陽死傷最重，尤其是六十八、一一六兩個師團，每一隊打得平均只剩下二十個人，六十八師團長也受傷。他想龍子十之八、九會是在衡陽受傷的，傷在那兒？他就難以猜想了，而紹忠又是在衡陽陣亡的，這真是龍家骨肉相殘的悲劇。美子的心情他十分瞭解，美子的貧困他也可以想見，因為日本是一個資源貧乏的國家，打了這麼多年的仗，一定橫徵暴斂，現在可以說已經羅掘俱窮了，自然要老百姓束緊褲腰帶，來支持這種無望的侵略戰爭。從香君和古美雲信中也可以看出淪陷區老百姓生活之苦和日軍的日暮途窮。

蝶仙看完信之後，把美子的信和古美雲的信交還他，還隨口說了一句：

「想不到龍子又受傷了！」

「沒有打死就算他命大。」天行說。

「美子的心情似乎不好，您要不要寫封信去安慰她。」蝶仙又說。

「我知道她的心情不好，但我沒有辦法安慰她。」

「也不知道她生了什麼病？」

「以前她和龍子相依為命，龍子當兵以後，她一個人住在東京，一方面耽心龍子，一方面又窮困，自然會愁出病來。」

「我看她的心思一直在你身上，這也是一大原因。」蝶仙望著他說。「解鈴還是繫鈴人，您七、八年不和她通信，你寫封信請文珍、香君轉去，說不定會勝過靈藥仙丹？」

「現在還不宜和她通信，」天行搖搖頭說：「不過我想我們很快可以見面。」

「您這樣有把握？」蝶仙望著他說。

「雲姑信上也說後會有期，可見她已看出來日本人會垮。我認為不出一年半載，日本人一定投降。」天行肯定地說。「那時我會去東京一趟。」

「可是在表面上還看不出來，一般人也沒有您這種想法。」

「事實上日本人已經沒有戲唱了。從前是我孤軍奮戰，現在完全相反，是日本人四面楚歌。不但我們遠征軍反攻緬甸完全成功，國內也節節勝利，美軍已經登陸琉璜島、琉球，打到日本大門口，日本人那套本錢已經賭光了，早投降還有救，不投降只有全國毀滅。小小的島國，沒有地方可退。」

「那我們是快熬出頭了？」蝶仙笑說。

「上百年來，日本人都騎在我們頭上，這口窩囊氣是快受夠了。不過前門拒虎，後門進狼，只怕我們自己會出亂子。」

「您是耽心……」蝶仙欲言又止。

天行也不解釋。

突然，龍從雲夫婦相繼去世。原來他們兩人都有高血壓、心臟病。這些年來他們一直鬱悶不樂。失去了骨董字畫，龍從雲就沒有精神生活，往日北平的老友一個也沒有，他像一棵失去了土地、養分的大樹，慢慢枯死。龍太太患了鄉思病，年齡愈大，愈想北平的老家，又不知道那年那月才能回去？可是嘴裏又不好講出來，她怕天行為難。因此龍從雲死了不到兩天，她也一睡不起。照老說法這是無疾而終，算是大好福氣。

可是這使天行、蝶仙一時難以處理。他們原都希望把父母帶回北平老家，日後再像祖父母一樣合葬九江臥龍山墓園。現在他們都客死四川，別說是戰時，就是平時也是一件難事。即使戰爭結束，從四面八方來到四川的這麼多人，活人一時都回不了家，死的就更不必談了。因此他們把龍從雨和紹君兩人都請來商量。紹地、紹武遠在雲南，軍務在身，只是通知他們一下，沒有要他們到四川來。

龍從雨已經退休。大哥龍從風死於日軍之手，他也是事後才知道，最後一面都沒有見到，他已十分傷心。二哥從雲又客死異鄉，雁行折翼，晚景堪悲。再加上先有孫兒紹勇、紹雄死於武昌、長沙，最近又有紹忠在衡陽為國盡忠，想起這些慘痛的事，他便不禁老淚縱橫。

「三叔，這次爹娘突然過世，使我措手不及。我想送他們歸葬祖墳山，又恐怕三、五年內不容易辦到，不知如何是好？不知道三叔的意思怎樣？」天行問他。

「我們向來最忌火葬，」龍從雨說：「雖然骨灰攜帶方便，也絕對不能考慮。」

「這我知道，」天行說：「我考慮的有兩點：一是暫厝在寺廟裏。二是暫時土葬，日後再移骨殖遷葬祖墳山。但是附近沒有大寺廟停厝，恐怕只有借地土葬一條路可走？」

他們商量的結果，決定暫時借地土葬，日後再遷移骨殖，天行把地主找來，同他商量，屋後山地有一部分是他的私產，他同意租借或是賣斷，因為他沒有人手來經營山地，連竹筍都沒有人挖。天行便以高價向他買了三分山地，又請他找了一個地理師來勘定墓穴。地理師拿羅盤上山仔細勘察，決定了子午向的方位，安葬下去之後，他拍拍天行的肩說。

「這座山氣脈雄厚，成輔弼金星形，這塊地也是個吉穴，有德者居之，日後必發。縱然府上祖墳山好，遷不遷葬都沒有關係。」

龍從雨和天行聽他這麼說，就比較安心。

龍從雲夫婦的喪葬，天行連一張訃聞都沒有印發，除了子孫之外，只有黃凍梅和學校少數同事聞訊趕來祭弔。比起龍老太太那種熱鬧場面是相差太遠了！

「真沒有想到，兩位老人家一世風光，老在四川會這麼冷冷清清？」蝶仙想起當年為老太太作了七七四十九天法事和開弔的熱鬧場面，連柳敬中都突然趕來，不禁感慨地說。

「日本人把我們趕到四川，我們現在是苟全性命，爹娘自然也沒有辦法和婆婆相比，我心裏實在很慚愧！」

「連柳老前輩恐怕也逃難去了？」蝶仙說。

「要不是柳老師那年指點我們：『依山而居，入土為安。』恐怕我們還難逃過這一劫？」天行說。

第七十八章　草廬高士苦中苦　風流人物狂更狂

龍從雲夫婦去世不久，周素真又以急性盲腸炎去世，紹地仍然不能回來奔喪。幸好紹天、紹人都在重慶，遵禮成服，也暫時葬在龍從雲夫婦墓旁。

她臨終時還責怪天行：

「當初我要回北平，你不讓我回去，害我吃了這麼多年的苦，一包骨頭還要丟在四川，我真不知道你安的什麼心？」

天行啞子吃黃連，蝶仙也不好替他解釋，看她臨終時那種痛苦的樣子，解釋又有什麼用處？事後紹天、紹人和天行、蝶仙檢討她得盲腸炎的原因，可能是長久吃糙米、稗子、穀粒和砂子沒有弄乾淨的關係？工廠的工人、部隊的士兵也常得急性盲腸炎，因為醫藥缺乏、設備不好而斷送性命的不少。

「果真如此，那就是我的罪過了！」蝶仙自責地說。

「大媽，這怎麼能怪您？」紹芬說：「我和二嫂在軍隊裏吃了幾年八寶飯，在野人山連老包穀心子都吞下去了，我們也沒有得盲腸炎。」

「紹芬的話倒是實情。我們軍隊的八寶飯比家裏的糙米飯差多了！穀子、稗子、砂子一大堆，吃飯時也是打衝鋒，一頓要吃三、四碗，誰有時間去揀？」余純純說。

「我逃難時連糙米飯都吃不到。」紹人也說。

「姑姑，這不能怪您。」紹天說。「我們大家一樣吃，您也是吃大鍋飯，您還特別辛苦。我們家裏的飯比我們機關的好多了！您千萬不要這樣想。」

「不怕一萬，只怕萬一，那以後我更要小心，我希望大家吃得白白胖胖，長命百歲才好。」蝶仙說。

「姑姑，說良心話，娘一直享您的福，這幾年亦復如此，她那有您吃的苦多？」紹天說。

「你娘的命比我好，該她享福的。」蝶仙淡然一笑：「不過這幾年她是苦了一些。」

「抗戰誰不吃苦？」紹天說：「娘還是風不吹，雨不打，已經比別人強多了。現在連英國人都在食物配給，有錢也買不到東西，我們的米還可以自由買，我們家裏糙米飯還可以吃飽，這就不錯了。」

「你是在英國吃過牛奶、麵包的，難得你說這種話。」郝薔華向紹天笑說。「蝶仙姐為了讓大家吃得好些，住得舒服一些，她真費了不少心思，比誰都多吃一些苦。」

上次龍從雲夫婦過世時，她回來了，還特別停唱了三天，以示哀悼。她重新登臺以後，票房更好，那三天戲院損失不少，扣了她的包銀還不樂意，這次她又要停唱三天，戲院老闆不肯，勉強同意停唱一天，不扣包銀。

紹人兩夫婦在重慶的生活多半由她照顧。她還不時給紹華她們姊妹一些零用錢。龍從雲夫婦和周素真去世之後，她怕蝶仙寂寞，回來更勤，她在大家心目中更受尊敬，她的話也更受重視。

天行原先還有些耽心紹人會因為周素真的死對他發生誤會，看他沒有作聲，也輕鬆了許多，但他一句話也不講。這宗婚姻使他痛苦了大半輩子，現在是真的結束了，此後再也聽不到怨尤，他可以過得安靜一些，少了一層煩惱，他覺得彼此都是一種解脫。蝶仙也不必再做和事佬，少了一些顧忌，可以放手做事，對她主持家務倒有益處。孩子們對她更是無話可說，一家人會過得更加和諧，他也就毫無後顧之憂。

周素真去世時，紹地、紹武的部隊都空運湘西芷江堵擊日軍，日軍雖聞風而退，但他們和友軍換防，在芷江待命，部隊長不能輕離前方，他自然不能回來。

由於國內戰場日軍龜縮，美國超級空中堡壘又頻頻轟炸日本本土，日本完全處於挨打的局面，處處捉襟見肘，窘態畢露，日本軍閥當年不可一世的驕橫之風，已不復見。天行從各種資料中發現日本國民生活水準已經很低，中國派遣軍的服裝已經破爛，有些地方駐軍主、副食都有問題，九江守軍曾有向老百姓要豬吃的豆腐渣充饑的事件發生。這和他當年在東京上野公園看到日本人因為皇軍打敗俄國遠東軍的那種狂歡情形，以及九一八他在東京看到日本戶警的狂傲態度，大不相同。當年加藤所耽心的事已一件件發生，日本武士正在自食惡果。他和黃凍梅談起這些事時，黃涷梅也高興地說：

「當年我在北平說日本人會發瘋，果然言中，發瘋的結果，也如我所料。我們能堅持抗戰到底，終於把島國小民的日本人拖垮，這大概是他們沒有想到的？」

「要是他們能想到，就不會做這種蠢事！」

「我始終認為日本人只有小聰明，沒有大智慧。」黃涷梅說：「不知道這次侵略中國的教訓，能不能把他們教聰明一些？」

「現在他們還有些執迷不悟，不受更大的教訓，不到黃河他們是心不死的。」

「你看還需要多少時間，他們才會完全服輸？」黃涷梅說。

「我看半年之內，他們非投降不可。」天行回答。

「那我們這個茅屋住不久了？」黃太太笑著插嘴。

「嫂夫人，看樣子是住不久了。」天行高興地回答。

「說真的，我對這個茅屋已經住出了情感，我還真有點兒捨不得離開。」黃太太說。「我們做了幾年鄰居，一切都好，連老母雞都沒有丟一隻，這都是託您的福氣。」

「嫂夫人，我們是託您們兩位的福氣。」天行說：「這幾年來，我們家裏卻損失了不少人口。」

「您的姪兒們為國家捐軀，那是意料中事。」黃涷梅說：「沒有他們在前方拚命，我們怎麼能在沙坪壩住得這麼安穩？只是沒有想到令尊、令堂和嫂夫人會在勝利在望的時候突然去世？」

「我一直希望將他們兩位老人家帶回北平，想不到他們等不及！以後要把他們運回祖墳山，還真不容易。」天行說。

「只要太平了，一切都好辦。」黃太太安慰他說。

「嫂夫人，不是我潑冷水，恐怕很難太平？」天行說。

「那又是什麼原因？只要日本鬼子滾蛋了，不就天下太平？」黃太太說。

「有人唯恐天下不亂？」黃凍梅說。

「那又為了什麼？」黃太太望著丈夫說。

「渾水才好摸魚。」黃凍梅說。

「這次抗戰中國人還沒死夠？那安的是什麼心？」黃太太說。

「野心！」黃凍梅說。

「亂世人不如太平狗，我只想過幾天太平日子，那怕是住這種茅屋，吃這種粗茶淡飯都行，只要不再逃難就好。」黃太太說。

「嫂夫人，我的想法也和您一樣。」天行說：「只要天下太平，我們再找一個有山有水的地方，結廬而居，作葛天氏之民，我也就心滿意足了。」

「您在北平有那麼大的房子，聽說牯嶺還有別墅，何須再居茅屋？」黃太太笑道。

「要是天下一亂，那些都靠不住；如果天下太平，住茅屋也很安心。」天行說。

「也真虧了您！」黃太太笑說：「您住了這幾年茅屋，居然安之若素，您嫂子也沒有一句怨言，這真難得。」

「幸虧我嫂子能夠安貧，不然這些年來這個家我也撐不住。」

「不要說是您，連我也得到她不少幫助。」黃太太說：「要是在前清，朝廷真會給她豎個牌坊的。」

「現在時代變了，沒有誰重視婦德。」天行說。「還有很多人認為這是封建思想。」

「這真是瞎胡鬧！」黃太太又好氣又好笑。「女人三貞九烈，相夫教子，勤儉持家，又有什麼不好？是誰興的這個新詞兒？」

「還不是那些吃牛奶、麵包，喝洋水兒的人興起來的！」黃湅梅說：「這次抗戰的貞婦、烈女就不知道有多少？我還沒有看過一篇烈女傳。」

「這次抗戰英雄烈士更何止千萬？我們又知道多少？」天行笑著問他。

「我們這樣不重視自己的歷史文化，恐怕十年、二十年後，抗戰這件事兒都會拋到九霄雲外了！」黃湅梅說。

「那我們這個苦不是白吃了？」黃太太望著丈夫說。

「妳還想後人記得我們這種雞毛蒜皮事兒？」黃湅梅向她笑笑。

「為什麼三國的事兒我們都記得，眼面前的事兒反而會忘記？」黃太太反問。

「那是因為妳看了羅貫中的《三國演義》，又喜歡看戲，所以妳才記得。」黃湅梅說。

「未必日後沒有人寫《抗戰演義》？」她又說。

「現在興洋玩藝兒，說章回小說落伍，大家都學西洋人用一、二、三、四，不用章回。現在寫文章的人都計較一千字多少米？誰會做羅貫中那種傻事？」黃湅梅說。「以後的世界也許會變得和洋人一樣，我們去兒女家吃頓飯還得付飯錢呢！」

「你別瞎胡扯！」黃太太笑著白了丈夫一眼：「世界上那會有那種事兒？」

「嫂夫人，湅梅兄的話一點兒不假，」天行笑著對她說：「我老大留英，就親身經歷過這種事兒，聽說美國也是一樣。」

「那成什麼世界？」黃太太搖搖頭。

「那是洋世界，妳別少見多怪！」黃湅梅笑說。

「那哪有一點人味兒？」黃太太皺著眉說：「那我還是早些死了好！」

「就怕妳一時死不了，還得見稀奇古怪的世界。」黃湅梅故意和太太開玩笑。

「龍先生，您看中國是不是會變得那麼快？那麼壞？」黃太太問天行。

「嫂夫人，八國聯軍以來天天都在變，現在是愈變愈快，只是大家忙著逃警報、逃難，誰也不覺得。」天行說。

「要是變壞了怎麼辦？」她又問。

「不管變得怎麼壞？我和湅梅兄不會變。我們以後還是一道好不好？」天行笑著對她說。

「敢情好！」她笑著點頭：「你們兩位氣味兒相投，我和令嫂也很合得來，以後要是有緣一道，那是再好不過了！」

「我們兩人是焦不離孟，孟不離焦，只要還做教書匠，我一定會把他拉在一道。」黃凍梅說。

「您放心，我還是壽星唱曲子，老調兒，改不了行。以後我還是禿子跟著月亮走。」天行笑著對黃凍梅說。

「我知道你要是想做官老早做了，不會等到現在才想跳槽。」黃凍梅也向他笑說：「我們兩人的性格也只合吃粉筆灰終老。」

「龍先生可不像你。」黃太太對丈夫說。「他是有管樂之才而不做官，你是根本不會做官。」

黃凍梅聽了不以為忤，反而向天行笑道：

「真是知夫莫若妻！」

「嫂夫人可太抬舉我了！」天行說。

「我不是抬舉您，您是個文武全才，一生教書實在可惜。」黃太太說。

「嫂夫人，凍梅兄說的不錯，我只求適情適性，不求聞達。當初我姑爹看準了我不會做官，沒有出息，所以毀約，讓我痛苦了一輩子。」天行坦然地說。

「現在嫂夫人已經過世，舊話重提也沒有什麼關係。」黃凍梅說：「我真奇怪，您怎麼能忍受到現在？」

「先是為祖母，以後又為了父母。如果我只為自己，我這個家老早就破了。」天行回答。

「您那位日本夫人，現在有沒有消息？」黃湅梅問。

天行將最近的情形告訴他。他對天行說：

「現在一切顧慮都沒有了，戰爭結束以後，您們可以重續前緣。」

「不知道她的病情怎樣？恐怕我沒有這個福氣？」天行回答。

「她能為您守身如玉，這也實在難得！」黃湅梅說。

「現在超級空中堡壘時常轟炸日本，我倒有些為她耽心。」天行說。

「日本人是咎由自取，不過她倒是無辜。」黃湅梅說。「但願吉人天相。」

「現在也只好這樣想了。」天行無可奈何地說。

一天，八百架超級空中保壘，分別從成都、上海空襲日本，投下炸彈六千噸，日本大工業城市，頓成一片火海。這個大新聞，大快人心。重慶的老百姓都高興地說：

「日本人龜兒子，也有今天這個報應！」

可是天行卻暗自耽心，他不知道美子是在京都還是東京？炸彈不認人，超級空中堡壘投的都是千磅以上的大炸彈，美子又在病中，孤伶伶的一個人，不嚇死可能也會餓死？日本向來糧食不足，平時要缺半年糧，打了這麼多年的仗，老百姓就更吃不飽了。日本軍閥是最不講理的，平時就是高壓統治，武士第一，戰時就更會作踐老百姓了。而她的身分又最尷尬，他還記得那個戶警山口對她陰陽怪氣，日本人又把女人當作奴隸，毫不尊重，美子的情況自然更糟了！蝶仙知道他的心事，安慰他說：

「您也不要太耽心美子，她心腸好，自然會吉人天相。」

「她貧病交加，炸彈又不長眼睛……我耽心她即使不炸死也會餓死。」天行說。

「老天爺會長眼睛，好人會有好報。」蝶仙說。

「日本人在南京就殺死了三十多萬人，在重慶也炸死了幾萬人，還不都是好人？」

蝶仙一時語塞。但一想到他最近因為父母的喪事，周素真的去世，傷心勞累，現在又耽心美子，怕他弄壞了身體，又勸他說：

「您現在乾著急也無益，反而會傷了身體。不如等日本投降後先去東京看看她，自然水落石出。」

天行覺得蝶蝶仙的話很對，他知道日本投降已經是眼前的事，他們沒有能力撐下去。日本不像中國，可以持久抗戰，他們沒有中國地大、物博、人多的條件，而攻擊牠的對手也是地大、物博又比她強大得多的海權國家，超級空中堡壘更不是牠的轟炸機可比，而牠現在已經沒有轟炸機，少數自殺飛機神風特攻隊，不過是活靶子，對逼近本島的美國海空軍不成威脅，日本人掙扎不了幾天。何況中、美、英三國已經聯合向日本發出最後通碟，促他們早日無條件投降。

在重慶也正在舉行一連串的重要會議，商討戰後問題。

一天夜晚，史寧、白蘋突然陪著佘震天來看天行和黃凍梅，還備了兩份禮物，大出他們兩人的意料之外。

佘震天還是當年的模樣，頭髮披到一邊，十分散亂，一臉滿不在乎的神氣，只是現在胖多了，不再是瘦高個兒。他一看見天行就笑著叫「表叔」，叫黃涑梅「黃老師」，口氣頂親切的。賀元早已被他鬥倒了。

史寧、白蘋對天行、黃涑梅兩人更是老師不離口，見了佘純純也格外親切。佘純純完全不瞭解他們兩人自漢口分別以後的情形，他們兩人對佘純純的情形卻很清楚，也知道李烈、劉安娜死在野人山。

「奇怪，你們怎麼知道我們的情形？」佘純純笑說。

「老同學嘛，我們怎麼能不關心？」白蘋笑著回答。

隨後他們又談起別後情形，佘純純和盤托出。他們兩人卻十句話當中難有三句真話。佘純純卻分不出真假。

佘震天和天行黃涑梅談話時茄立克菸一直不離手，還時當爆出狂放的笑聲，他的黑色轎車在路邊還沒有熄火。

天行、黃涑梅對佘震天的情形多半是從報章雜誌中知道的，對他的生活細節並不瞭解。他對他們兩人卻相當清楚。

「您怎麼知道我們住在這兒？」天行問他。

「表叔，人的名兒，樹的影兒，您們兩位大教授，誰不知道？」佘震天哈哈笑地說。

「我們既不是要人，也不是明星，住茅屋，一簞食，一瓢飲，從來沒有貴人上門，難得您還能找到。」天行說。

「有您們的這兩位高足帶路，我就不愁找不到大門了。」佘震天又笑了起來。

「貴人多忙，您那有閒情光臨我們的茅舍？」黃凍梅說。

「平時我沒有機會向兩位請教，這次好不容易來到重慶，我當然不會錯過這個機會了。」佘震天笑著回答。

「您現在是要人了，那怎麼敢當？」黃凍梅說。

「在兩位面前，我還是個沒有註冊的學生。」佘震天笑指史寧、白蘋說：「他們兩位還比我強呢！」

話音未落，他又笑了起來。天行覺得他還是有些玩世不恭，便一本正經地問他：

「您這次來重慶開會，一定談了不少國家大事了？」

「表叔，這我可不敢講，講出來是會砍頭的。」他笑著用手在頸子上一抹說。「您們兩位都是雅人，我忙裏偷閒，填了一首中調，想請兩位指教。」

他隨即從口袋裏掏出一張紙來，史寧連忙替他遞給天行，天行請黃凍梅一道看。一看到：

> 惜秦皇漢武，略輸文采；唐宗宋祖，稍欠風騷。一代天驕，成吉思汗，只識彎弓射大鵰。俱往矣，數風流人物，還看今朝！

他們看完之後，兩人面面相覷。天行看佘震天搖頭晃腦，口裏噴出如雲似霧般的茄立克菸圈，幾乎把他本來的面目遮住。他的手指卻在竹椅的扶手上輕輕地敲著。

「您這闋詞真是氣吞河嶽，目無古人。」天行把詞交還他說。

「表叔，您認為我太狂了是不是？」他接過自己的大作，似笑非笑地說。

「不狂，不狂，」天行淡然一笑：「充其量也不過是英雄、豪傑、帝王，還不足以與日月參光，與天地為常。」

佘震天一驚，猛然坐起，目不轉睛地望著天行說：

「表叔，那您比我更狂了！」

「豈敢，豈敢？」天行又淡然一笑：「我向不與人比，更不與人爭，我住這個茅屋一住就是幾年，心裏滿足得很，從無非分之想，更別說什麼英雄、豪傑、帝王了？我怎麼會狂？」

佘震天又靠了下去，笑問天行：

「表叔，就詞論詞，您看這闋詞寫得怎樣？」

「就詞論詞，倒是一闋上上好詞，蘇東坡的〈念奴嬌•赤壁懷古〉，汪元量的〈滿江紅〉，尤有過之。所以我倒寧願您做個詞人。」天行說。

佘震天哈哈笑了起來，隨後又狂放地說：

「表叔，這不過是我的遊戲筆墨，大丈夫豈甘做詞臣？」

「我知道您志在天下不在詞，不過我倒覺得詞人比較可愛。」天行一面說一面望望黃凍梅：

「凍梅兄，您說是不是？」

「過去我只知道他是個《水滸》迷、《三國》迷、《紅樓夢》迷，倒沒有想到他會做詞人。詞人雖然比較可愛，現在他水漲船高，看來他是更不屑為之的了。」黃凍梅說。

佘震天在煙霧繚繞中暗自好笑，彷彿沒有聽見他們的話似的。過後又突然坐起來問他們：「表叔、黃老師，您們覺得李煜如何？」

「李煜是個倒楣的帝王，可愛的詞人。」黃凍梅說。

「他要是不做帝王，就不會有那樣悲慘的下場。」天行說。

「表叔，那也只怪他無能。」佘震天輕輕吐出一口菸說。

「曹操該是個能人吧？死了還怕人掘墓鞭屍。您熟讀《三國》，應該知道那個故事？」

「表叔，曹孟德也不在我眼裏，」佘震天一面吐出煙霧，一面輕敲竹椅，吟了起來：「俱往矣，數風流人物，還看今朝！」

天行看他那樣子，不免好笑。他忽然正色地說：

「表叔，我覺得您和黃老師住在這種地方實在太委屈了，現在別人都富貴，雞犬也升天，你們何必做今日顏回？」

「我們平生無大志，又是窮教書匠，怎麼能像您一樣，資本主義的茄立克一枝接著一枝抽？」黃凍梅說。

「黃老師，歷來成大事者都不拘小節。世間上頭腦最可貴，我赤手空拳，就靠這個腦袋。」他指指自己的大腦說。「沒有茄立克，想不出主意來。」

「難怪我們的腦袋不管用，大概是沒有茄立克的關係？」天行笑說。

「表叔，我們言歸正傳好不好？勝利以後您們打算怎樣？」佘震天把煙頭丟在泥土地上，用皮鞋一踏一搓，菸頭立即粉碎、熄滅。

「我們還不是壽星唱曲子，老調兒？」黃湅梅嗤的一笑。

「怎麼？您想提拔我們兩個教書匠？」天行笑著反問。

「我以為您們兩位飽學之士，不應該一直這樣投閒置散，可以為國家出更大的力。不是我忽發狂想，今天我是捧著豬頭進廟門，為人民請命：請兩位相機為人民講講話，這就勝過百萬大軍。」

「您太抬舉我們了！」黃湅梅笑說：「我們不是梁勉人，您們又有那麼多的高手，還用得著我們兩個外行？」

「黃老師，我在真人面前不說假話，只要您們兩位偶然替我們說幾句好話，打打邊鼓，我們就受益無窮了。」佘震天一臉正經地說，隨即站了起來：「恕我冒昧，不敢多打擾，那闕詞是遊戲筆墨，請別見笑。」

然後，他又特別對天行說：

「表叔，我知道您的眼界很高。我沒有把秦皇、漢武、成吉思汗看在眼裏，您也沒有把我看在眼裏。但這沒有關係，我們都生活在這個世界，都要穿衣吃飯，討老婆生孩子，我們可以異中求同。您是長輩，不妨口角春風？日後如果願意出山相助，我會郊迎十里。」

天行沒有想到他會說出這種話來，便笑著對他說：

「謝謝您來草廬看我。今天的幸會，純屬私誼，無關宏旨。不過，我還是希望您只做詞人，多念蒼生，少用人民。如蒙採納，我倒可以和凍梅兒陪您遨遊天地之間，笑傲江湖。」

宗震天哈哈一笑，鑽進黑色的轎車。史寧、白蘋緊跟著鑽進去。車子向重慶急馳而去，後面捲起一股黃色灰塵。

「我看天下更會大亂了！」黃凍梅望著轎車後面滾滾的灰塵說。

「宗震天的確不是秦皇、漢武、成吉思汗。他是曹操、宋江再加王熙鳳的三位一體。我看我們還要逃一次難。」天行對黃凍梅說。「那位要槍桿兒的不是他的對手。」

第七十九章 廣島一顆原子彈 巴山整夜萬家燈

超級空中堡壘突然在日本廣島投下一顆原子彈，強光一閃，令人頭暈目眩，十幾萬人立刻化為塵沙，全城建築化為一片火海，蕈狀雲冉冉上升，籠罩廣島上空久久不散。日本人都嚇呆了，還不知道這是什麼炸彈？

過了三天，超級空中堡壘又在長崎投下第二顆，日本人乖乖地無條件投降了！日本軍閥闖下的滔天大禍，由他們自己承擔。

天行自然想起當年加藤中人所耽心的後果，如今是完全應驗了。他也想起美子在長崎傷心的離別，以及在崇福寺所抽的那兩枝籤上的詩句。他不知道崇福寺是否無恙？美子的病情如何？別人沒有他這種心事，一聽到日本投降的消息便欣喜欲狂。尤其是紹芬，抱著余純純又笑又跳，眼淚都流了出來。

「我們在野人山的苦沒有白吃，終於看見日本鬼子投降了！」她笑著跳著說。「現在妳和二哥也可以團聚了。」

余純純也高興得流出了眼淚，她和紹地結婚以來，只相聚一個星期，一直沒有見面，她想日本投降了，就不會再有戰爭，應該團聚了，她內心裏更多一層喜悅。

黃凍梅兩夫妻也趕了過來，黃太太高興地對蝶仙說：

「現在我們可以回家骨肉團圓了！」

「我也可以回家看我娘了！」杏芳搶著回答。

黃凍梅和天行商議參加重慶勝利大遊行的事，學校正在放假，不能集體參加，只能個別前去，而且交通會十分擁擠，搭不上車，只能走路去。

「走路也要去！」天行說。

「好，明天一吃過午飯我們就動身，走到重慶正好參加晚上的火炬大遊行。」

「你的身體吃得消嗎？」天行關心地問，黃凍梅不像他平日多運動，完全是個書生。

「我們受了一輩子的窩囊氣，好不容易等到這一天，爬我也要爬去！」黃凍梅說。

「黃老師，您放心，我們會扶著您走。」紹華、紹芬她們幾姊妹說。

「妳們也去？」黃凍梅望望她們。

「我們當然要去？」紹芬和余純純說：「野人山我們都走過來了。還在乎這一段馬路？」

「哦，對了！我忘了妳們兩位還是巾幗英雄！」黃凍梅一笑。「有妳們兩人當保鑣，我就更非去不可了。」

「你們都去遊行，我們兩人怎麼辦？」黃太太指指蝶仙和她自己說。

「妳們兩位就看家吧！」黃凍梅笑說。

「我們這種家有什麼好看的？」黃太太也笑著回答：「除了你的破書之外，真是家徒四壁。」

「妳要記住妳還有幾隻老母雞呢！」黃凍梅笑著提醒她。

「我明天就殺了讓你打牙祭，增加一點兒腿勁好遊行，不然中途倒下了那才丟人！」

黃太太說得大家好笑。大家決定讓她們兩人看家，蝶仙還要照顧杏芳的兩個孩子，杏芳也要跟大家一起去遊行。

「我們看家是可以，不過我建議你們吃過早飯搭車進城，順便在城裏玩玩、看看朋友，吃過晚飯再參加遊行，這樣可以節省一點兒體力。要是還有雅興，遊行後再走回來，也有古人秉燭夜遊的意思。」蝶仙對大家說。

黃凍梅雙手一拍，高興地說。

「這倒是個好主意！我贊成。」

黃凍梅贊成，大家自然無話可說。他便高興地拉著太太說：

「回去先宰隻老母雞給我打打牙祭，明天我要遊行！」

大家看他那副老天真的樣子，都很好笑。

蝶仙也殺了雞，弄了幾樣葷菜，先祭天放、紹忠、紹雄、紹勇和劉聯軍、李烈、劉安娜、陳其昌、余志中這些為抗戰而死的忠魂，天放有一張放大照片，其餘的人都沒有照片，天行用兩張白紙分別寫上他們的姓名，貼在天放遺像的兩邊。

右邊是：

紹忠　紹雄　紹勇靈位

左邊是：

劉聯軍　李烈　劉安娜　陳其昌　余志中靈位

天行親自上香、上菜，率領大家行三鞠躬禮，默哀三分鐘。

余純純想起李烈、劉安娜，不禁暗自落淚。紹華、紹芬、紹珍、紹玲，她們四姐妹想起三位兄弟更是十分難過。天行、蝶仙想起天放和這些年輕人，一個個為國家犧牲，不禁熱淚盈盈。劉嬷嬷和余志中、陳其昌的父母，也許正在倚門盼望他們回去？紹忠、紹雄、紹勇的父母，也一直蒙在鼓裏，不知道兒子已經為國捐軀。

隨後他們又一起上山祭告龍從雲夫婦和周素真。他們的墳上已經長滿了青草，墓碑上的紅字尚未完全褪色。想到日後怎樣把他們和天放的骸骨遷回祖墳山？天行覺得真是個大問題：紹忠、紹勇、紹雄葬身何處都不知道，那就更難了。

他根據手邊的資料約略估計，八年抗戰，軍費、財力、物力的損失，當在七千九百六十五億美圓以上，軍隊傷亡失蹤的在三百二十萬人以上，還有一百三十八萬人成為殘障，民眾傷亡兩千萬人以上。「九一八」以後，「七七」以前這段時間的死傷、損失還不在內。這場浩劫，全是日本軍閥一手造成的，他不禁感慨叢生，成詩二首，題為〈龍戰感懷〉：

其一

八年苦戰走龍蛇，萬里神州血染沙；
玄武湖邊群鬼哭，野人山內遍哀笳。
衡陽雁過都流淚，湘水魚沈只為叉；
夜雨嘉陵長戚戚，招魂腸斷在天涯。

其二

廣島長崎落日斜，電光雷火斬秋蛇；
櫻花妖艷如虹彩，武士天驕似井蛙。
耿耿先生長寂寞，幽幽淑女淨無瑕；
巴山夜雨人無語，望盡天涯第一花。

他剛落筆，黃凍梅又過來和他聊天。黃凍梅看見他這兩首詩和另一張紙上的統計數字，不禁問他：

「這筆帳您是怎麼算出來的？」

「是根據我平時收集的一點一滴的資料的初步估計，實際上可能還不止這些。」天行回答。

「七七以前的資料不全，沒有包括在內。」

「日本人欠了我們這麼多的血債，應該要他們賠償。」黃凍梅說。

「這就不是我能辦到的事了。」天行說。「我想說的話都在這兩首詩裏。」

「您這兩首詩我很喜歡，不過別人未必能完全瞭解？」黃凍梅說。

「第二首後面四句是我的私話兒，別人是不太瞭解。」天行說。

「要是知道您和加藤先生、川端小姐的關係，那就不難瞭解了。」黃凍梅笑說。

「朋友當中除了您以外，沒有別人知道。」天行說。

「加藤先生已經作古，美子小姐現在的情形到底怎樣？」

「我也不知道，」天行搖搖頭：「所以我正為她耽心。」

「日本軍閥造了這麼大的孽，真應該下十八層地獄！」

「日本軍國主義的思想不剷除，武士道精神不隨原子彈消滅，以後還會危害中國，甚至全世界。」

「這次的教訓很厲害，難道他們還敢忘記！」

「日本人是這樣的民族：當他們失敗時，會向您磕頭；當他們成功時，會要您向他們磕頭。尤其是明治維新以後，更不講恕道和中庸之道。日本人的小心眼兒再加上西方的霸道思想，就是軍國主義，侵略禍亂之源。」天行說。

黃凍梅雙手一拍，壓在天行的肩上說：

「到底您是留日的！這些年的研究功夫也沒有白費。可惜我們中國人都渾渾噩噩，未必瞭解？」

「如果八年抗戰的慘痛教訓，還不能使我們認清日本人，以後還會吃大虧。」天行低沈地說。

蝶仙泡了兩杯茶送過來，看見桌上兩首詩，掠了一眼，又望望天行說：

「我可不可以拿去給紹文看看？」

天行點點頭，她便把紙一摺，準備離開，黃凍梅卻對她說：

「大嫂子，我看紹文很不錯，將來是個人才！」

「黃先生，謝謝您的誇獎，他叔叔對他有很大的影響。」蝶仙笑著回答。

「也是您教子有方。」黃凍梅說。

「他爹一直不在家，又過世得早，我是婦道人家，沒有見過多大世面，自然教他以叔叔做榜樣。」蝶仙說。

「不錯。」黃湅梅點點頭：「您們龍家是有不少好榜樣，他叔叔和我更是臭味兒相投。不過他這兩首詩紹文未必能懂？」

「他倒唸了不少新詩、唐詩，我一點破他自然就懂了。」蝶仙含笑離去。

「你們龍家後繼有人。」黃湅梅回頭對天行說：「我看紹文這孩子氣質很好，會走正路。」

「天地生人，良莠不齊。有的人雖然很聰明，可是滿腦子歪點子，不做好事兒；或是目空一切，睥睨一世，專門把別人當墊腳石，一心想騎在別人頭上，這都不是人類之福。」天行說。

「您說的不錯。」黃湅梅點點頭。

「紹文這孩子雖然聰明，可是也很正派。不管將來他走那一條路？有沒有出息？我哥哥只有他這一點骨血，我一定要把他撫養成人。」

隨後他們又談到學校復員的事，黃湅梅準備留在南京教書，問天行的意思怎樣？天行說：

「恐怕也非長久之計？」

「我也知道會有大亂，但一時還想不出更好的去處？」黃湅梅說。

「現在臺灣收回來了，那是一個海島，我看不妨留意那邊的情形？」天行說：「我們兩人年紀都不輕了，不能長久顛沛流離，應該力求安定才是。」

「您這一著倒看得遠。」黃湅梅點點頭：「我們可以認真考慮。」

「明天上午我們去重慶，不妨分頭看看朋友，打聽打聽？」

「不過抗戰八年，我們都得回老家看看，縱然有了路子，恐怕也是一年以後的事兒了？」

「那當然！我父母都已過世，有很多事兒我要回北平料理，我們把目標放在那邊就是。」

「好，我們一言為定。」黃凍梅告辭。

天行送他出來，外面又在淅淅瀝瀝下雨。巴蜀冬天多霧，秋夜多雨，所以李商隱的〈浮圖夜雨〉詩有這樣的句子：

君問歸期未有期，巴山夜雨漲秋池。
何當共剪西窗燭，卻話巴山夜雨時。

浮圖關離沙坪壩很近，氣候完全相同。現在正是普渡時候，長江中下游和北方多是皓月當空，此地正當嘉陵江和長江交會之處，又是高山峻嶺，因此冬天多霧，秋夜多雨，給詩人帶來不少靈感。

天行望著黃凍梅跑回他的茅屋，才轉身進來。蝶仙把詩稿交還他說：

「紹文很歡喜這兩首詩，不過他不大明白『耿耿先生長寂莫，幽幽淑女淨無瑕』這兩句詩的典故，所以連最後一句『望盡江南第一花』也就不知何所指了。」

「您告訴他沒有？」天行問。

「我一直沒有告訴他，但是您既然寫了，他又問起來，我就不能不說了。」蝶仙回答。

「他說什麼沒有？」

「他對您和美子的事兒十分感動，他說要是他，他真受不了！」
「希望他不要遇著我這種事兒。」
「時代不同了，您的故事不會重演。」蝶仙搖頭笑笑。「我也不會讓他受這種折磨。」
「聽說他對文學很有興趣？」
「他尤其喜歡詩。」蝶仙點點頭。「不過他除了受潮流的影響，喜愛新詩之外，也喜歡舊詩。」
「您要他先把舊詩學好，免得成為無根的浮萍。」
「我想他不會。」蝶仙自信地說。
「那就好！」天行高興地點點頭：「明天他去不去遊行？」
「當然要去。」蝶仙笑著回答。
第二天一吃過早飯，黃涑梅就先過來，他戴著白草帽，穿著灰長衫，手上拄了一根文明棍，完全一副教授派頭。
天行一身青衫、布鞋，沒有戴帽子，也沒有拿手杖。紹文一身學生服。紹華、紹芬、紹珍、杏芳、余純純都是陰丹士林布旗袍，紹玲一人是陰丹士林短衫、黑裙。
一大早就有人趕往重慶，每一班木炭車都擠得滿滿的，他們一行九人很難一次擠上車，便決定分批上車，天行和黃涑梅先上，約好下午五點在郝薔華旅館見面，一道去吃晚飯，其餘的人都先去郝薔華那兒，再決定怎麼去玩。他們分了三批才擠上三班木炭車。

杏芳、紹華、紹芬、余純純四人先到郝薔華旅館。郝薔華看見她們十分高興，她說她也想參加遊行，可惜晚上有戲。她隨即吩咐帳房替他們買好國旗、火把，準備晚上遊行用。

紹珍、紹玲、紹文三人也隨後趕來。他們到齊之後，說是要去看看紹人夫婦，郝薔華約他們中午十二點到社會服務處吃午飯。晚上她在渝園餐廳訂了一桌酒席，接待黃湅梅。

紹人住處離旅館不遠。他沒有想到他們這麼多人來？余純純他們也沒有想到會在他這兒碰見白蘋和史寧？

「你們還沒有回延安？」余純純問。

「還有些私事兒沒有辦好。」白蘋笑著回答：「現在勝利了，又想看看熱鬧。」

「今兒晚上你們參不參加遊行？」余純純又問。

「要是站在隊伍裏面就看不到熱鬧。」史寧說：「到時候再看情形決定。」

「前客讓後客，我們兩人已經來了不少時間，應該走了，不然房子都會擠破。」白蘋說。

紹人租的這個房間是大轟炸以後重建的，面積不大，有些因陋就簡，突然湧到這麼多人，就轉身不開，白蘋要走，他也不留。他們兩人走後，余純純才說：

「他們兩人真是神龍見首不見尾，這麼多年沒有消息，那天晚上他們突然帶著佘震天去看黃老師和爹；我原以為他們回延安去了，想不到又在你這兒碰見他們？」

「他們在重慶一年多了。」紹人說。

「你是什麼時候碰見他們的？」余純純問。

「我住到這兒以後，他們就來看我。」紹人說：「他們和文化界的朋友都很熟。」

「他們兩人有沒有結婚？」紹芬問。

「好像沒有？好像又是愛人？」凌菱說。

紹芬聽了一笑，又對紹人說：

「三哥，你怎麼連這種事兒都沒有弄清楚？」

「這是他們的私事兒，我們何必過問？」紹人說：「反正他們對我不錯，又是二嫂的同學，大家認識已經很久，何必分什麼彼此？」

「這兒實在太小，空氣不好，我們去公園走走好不好？」凌菱說。

大家很久沒來重慶，也想玩玩，便一道出來。紹人只把房門帶上，沒有加鎖。

現在的重慶，比他們初來時更加熱鬧，今天街上更是喜氣洋洋，家家門口都懸掛了國旗，比雙十節還熱鬧，全市人口已達一百六十萬，到處都是人。他們在都郵街、小樑子一帶逛逛，這是日機轟炸最厲害的熱鬧地區，三年前還是一片瓦礫，現在已經重建起來，又是異常熱鬧，這就是外國人說的「重慶精神」。

因為吃飯的時間近了，他們沒有去公園，便直接去吃飯。郝薔華已經先到，她一身樸素的陰丹士林旗袍，沒有化粧，一般人看不出來她就是紅遍重慶的名角兒。

中午是便餐，葷菜還是很多，回鍋肉的味道更好，郝薔華看他們都狼吞虎嚥，十分高興。尤其是紹文，正在發育，胃口更大，她看他已經和紹人一般高，更替蝶仙慶幸。紹人夫妻兩人經常和她一道吃飯，不像他們那麼饞。

「可惜你們住得太遠，不能天天給你們打牙祭。」郝薔華笑著對紹文、紹芬他們說。

「嬸娘，要是您天天請我們這樣吃，準會把您吃垮！」紹芬笑著打趣。「我是野人山裏出來的餓鬼！」

「這一、兩年來大媽也沒有餓著妳，你還沒有吃夠？」紹華望著她說。

「妳沒有像我一樣餓過三、四個月，妳不知道那是什麼滋味？」紹芬立刻回嘴：「現在我是天不怕，地不怕，就是怕做餓鬼！」

「妳們還沒有看見我們吃老包穀心子的那種饞相，」余純純笑說：「現在已經文明多了。」

「現在勝利了，以後不會再過那種日子。」郝薔華安慰她們說。

飯後，郝薔華陪她們上街買東西。從駱駝牌、三五牌香菸，蘇格蘭白蘭地、法國香水、葡萄酒到瑞士手錶、英國毛料……都可以買到，不像前三、四年，物資那麼缺乏，牙膏、毛巾都成為奢侈品。但他們怕郝薔華多花錢，只買了一點日用品。

郝薔華陪他們去中央公園逛了一會，便先回旅館等天行和黃湅梅，囑咐他們準時去渝園餐廳集合。

郝薔華剛到旅館，天行隨後就到。郝薔華問他今後有什麼計畫？他大致告訴她。

「您的檔期還有多久？」天行問她。

「三個月。」她說。

「那大概可以和我們一道出川了。」

「我也希望如此。」她說。「以後我唱戲的機會不多了，我沒有什麼親人，我還是想禿子跟著月亮走。」

「那還有什麼問題？」天行回答：「無論我和蝶仙姐到什麼地方？都希望您一道去。」

「我會做這種準備。」她高興地說。「我已經積了一筆錢，跟著您們一起過日子，下半輩子的生活大概沒有什麼問題。」

「您不必操這個心，只要我們能活下去，您就能活下去。」天行說。

「要是天祿知道您和蝶仙姐對我這麼好，他在九泉之下也會高興。」她忽然眼圈兒一紅說。

黃涷梅突然在外面問了一聲：「天行先生在嗎？」天行連忙趨前迎接，郝薔華連忙倒茶，笑臉相迎，黃涷梅跨了進來。天行問他看了什麼朋友？他都說了出來，有些也是天行的朋友。

「到臺灣教書沒有問題，」黃涷梅高興地說：「甚至現在就可以去，日本人會留下不少空缺。」

「倒不必這麼急，總得一年的緩衝時間。」天行說。

「那也沒有問題，到臺灣去接收學校的，十之七、八會是我們的老朋友。」黃涷梅說。

「別人會搶著做官兒，您們兩位只想教書，無論到那兒，人家都會求之不得呢！」郝薔華說。

「郝老闆，我們吃粉筆灰兒的，可沒有您這麼走紅啊！」黃涷梅說。

「這是兩回事兒，」郝薔華說：「您們是長青樹，我們是雨中花，我怎麼能和您們兩位相比？」

天行問杏芳他們怎麼還沒有來？郝薔華說：

「我要他們直接去渝園，現在我們也可以走了。」

郝薔華說著就請茶房叫了三輛人力車來，把竹片製成的火把，和一捲國旗都放在人力車踏板上，帶到渝園去。黃凍梅佩服她設想得周到。

重慶的人力車伕本領大得很，尤其是下坡時健步如飛，有時車伕兩腳懸空，讓兩隻車輪往前衝，既省力又特別快，坐在車上的客人都揑了一把冷汗，但他們沒有失手過。

一到渝園，老闆就笑臉相迎，郝薔華請老闆暫時保管一下火把、國旗。老闆知道這是遊行用的東西，怕別人順手牽羊，要茶房搬到櫃檯裏去。

郝薔華是這兒的常客，老闆又是她的戲迷，對她特別客氣，菜也特別好。黃凍梅覺得太破費，她笑著說：

「大家苦了八年，總算苦出頭了，應該慶賀一下。可惜待會兒我要上戲，不能陪您們遊行。」

「今兒晚上我們真是秉燭夜遊，遊行完畢之後我還想打著火把走回沙坪壩呢！」黃凍梅豪興勃勃地說。

「那會累壞了。」郝薔華望著他說。

「這是千載難逢的機會，總算給我碰上了！」黃溁梅意興飛揚地說：「這一生我大概也只能瘋這一次了？您說是不是？」

「這一次我們中國人已經受夠了，可不能再有第二次！黃先生，您說對不對？」郝薔華說。

「這要看我們後代子孫能不能記住這一次？不然恐怕還有第二次！」黃溁梅說。「日本人永遠不會忘記中國這塊肥肉，而我們中國人又只有五分鐘的熱度。現在還有誰記得揚州十日、嘉定三屠？」

黃溁梅掃了紹人一眼，他們都不作聲，真的沒有一個人記得那兩個悲慘的故事。黃溁梅又指著紹芬和余純純兩人說：

「妳們兩人在野人山的事兒就更不會有人記得了。」

「要是編進課本兒，那就不會忘記了。」郝薔華說。

「以後會不會編進去？還不知道，縱然編進去，我們的歷史也是死的，人家西方人會用雕塑、繪畫，陳列在街頭廣場和博物館，讓大家都能看見。我們頂多只會死板板的寫那麼幾段文字，那有什麼用處？」黃溁梅愈說聲音愈大。「有錢的人也只會想賺更多的錢，或是蓋廟，誰也不會蓋個抗戰紀念館。」

「黃先生，您真是語重心長，謝謝您給我上了一課。」郝薔華舉起茶杯向他敬了一下。

「郝老闆，我說這些話又有什麼用處？」黃溁梅望著她不禁啞然失笑，又舉起酒杯一飲而盡，霍然而起，拉著天行說：「走，我們去遊行，不要耽誤了正事。」

黃湅梅的興致很高，彷彿年輕了十歲。大家只好跟著他離席，在櫃檯裏取出火把、國旗，去校場口集合。

街頭上人山人海，都手持竹片紮成的火把，揮舞著小國旗向校場口走，他們到達時機關團體已經整隊站好，他們只好站到民眾行列裏去。

出發時所有的火把都已點燃。天上滿天星斗，城裏萬家燈火，街頭上幾萬枝火把長龍，浩浩蕩蕩向下半城商業中心區遊行而去。口號、歌聲、爆竹聲響徹雲霄，到處一片旗海，一片狂歡，和武漢大遊行時的悲憤心情完全不同。紹芬和余純純參加過保衛武漢大遊行，她們兩人的體會更深。

天行和黃湅梅更覺得自甲午戰敗以來的一口悶氣，都在這次遊行中發洩出來了。不過他們還很清醒，不像別人被這個勝利大遊行衝得暈頭暈腦。

紹文、紹玲他們都興奮地大喊大叫，火把舉得很高，小國旗揮得嘩嘩響，他們嘴裏不停地喊：「打倒日本帝國主義！日本人滾出去！」

很多美國人、英國人也參加了這次大遊行，他們手裏揮舞中英、中美兩國國旗，美國人還用生硬的中國話大叫：「中國頂好！」

遊行到十點鐘隊伍才解散，他們決定走回沙坪壩。

一路上也有些零零落落的人徒步行走，口裏還唱著抗戰歌曲。這都是住在李子壩、沙坪壩一帶的「下江人」，他們逃到四川已經七、八年了。

天行他們回到家裏已經兩點多鐘，蝶仙還沒有睡，正在和黃太太聊天等他們。她已熬了一鍋稀飯預備給他們消夜。他們走了這麼多路，又喊喊叫叫，已經有些餓，黃凍梅也和他們一道吃過稀飯才回家。

大家都很累，一上床就呼呼大睡。紹文最年輕，他反而興奮得睡不著覺，他一口氣寫了一首一百七、八十行的新詩，直到天亮才定稿，開頭一段是：

來了
戰爭到底拍著
勝利底翅膀
矯健而輕捷地
向我們飛來了

感謝你
年輕的播音員
勝利底使者啊
你第一個向我們
報告這興奮的消息

報告這使我們歡喜得
流出眼淚的消息
「日本無條件投降！」
這喜悅的聲音
這有力的字句啊
像久旱後的暴風雨
真使我歡喜得發狂
於是，我們這些
久已失去愛情的奴隸
久已失去歡欣的奴隸
開始了第一次狂熱的擁抱
擁抱啊
盡情地擁抱……

從今夜起
我們有了做人的資格了
從今夜起

我們可以挺起胸膛走路了
從今夜起
我們可以盡情地歡笑
從今夜起
我們可以大聲地說話了……

趕快滾出去吧
你們這些來自三島的壞蛋
你們這些殺人放火的強盜

從今夜起
在全世界四大領袖的面前
乖乖地焚燬你們的
〈田中奏摺〉吧
從今夜起
你們永遠記著：

在人類底歷史上
你們不過是
跳樑的小丑
……

天亮後，他就悄悄地投進郵筒，寄給一家大報副刊，很快地就發表了，而且佔了很大的篇幅。

大家都沒有想到他會寫出一百七、八十行的長詩，又居然被大報採用，第二段、第三段還把那天晚上遊行的情形和興奮的心情寫得那麼生動、逼真，真使大家刮目相看。蝶仙雖然覺得新詩淡而無味，並不喜歡，但紹文這首詩卻言之有物，充滿情感，自然十分高興，不過表面上看不出來，她只是平淡地說：

「這都是向紹人學的，他要是能寫出叔叔那種含蓄蘊藉的詩來，那就好了。」

紹人那次從桂林逃到重慶後曾經發表過一首〈流民圖〉的長詩，很受重視。不過紹文這首詩在風格內容上和紹人的完全不同。

「我對新詩本來沒有寄什麼希望，不過紹人這種寫法也許能夠走出一條路來？但是要想達到絕律詩那種爐火純青的地步，那種意象美是不大可能的，也不可能寫出白居易的〈長恨歌〉、〈琵琶行〉那種長詩。」天行說：「不過就新詩而言，我看他比紹人有前途，他還年輕得很。」

「他才高中畢業，你在他這種年齡已經中舉呢！」蝶仙笑盈盈地說。

「這是兩回事兒。時代不同，不能相提並論。」天行淡然一笑。

黃湅梅匆匆趕了過來，一看見天行就說：

「佘震天的『數風流人物，還看今朝』，已經掀了底兒了！」

「掀了什麼底兒？」天行笑問。

「我剛才聽到廣播，他已經開始搶地盤！」

「我早就料到他會有此一招。」天行黯然一笑說。

「那這場好不容易得到的勝利，不是要全泡湯了？」黃湅梅腳一跺說。

天行悵然地望望茅草屋頂，不發一言。最後深深歎了一口氣，兩眼滾出兩顆豆大的淚珠，又慢慢唸出曹子建的那首五言詩：

煮豆燃豆萁，豆在釜中泣；

本是同根生，相煎何太急？

第八十章 萬里江山有遺憾 八年恩怨不分明

大家都忙著還鄉回家，可是人太多，交通工具太少，都急得像熱鍋上的螞蟻，在機場、在碼頭上團團轉。這和杜甫〈聞官軍收復河南河北〉詩中：「白日放歌須縱酒，青春結伴好還鄉；直從巴峽穿巫峽，便下襄陽向洛陽。」的那種心情完全不同。

同時為了減輕行李負擔，很多人都在街頭擺地攤，急於賣掉並不多也不好的衣物，以為一回家鄉什麼都不愁了！他們不知道家鄉已經被日本人榨乾，弄得家無隔宿糧，連吃的鹽也沒有了。長江沿岸原是最富庶的地方，日本人卻以兩斤鹽換一百六十斤黃豆之類的殘酷手段，把農產品弄走了。很多人因為沒有鹽吃，弄得身體浮腫無力。

天行和紹天研究怎樣回家的問題，他們都認為最好的辦法是坐軍機，因為紹天有軍人身分，紹地、紹武都是軍人，他們早從報上看到他們兩人的部隊已經從芷江空運到南京接收京滬，飛機到南京以後，紹地、紹武也可以安排他們回北平，余純純卻可留在南京和紹地團聚，這是最快的方法。但他們人多，還要考慮郝薔華和黃凍梅兩夫妻，他們也希望一道走。

同時他們父子兩人也談到去臺灣設紡織廠的問題，紹天也想辭去軍職自己創業，他不是職業軍人，在管理、技術方面他已經訓練了一些人才，做了不少貢獻，復員之後會精簡軍隊，他正好乘機恢復平民身分。

東京盟軍總部需要中國派個代表團去會同處理有關問題，天行是留日的，對日本問題又很有研究，早在日軍由桂林直趨獨山的最緊張時刻，他曾經提出一份研究報告，判斷日本會在半年左右投降，當時沒有人敢信，等到日本真如他所料投降了，又特別重視他的研究心得，稱他為「日本通」，因此特別向校方借聘他為顧問，隨代表團去東京。他完全沒有想到這突如其來的機會，他只提出一個要求：先讓他護送眷屬回家。經紹天從中交涉安排，不但他們一家人都可以同機到南京，而且連郝薔華和黃凍梅夫婦也獲准搭便機一道走。原先是非常棘手的問題，這一下迎刃而解了，大家都十分高興。不過紹天本身還有任務，他不能一道走，他一個人要走也沒有問題，他隨時可以搭軍機。

為了預籌到臺灣設廠的經費，天行決定賣掉北平萬寶齋和景德瓷莊的房地產，這是黃金地帶，應該可以賣到好價錢。他對臺灣的情形也很瞭解，因為他研究日本戰力時也把臺灣估計在內的。

蝶仙聽他說要賣萬寶齋和景德瓷莊，禁不住問：

「臺灣收復後難免有些問題，您對臺灣怎麼那麼有信心？」

「臺灣四面環海，交通四通八達，利於經商，可以安居。這是我研究日本的另一個心得。」天行說。

「日本、英國都是島國，」紹天說：「他們都利用島國的條件，稱霸過世界。德國軍隊橫掃歐洲，就是沒有辦法佔領英國。」

「蝶仙姐，您還記不記得柳老師的那幾句偈語？」天行笑著問她。

「記得！」蝶仙也笑著回答：「最後兩句是：避秦聖地，海上仙山。」

「這就對了！」天行笑著點頭：「抗戰一勝利，我對柳老師這兩句偈語就恍然大悟。再加上我的研判，所以我才做這個決定。希望您和紹天在一年之內把那兩筆房地產賣掉，做為到臺灣設廠的資本。」

「我還想親自去臺灣考察一下。」紹天說。

「那就更好，」天行說：「我也可能去看看。就我所知，臺灣資源並不豐富，更不出產棉花，將來在原料方面要多準備。」

黃涑梅聽說他們兩夫妻也可和天行一道走，已經十分高興，又聽說天行父子想去臺灣設廠，更加贊成。

「以後會是工商業社會，年輕人應該向這方面發展。」黃涑梅說。

「我三叔是辦紡織廠的，當初他就看到這一著棋。所以我要紹天去英國學紡織，原來是想在老家九江發展我們家族的紡織工業，日本人這一打，就把我們家的紡織工業打垮了，現在只好要他準備去臺灣另起爐灶。」天行說。

「他是行家，輕車熟道，一定馬到成功。」黃凍梅說。

「但願如此。不然靠我教書，那就要喝西北風了。」天行說。

他們很快接到搭乘軍機的通知，紹天便打了一個軍用電話給在南京負責機場警衛的紹地，要他照顧並安排到北平的七個大人兩個小孩的機位。這邊的茅屋和不少的東西都送給地主，他們能帶走的只有幾口箱子，天行的一些書籍資料大都留給紹天處理，最重要的資料他都放在手提包裏。

行前天行又帶著家人上山到父母墳前拜別，這是他心裏最難受的一件事，想到時局，他更覺得不可能把他們的骸骨運回祖墳山了！連天放的墓也不能去祭弔一番，他不禁潸然淚下，還不敢把他的心事告訴蝶仙。

蝶仙看看那滿園的青菜和那麼多雞，她也依依不捨。

郝蕾華也提前結束了合約，犧牲了兩個月的包銀。

紹華、紹芬、紹珍、紹玲四姊妹，和天行、蝶仙他們生活了這麼久的時間，想到飛機一到九江降落就要和他們分手，心裏突然覺得勝利來得太快了！但他們又不能跟到北平去，而且知道他們打算去臺灣，她們都還沒有結婚，以後的歸宿如何？還難預料。尤其是紹芬，她和余純純共生死患難多年，一旦分手，更是難過。

余純純的心情最愉快，因為她可以和紹地重聚，不必再兩地相思。但她把高興藏在心底，不敢充分表現出來。

飛機從機場起飛後，一直向東飛。秋高氣爽，萬里無雲，長江如一條腰帶，蜿蜒在群山萬壑之間，看不到三峽的驚險，聽不到兩岸的猿聲。飛機比輕舟更快，李白的「兩岸猿聲啼不住，輕舟已過萬重山」和杜甫的「直從巴峽穿巫峽，便下襄陽向洛陽」的情趣，在飛機上都無法領略。郝薔華忽然想起那年入川經過香溪時想重建昭君廟的心願沒有達成，十分遺憾。她演唱過很多次漢明妃，可就是找不到人來承辦這件事兒，使這位身在塞外，心在邦家的絕代美人，香火不繼，心中不免戚戚。

天行和黃涑梅他們都是第一次坐飛機，都有騰雲駕霧、瞬息千里的感覺，可是沒有李白、杜甫的那種輕快心情。在三峽上空，天行口占了一首七絕：

馭氣騰雲兩袖風，傷心不見九州同；
歸來百劫人憔悴，萬里家山淚眼中。

黃涑梅聽他隨口吟出這首詩來，笑著對他說：

「我也有這個意思，想不到您倚馬之才先得句，搶先一步了。」

「您要是寫出來了一定更好。」天行說。

「那不可能。」黃涑梅搖搖頭說：「您已先得我心，我就翻不出如來佛的手掌心了。」

「可見我們回家和李白、杜甫出川的心情是大不相同了。」

「時代不同，我們比他們更不幸。」

「『田園寥落干戈後，骨肉流離道路中』，這一點倒是相同的。」天行說。

「可是我們大難未已，這種情形還不知道什麼時候結束？」黃湅梅說。

飛機轟轟的聲音愈來愈大，他們不禁朝窗外一望，再也看不見群山萬壑，而是一片平原沃野，八百里洞庭也在眼底，飛機高度也好像降低了許多，武漢三鎮也遙遙在望了。他們知道有些人要在武昌下機，飛機也要加油。蝶仙望到武漢三鎮，忽然對天行說：

「能不能上您哥哥墳上祭掃一下？」

「哥哥的墓在洪山，最少得有一天的時間停留，飛機只停半個小時，不會等我們。哥哥地下有知，該會原諒我們，我們在機上為他默哀好了。」天行說後隨即低下頭來。

蝶仙也閉著眼睛，低頭不語，紹文跟著低下頭去。

飛機突然急速下降，他們的心彷彿提了上來。有十來個人準備下機，飛機一停穩，他們就走到機門口，魚貫下去。他們也跟著下機，在停機坪活動活動，各自方便一下。

有七人上機，他們都是因公去南京的。

飛機起飛後，紹華、紹芬她們四姊妹的依依之情就更濃了。她們不再是當年離開九江時的不識愁滋味的天真爛漫的姑娘，現在都是亭亭玉立十分懂事的大小姐了，尤其是紹芬，更是飽經憂患，九死一生。她更希望天行、蝶仙、郝薔華他們能在九江停留幾天。

「我們何嘗不想在老家住幾天？但是交通太困難，錯過了這班飛機，就不知道什麼時候才能到南京了？妳二伯又有公事，更不能耽擱。我想去看看紹文爹的墓都辦不到，妳就可想而知了。」蝶仙說。

「大媽，我們這一分手，就不知道什麼時候才能見面了？」紹華也感傷地說。

「那就要看緣分了？」蝶仙惶惑地說。她不知道以後會是怎樣的世界？要是她真和天行去了臺灣，那就更困難了！

「我把妳們四姊妹帶到四川，又帶回九江，這是我最大的安慰。」天行說：「遺憾的是沒有替妳們完成終身大事。」

「二伯，就這樣我們已經感恩不盡了！」紹華說：「婚姻的事兒要靠緣分，是勉強不來的。」

「妳們回去代我問候所有的親人，家裏的情況也要寫信告訴我們。」天行說。

「二伯，近鄉情怯，我們還不知道家中的情形如何？」紹芬說。

「他們也不知道紹勇、紹忠、紹雄已經為國犧牲了。妳們要委婉地說明，不要一下嚇著他們。」蝶仙說。

「大媽，我們真不知道怎樣開口呢？」紹芬說。

「這次抗戰我們龍家犧牲很大，以後的情形恐怕會更糟。」天行對她們說：「現在我要告訴妳們：以後如果有什麼風吹草動，妳們趕快到臺灣找我。」

「二伯，您和大媽真會到臺灣去嗎？」紹芬、紹華同聲問。

「人無遠慮，必有近憂。我和黃老師都不是鸚鵡，只想自由自在，自然會去臺灣。」天行說。

「在臺灣我們還能紮下一點文化的根。」黃涑梅說。

巍峨峻秀的廬山已在眼前，長江彷彿一條土黃色的腰帶從九江城外一直流向東海。城內的甘棠湖、南門湖被柳堤分開，在深秋的艷陽下閃閃發亮。

飛機正在降落，她們四姊妹又興奮又情怯地走向機門。郝薔華突然對她們說：

「請妳們代我問候家人，就說我禿子跟著月亮走了，只怕今生今世再也不能在甘棠湖邊做客。」

「嬸娘，我們歡迎您能再來。」紹華、紹芬同聲說。

「人生如夢，我在甘棠湖邊做了一場夢，以後不會再做夢了。」郝薔華悽然一笑。

飛機一陣震動，她們四人搖晃了幾下，和一位軍人一道下機。天行、蝶仙站在機門口和她們揮別，蝶仙在流眼淚，她們四人在地上飲泣。余純純突然衝下飛機，抱著紹芬哭了起來。

機上人員立刻提出警告，要余純純立刻上來，要她們四人趕快離開，飛機又要起飛了。

他們本來想在九江看看老家的情形，現在只好過門不入了。天行在飛機上鳥瞰，九江城內的房屋好像破破爛爛，不是當年的樣子，他們老家那棟大房子好像已經變成廣場？他把這種感覺告訴蝶仙，蝶仙也有同感。

他們到達南京時，已近黃昏，飛機一降落，紹地、紹武都開著吉普車來接，大家都高興得流出了眼淚。余純純更和紹地、紹武兩兄弟擁抱在一起，他們是共過患難生死的。南京重逢，恍如隔世。

他們用中型吉普車把大家送到旅館安頓，紹地已經安排好了去北平的機位，只要在南京候機一天。天行正好有些事情要在南京接洽。

從機場進城，他們遇見不少身穿羅斯福尼軍服的軍人，個個雄赳赳、氣昂昂，他們都是紹武、紹地兩兄弟的袍澤。日本俘虜倒見得不多，只碰見一位坐在黑色轎車裏的日軍少將，他見了吉普車，就向紹武、紹地敬禮，畢恭畢敬，完全沒有當日的氣燄。

「俘虜怎麼可以在外面亂跑？」紹人問。

「他有外出臂章，沒有臂章就出不了門。」紹地說。

「日本人現在是不是很乖？」余純純問。

「他們現在像龜孫子。」紹地說：「見了我們就是九十度鞠躬。」

「這正是他們厲害的地方。」余純純說。「當年南京大屠殺時，他們個個都是凶神惡煞。」

「南京的婦女給他們蹧蹋得最慘，老百姓都想吃他們的肉！」紹地說。「如果我們不把他們集中看管，老百姓真會宰了他們。」

「他們在南京屠殺平民，您們何必保護他們？」紹人說。

「有時我也想痛揍他們一頓，但是上面要我們保護他們。」紹地說。

「對日本人不能講恕道。」紹人憤憤地說：「他們在桂林七星崖就用毒氣一下子毒死了好幾千人！」

「日本人在中國造的孽數也數不清，把這些俘虜全部殺光，也還不清這筆血債。」紹地說。

「我們的女兒就在那次大逃難中冤枉死掉的，我和淩菱也差點兒餓死，現在想想都可恨！」紹人說。

「比這更可恨的事兒還多得是！您隨便問問南京的老百姓，那一個不是咬牙切齒？」紹地說。「我們剛到南京繳日軍的械時，有一位老太太曾經向我下跪，求我准許她咬日本鬼子一口。」

「您有沒有答應她？」余純純問。

紹地搖搖頭，余純純說：

「那老太太不是很失望？」

「不但失望，還罵我太孬！」紹地說：「但是我要遵守命令。」

「這樣您會失去人心！」紹人說。

「如果讓老百姓私自處置俘虜，那也會大亂。」紹地說。

「蘆溝橋事變，日本人就是栽誣失蹤了一個士兵。現在那麼多俘虜，您隨便弄一個出去宰了，不會說是失蹤嗎？現在日本鬼子還敢告狀不成？」

「我們不能像日本鬼子一樣下作。」

「兵不厭詐，以其人之道還治其人，也不算是下作。」

「我和紹武哥都做不出來。」紹地搖搖頭說：「當我們打敗仗時，我們恨不能報仇雪恥，當我們打勝仗時，我們又原諒了敵人。我也不知道怎麼會這樣的矛盾？」

「這就是婦人之仁？」紹人生氣地說。

「也許是？也許不是？」紹地向他一笑。

紹武已經把車子停在太平路一家大旅館門前，幫天行和黃凍梅提行李。紹地把車停在他的車子後面，也把行李提進旅館。

大家安頓好，洗過臉之後，他們兩兄弟就請大家到一家大飯館吃晚飯。南京的鹽焗鴨很好，他們特別點了兩份。

紹武說他剛到南京時，市面死氣沈沈，老百姓生活都很苦，現在已經好多了。

黃凍梅問回皖北的交通有沒有問題？紹武說沒有問題，淪陷區的交通不像大後方那麼擁擠，老百姓很少出門，現在才慢慢活動起來。他知道天行要在南京停留一天，他也打算在南京停留一天，後天再回家住些日子，等學校復員通知，再來南京。天行只準備在北平家裏停留兩、三天，就趕回南京與代表團人員會合，一道前往東京。

太平路本來是南京最繁榮、熱鬧的一條大街，日本人佔領八年之後，變得十分蕭條，現在由於紹武他們的部隊到達，和少數人從重慶復員回來，已經有些生氣。他們兩兄弟開車子帶大家在新街口、中山北路、白下路幾條比較熱鬧的街道轉轉，最後又帶大家到夫子廟逛逛。

夫子廟在秦淮河北岸的貢院街，戰前十分熱鬧，茶樓酒肆，櫛比鱗次，輕歌曼舞，通宵達旦，一如北平天橋。現在遠不如戰前，但仍然是南京最熱鬧的地方。

天行、黃凍梅在沙坪壩一住七年，過的是戰時生活。四川人雖然歡喜坐茶館、擺龍門陣，可是他們沒有坐過沙坪壩的茶館，更沒有時間去重慶坐茶館，卻進了夫子廟的一家茶樓，一面喝茶、吃點心，一面聽聽清唱消遣。

因為紹武、紹地要在十點之前趕回營區，所以他們坐的時間不久。

他們兩人把大家送回旅館，約好明天上午九點再來陪大家遊中山陵、明孝陵、靈谷等、玄武湖、莫愁湖、雞鳴寺等名勝，本來天行想接洽一下公事，紹地說由他代辦就行，一天的時間遊歷都很匆忙，連棲霞山都不能去，好在回北平時還可以去西山看看紅葉。

余純純並沒有隨紹地一起回去，她準備送走大家之後再過小家庭生活。

第二天上午九點他們準時到達，大家一起上車先去中山陵。

中山陵是南京市民假日的好去處，風景幽美，規模宏大，一出中山門就是陵園大道，路面平整清潔，兩旁樹木青翠欲滴，紫金山岡巒並列，氣象萬千，左有明孝陵，右為靈谷寺，都是名勝古蹟。陵墓在五百四十尺高的山坡上，陵門有中山先生手書「天下為公」四字，由此再上二百九十餘級，到達祭臺平臺，臺東有音樂臺，可容數千聽眾。祭堂供奉高十五尺的中山先生雕像，供人瞻仰。

靈谷寺建於南朝宋代，是一個十分清幽的古剎，太平天國前，規模宏偉，由山門到大殿，相距五里，殿宇甚多，飽經戰亂摧毀，只餘無量殿。靈谷寺的美在於古木參天，清幽脫俗。古蹟方面以唐朝吳道子畫的《寶誌法師像》，李太白贊、顏真卿書的《三絕碑》最為名貴，殿中楹聯亦多出自名家手筆。

明孝陵是明太祖朱元璋的陵墓，他們回程中才來遊歷。陵前有御道、御河，橋北有獅子、獅豸、橐駝、象、麒麟、御馬各四個，白色擎天玉柱二支，石刻文武翁仲八個，高達兩丈，分立左右。明太祖墳高三十丈。當年植松十萬株，養長生鹿千隻。現在林木很少，一隻鹿也沒有了。

他們回到城裏吃過午飯後，先去水西門外的莫愁湖。莫愁湖的名氣很大，相傳金陵名妓盧莫愁，居於湖上，因而得名；明太祖與開國名將徐達曾在湖上對奕，以湖作賭，徐達勝，太祖以湖賜之。曾國藩任兩江總督時，大修莫愁湖，湖濱原有曾公閣，魏國公祠堂，現在都倒了，無人過問，湖水也已淤塞，只餘一個小塘。黃凍梅看了大為失望，慨歎地說。

「我們太不愛護名勝古蹟了！西方人和日本人一磚一瓦都小心維護，這些地方我們應該向人家學。」

「這是戰後，希望將來天下太平時，後代子孫能夠珍惜祖宗遺澤，大好河山。」天行說。

「歷來維護名勝古蹟的都是讀書人，如蘇東坡之修西湖，曾國藩之修莫愁湖，比比皆是。只有讀書人做地方官，才有希望。」黃凍梅說。

「文章憎命達，真正的讀書人未必都能做官。」天行向他笑說。「蘇東坡都是個官運不通的人，曾國藩算是個例外。」

黃凍梅也搖頭苦笑。

雞鳴寺也是金陵古剎，梁武帝時名同泰寺，明洪武年間改建，稱為雞鳴寺，寺在覆舟山，葬有南朝宋代寶誌法師遺體，登寺後豁蒙樓，遠眺長江，浩浩蕩蕩，奔騰東去。天行忽然想起劉聯軍那年冬天葬身江底的悲壯往事，正不知道回家時如何向劉嬤嬤提起？蝶仙看他臉色突然一黯，笑著問他：

「您是不是想起劉聯軍？」

天行一驚，微微點頭，又問紹武：

「你們的師長還是不是劉連生？」

紹武點頭應了一聲是，天行說：

「他是當年由下關渡江撤退九死一生的見證人，他這次帶領你們來南京接受日軍投降，應該感慨最深？他還記不記得劉聯軍？」

「我們接收時他還和我們談起劉聯軍的事。」紹武說。「他最痛心，也最恨日本人！這是我們在緬甸打勝仗的一大原因。」

天行看看紹武，想到他負傷的情形，覺得日本人欠的這筆債，怎樣也討不回來，天祿是絕後了！

紹武對郝薔華很好，一路來都小心照顧她，把他當母親看待，郝薔華十分感動。

在豁蒙樓俯瞰玄武湖，盡收眼底。雖然已過荷花盛開季節，但嫩藕、紅菱卻正當令，他們還是驅車前往。

玄武湖戰前遊人如織。湖中原分為舊洲（梁洲）、新洲（櫻洲）、長洲（環洲）、趾洲（翠洲）、麟洲（菱洲），現在稱為亞、歐、美、非、澳五洲。洲上有個湖神廟、景行樓、湖心亭、賞荷亭、覽勝樓，有湖山亭臺之美。湖中多菱荷，湖邊多垂柳，萬紫千紅，弱柳千條，城樓堞堞，倒映湖中，無異人間仙境。

他們來時遊客稀少，但湖中有採菱少女，坐著洗澡木盆採菱，別有一番情趣。湖邊也有賣嫩藕、紅菱的少女，向他們兜售。他們已經有幾年沒有嚐到這種江南風味的菱、藕，正好買些嚐新。

他們在覽勝樓欣賞湖光水色，玄武湖的面積不下於杭州的西湖、北平的三海，週圍達四十里。是南京的一大風景區。郝薔華看了玄武湖自然想起九江市區的甘棠湖、南門湖。她對蝶仙說：

「九江甘棠湖雖然沒有這麼大，但在市區，更有廬山相襯，顯得更雅。這次我沒有下機去看看，十分可惜，以後恐怕再也沒有機會去了？」

「我也喜歡甘棠湖，」蝶仙說：「本來天行早有意在湖邊蓋棟房子怡情養性，現在看來恐怕要成畫餅了！」

天行、黃凍梅和紹武、紹地在談南京大屠殺的事。紹武說他曾經調查他所管理的戰俘中有些是參加過南京大屠殺的，都被扣留下來，其中谷壽夫是官階最高的，已經掌握了他們許多確切證據，日後會在南京審判。其他更高級的侵華戰犯，全由東京盟軍總部軍事法庭審判，這也是天行去東京的一大任務，他已經掌握很多日文資料，胸有成竹。他們都是侵華政策的決定人，特務頭子，派遣軍總司令，經常發表侵華思想言論的大學教授、新聞界元老，一共有五、六十位。

「你這次去東京，千萬不要放過那些罪魁禍首。」黃湅梅對天行說。

「當年我去日本，真沒有想到今天還有一些用處。」天行感慨地說：「我認為日本人為禍中國，並沒有因為抗戰勝利而終止，它的後遺症可能更大。我不會放過他們。即使把他們全部絞死，也不能彌補我們的損失，中國人的苦難還在後頭。」

「您這著棋又看得比別人遠。」黃湅梅說：「等您從東京回來之後，我們就去臺灣。」

夕陽西下，晚霞滿天，湖上金光燦爛，煙籠紫金山，採菱少女，紛紛划到湖邊，他們也驅車進城。

黃湅梅和天行各自按照計畫回家，相約再見。

余純純留在南京，其餘的人都和天行搭機回北平。

古美雲、文珍、香君、卜天鵬、劉嬤嬤都沒有想到他們突然歸來，真是又驚又喜！蝶仙和文珍抱在一塊，杏芳和香君抱在一塊，古美雲和天行淚眼相對。古美雲反應快，她沒有看見龍從雲夫婦和周素真，一臉錯愕，又不便問，天行扶著她坐下說：

「雲姑，一言難盡，蝶仙姐會慢慢告訴您。」

蝶仙聽他這樣說，才和文珍分開，香君也和杏芳分開，把大外孫抱在手裏，她和文珍打量天行，恍如隔世，都不知道說什麼好?天行介紹郝薔華和大家認識，蝶仙幫他說明，講得十分得體。隨後又介紹凌菱，要凌菱叫文珍表姑，叫香君阿姨，叫古美雲姑奶奶。

「其餘的話我留著慢慢和您們說，今兒晚上我準睡不著覺，就怕您們會嫌我嘮叨?」蝶仙笑著說。

「您還是和年輕時一樣口舌伶俐!」古美雲笑著對蝶仙說：「一點兒沒有變，沒有改。」

「雲姑，您不知道，蝶仙姐在外面悶了這麼多年，見了您們才又口角春風起來。」天行說。

「一見了您們我就想起從前，」蝶仙笑著對她們說：「我彷彿一下子又年輕起來。」

她一面說還一面吩咐劉嬤嬤安頓郝薔華在隔壁的房間住，天行還是住在原來的書房，紹人夫婦也是住在紹人原來的房間，杏芳也是照舊，這些房間空了八年，龍從雲夫婦的房間由紹文住，他已經長大了，需要一個房間。

卜天鵬身體還很健康。劉嬤嬤頭髮白了不少，身體倒很不錯。

古美雲還沒有老態，文珍、香君眼角也沒有出現皺紋。她們沒有逃難，生活很安定。離婚對文珍來說不是什麼打擊，倒是母親的去世使她感覺孤單，但有古美雲和香君作伴，也解除了不少寂寞。香君雖然成了寡婦，但她還有女兒杏芳，心裏踏實，和文珍、古美雲住在一起，反而更快活。她們都不像蝶仙那麼操勞、辛苦，一切家事有劉嬤嬤做。這幾年來她們兩人倒是讀了不少書。

蝶仙和她們一夜長談，彼此的情況都很清楚了。

天行也和卜天鵬談了很多，劉聯軍不幸的事他也告訴了卜天鵬，再由卜天鵬轉告劉嬤嬤，劉嬤嬤哭了一場。

古美雲她們對天放的殉國和龍從雲夫婦、周素真的去世，都很難過。天行、蝶仙也沒有想到龍從容比父母去世還早？

周素真的母親也去世了。

有兩件事兒天行蝶仙還是不大明白？楊通是誰打死的？卜天鵬不肯講；周而復是誰下的毒？小玉為什麼會被日本憲兵抓去？後來又放了出來？古美雲也不肯講。

小玉和小貴兒聽說他們回來了，都趕過來看他們。

小貴兒臉上已經起了雞皮疙瘩，但行動還是十分矯捷。小玉出落得更美，她見了蝶仙十分親熱，見了天行還是叫二少爺。天行故意問她：

「小玉，聽說妳被日本憲兵抓去過，那種刑罰妳怎麼受得了？」

「心一橫，牙一咬，也就過來了。」小玉笑著回答。

「日本憲兵隊是閻羅殿，進得去，出不來，莫非妳有什麼神通？」天行又說。

「二少爺，我那有什麼神通？」小玉笑了起來：「我就是死不招認，他們也沒有辦法。」

「那他們為什麼要抓妳？」

「二少爺，大概是抓錯了人吧？」小玉眨眨眼睛一笑：「日本憲兵常常亂抓人，全憑他們高興。幸好您不在北平，不然他們一定會抓您。」

天行還是不得要領，也就不再問了。

杏芳問她父親和哥哥是怎麼死的？香君回答說：

「說來妳也不會相信。妳知道妳爹有些獃頭獃腦的，妳哥哥也不怎麼聰明。想不到他們偏偏碰上鬼子兵，要他們帶去找花姑娘。妳爹又不懂日本話，和鬼子兵比手劃腳，他以為鬼子兵要找生蛋的母雞，在鬼子兵屁股上摸了一把，鬼子兵認為是侮辱，一槍就把他打死了！」

杏芳啊的一聲哭了起來，隨後又問：

「那哥哥又是怎麼死的？」

「妳哥哥不知道厲害，他伸手去奪鬼子兵的槍，也被鬼子兵一槍打死了！」香君說。「就這樣白白送了他們父子兩條命。」

杏芳忍不住哭泣，香君對她說：

「這類的事兒多的是，尤其是外埠外市，日本鬼子殺人像殺小雞，整個莊子都毀掉的不知道有多少？」

「美子最近有沒有信給妳們？」天行問香君、文珍。

「已經半年沒有來信。」文珍說。

「妳們有沒有龍子的消息？」天行又問。

她們兩人都搖搖頭。隨後文珍又說：

「您最近不是要到日本去嗎？當面問問美子就知道了。」

「我恐怕見不到她了？」

「您別儘往壞處想。」文珍說。

「依我的判斷，她不病死也會餓死。」

「不會那麼嚴重。」古美雲說。

「雲姑，您也許不知道，日本人是真撐不下去才投降的。何況她有病在身？」

「也許吉人天相呢？美子實在是個好人。」古美雲說。

「雲姑，我們龍家死了這麼多人，他們不也都是好人？」

古美雲一時語塞，隨後又向他一笑：

「反正你要去日本了，也不急在這幾天？抗戰八年都抗過來了，難道您連這點兒耐性都沒有？」

「雲姑，恕我心急。」天行向她抱歉地笑笑：「只有在您面前，我才覺得我又回到以往那段日子。」

「我也懷念那段日子。」古美雲含著眼淚笑說：「可惜現在我也老了，又沒有乾娘那麼好的福氣。」

「雲姑，我有一個計畫，不知道蝶仙姐告訴您沒有？」

「您準備到臺灣去紮根是不是？」古美雲笑問。

天行點點頭，古美雲又說：

「這是一件大事兒，我不反對。可是我年紀大了，我怕連累您？」

「雲姑，現在只有您一位長輩，您就別想那些事兒了。」天行說。

「我倒贊成文珍、香君和您們一道去臺灣，反正她們在這兒已經沒有親人，年紀又不大。以後的日子還長得很。」古美雲說。

天行望望文珍、香君。文珍對他說：

「您賣掉萬寶齋和景德瓷莊，資本也未必雄厚？我和香君也決定賣掉這兒的產業，助您們父子一臂之力，那就比較好辦事兒了。」

「去臺灣辦紡織廠的事兒難免有些風險？」天行說。

「杏芳是香君的命根子，她跟著女兒女婿和您，比什麼都可靠；我孤寡一人，一旦有什麼風吹草動，我還能揹著房屋跑不成？如其日後被別人共掉，不如先賣了給您們父子兩人創一份事業好。我想您們父子兩人總不會把我甩掉？」文珍說。

天行沒有想到她們做了這樣的決定？感動得眼淚都流了出來。也增加了無比的信心。他隨即對蝶仙說：

「蝶仙姐，我去日本以後，那兩筆產業您和紹天要盡快處理。至於這筆祖產，一來紹地是軍人，他完全聽命行事，身不由己，又身無長物，純純總要有個落腳的地方；紹人心裏打什主意？他不講，我也不便問。我看他八成兒在幻想，再加上他那些朋友的關係，恐怕他不會跟我們走？這筆祖產我留給他們兩兄弟。紹人守不守得住？那就要看他的神通了？」

大家都覺得他考慮得很周到。小玉不知道內情，十分惋惜地說：

「二少爺，現在勝利了，您不在家裏好好享福，何必賣掉店鋪，跑到人生地不熟的臺灣去吃苦？」

「小玉，一言難盡！」天行歎口氣說：「以後妳會慢慢明白。」

「二少爺，我小貴兒真是愈弄愈糊塗了！」小貴兒忽然接嘴：「八國聯軍以來，一直雞飛狗跳，到底什麼時候兒才有太平歲月？」

天行望望小貴兒，想起當年他從宮裏逃出時，細皮白肉，說話也是細聲細氣，像個少女，現在臉上起了雞皮疙瘩，比男人、女人都不經老，也不知道這幾年他是怎麼過的？

「小貴兒，當年老佛爺怎樣撂下這個爛攤子？你是知道的。這個苦頭我們還沒有吃完。我不是劉伯溫，什麼時候才有太平歲月？我也不知道。」天行向他苦笑。

第八十一章 紅葉秋山詩即興 故園噩夢鬼朦朧

天行和蝶仙一道去看萬寶齋和景德瓷莊。

萬寶齋是鐵將軍把門，他們打開進去看看，裏面空空如也，佈滿了蛛網和灰塵，房子倒很完整，他們決定請卜天鵬找人來打掃乾淨，才好出售。

景德瓷莊有馬福康看守，他還維持一個殘局，自給自足。他看見他們兩人來了，十分驚喜。他們告訴他說要賣掉景德莊，他大吃一驚地說：

「二少爺，我好不容易撐到今天，眼看好景就要來了，您怎麼要把它賣掉？」

「馬師傅，多謝您這幾年的照顧。」天行說：「這幾年國家變化大，我們家裏也有大變化，我有不得不賣的原因，以後您會知道。」

蝶仙隨即告訴他龍從雲夫婦、天放、周素真都過世的事。他怔了半天，歎口氣說：

「想不到老爺逃難出去了就不能回來，我還一心等著他東山再起呢！」

他的話音一落，隨著掉下兩顆眼淚。天行告訴他連萬寶齋也要賣掉，問他能不能找到買主？

「要賣倒也不難，」馬福康說：「這兩家店面地段好，是搶手貨，我只怕傳出去了不大好聽？」

「馬師傅，現在顧不得老面子了！能賣出好價錢就行。費您的神，我和大奶奶不會虧待您的。」

「二少爺，這是那兒的話？」馬福康笑道：「我跟老爺半輩子，只要我能使得上力氣，我一定盡力而為，別的事兒您就不必談了。」

他們兩人一再拜託，才向馬福康告辭。又一道去紫竹菴看梅影。

梅影雖然出家很久，還是未能忘俗忘情。天行、蝶仙他們逃難在外，她還是時常去老太太佛堂念經，和古美雲、文珍、香君她們聊天，探聽天行、蝶仙他們的情形，比剛出家時更念舊。當時她是怕自己俗緣未了，信心不堅，中途還俗，鬧出笑話，所以特別矯情。後來她已習慣紫竹菴的青燈木魚生活，就不再那麼虐待自己了，和文珍、香君來往也比較多，也自然親切多了。對文珍、香君的遭遇，更是同情。天行、蝶仙突然來訪，更使她喜出望外，她連忙把應素蘭叫了出來。應素蘭見了他們也格外高興，月印已經圓寂，她現在是住持了。

當她們兩人知道龍從雲夫婦和周素真、天放已經過世，同時念了一聲「阿彌陀佛」，梅影還說：

「我要為他們幾位念七七四十九天經，希望他們早日超生。」

「我們今天到紫竹菴來，一來是看看妳們兩位，二來也正是這個意思。」蝶仙說。「我們逃難在外，連一天法事也沒有作過，心裏一直不安。」

「你們放心，我們會虔心誠意念完四十九天經。」應素蘭說。

「素蘭姐，我們現在不比從前，只能麻煩妳們在菴裏就便念了。」蝶仙說。「香油錢我們還是會照給的。」

「蝶仙，妳說這話兒就見外了！」梅影說：「我和師姐不是外人，師姐又是住持，香油錢的事兒就不用提了。」

「梅影姐，我馬上就要走了，這件事兒就由蝶仙姐來辦，規矩是不能廢的。」天行說。

她們兩人聽說他又要走，十分驚異。蝶仙向她們解釋了幾句，梅影就對天行說：

「那您可以再會到美子小姐了？」

「梅影姐，生死兩茫茫，我還敢作什麼期望？」天行茫然苦笑。

「三少爺，您們幾位真不知道是什麼劫數？」梅影歎口氣說。

「可惜月印師太已經圓寂，不然我真想問問她。」天行說。

「三少爺，當初我堅決要出家，也是因您們而起。」梅影說。「蝶仙知道我的心意。」

「這樣說來妳是真的免此一劫了？」天行望著她的光頭說，那上面有六個明顯的戒疤。

「我已經皈依三寶，自然免了。」梅影說。

「師妹，妳怎麼還和三少爺說這些癡話？」應素蘭笑著白了梅影一眼：「我們應該誠心作法事才是正理。」

「素蘭姐，日本鬼子佔領北平時，妳倆有沒有受到驚擾？」蝶仙把話岔開。

她們起先不作聲，念了一聲「阿彌陀佛」之後，應素蘭才說：

「有幾位年輕的居士躲在菴裏，可惜我們沒有保護住她們。菩薩有眼，壞人會受到報應。」

「當時月印師太在不在？」天行問。

「在。」應素蘭點點頭：「師父曾經向鬼子求情，可是頑石不點頭，師父說他們會下十八層地獄。」

「恐怕閻羅王也不敢收他們。」蝶仙說。

「現在他們不是都當了俘虜？」梅影說。

「他們反而受到保護，沒有人能傷害他們。」蝶仙說。

「阿彌陀佛！這我就不懂了。」梅影念了一聲佛，又向蝶仙笑笑。

天行怕應素蘭又講三世因果，講個沒完，便向她們告辭，蝶仙和她們約好開始作法事的日期再來。天行又對她們說：

「以後恐怕我不能再來了，這次就算是我正式告別。」

「二少爺，現在正是大家團圓的時候，您怎麼說這種話？」梅影一怔，兩眼癡癡地望著他說。

「梅影姐，我們過去的那段日子不會再回來了，今天我能來看妳，已經很不容易，以後的事兒就不用提了。希望菩薩保佑妳：邪魔不侵。」天行說後轉身就走。

梅影大惑不解，一把拉住蝶仙，輕輕問：

「怎麼二少爺說話好像不大對勁兒？他是不是又在外面著了什麼魔？」

蝶仙笑著搖搖頭。梅影又說：

「那他就是像柳老前輩一樣得道了？」

「我是個俗人。佛道的事兒我不大懂；他的事兒我們以後再談好了。」蝶仙嘴裏說著，兩腳已經開始走動，一面笑著向梅影揮手。

梅影怔怔地望著他們兩人的背影，心中一片疑團。她出家這麼久，六通還一通未通，紫竹菴以外的事兒也不大清楚。

天行忽然想起要去西山看看紅葉，作一次最後的憑弔。蝶仙要邀文珍、香君、郝薔華、古美雲、杏芳和紹人夫婦大家一起去，他們便匆匆趕回家。

蝶仙將天行要去西山看紅葉的意思向大家說明，文珍、香君知道他馬上就要走了，願意陪他去；郝薔華沒有去過，自然想去，古美雲想去，又怕上不了翠微山。天行對她說：

「雲姑，您不必耽心，我會扶著您上去，中午我們在翠微山的寺院裏吃齋飯不是很有意思？」

「紹人、淩菱不在家，怎麼辦？」蝶仙說。

紹人一回家，就帶著淩菱到處跑，他忙他自己的事兒，和天行好像是兩條軌道。

「他們去的機會多，不必等他。」天行說。

他們說走就走。蝶仙告訴卜天鵬說。如果紹人回來得早，可以去翠微山找到他們，不然他們兩夫妻可以改天去。

他們一行八人，坐汽車直達翠微山麓長安寺。

長安寺是明朝的建築，清朝重修，前後兩進大殿，是西山寺院中殿宇最雄偉的。而西山八大處又有七處是在翠微山，長安寺又是翠微山的第一座大寺。寺前有兩棵巨大的白皮龍爪松，相傳是元代種植的，還有一棵古老的百日紅和珍貴的「金絲木瓜」，寺內還有巨鐘一口。

山上楓樹、烏桕很多，一到長安寺，就看到滿山紅葉，比蘇州的鄧尉、南京的棲霞、長沙的岳麓紅葉都美，現在又正是飛霞流丹的最佳時節。他們已經很多年沒有來過，上次古美雲、文珍、香君陪美子遊萬壽山、圓明園，也沒有到西山八大處，而且那不是秋天。蝶仙問起那次她們陪美子遊玩的情形，她們都告訴她，香君還說：

「可惜那次沒有您們兩位，這次又沒有美子！」

「人生就是這樣難得齊全。」古美雲笑說。「下次你們要是再來，就沒有我了。」

「雲姑，您會像婆婆一樣，長命百歲。」天行說。

「我沒有乾娘那麼好的命，也沒有她那麼長的壽，這次能看到你們回來，我已經心滿意足，隨時都可以見閻王爺了。」古美雲仍然笑著說。

「雲姑，這兩棵白皮龍爪松已經活了好幾百年，山上又有這麼美的紅葉，您也捨得死？」蝶仙打趣地說。

「要是以後的世界都這麼美好，我當然捨不得死；如果以後真像天行耽心的那樣糟，還不如早死的好。乾娘就躲過了這次日本鬼子的大劫，她在九泉之下就安穩多了。」古美雲說。

「外婆真是有福有壽的人，」文珍說：「我們都沒有她那麼好的命。」

靈光寺離長安寺不到一里路，他們邊走邊談，天行和紹文攙著古美雲。古美雲不胖也不龍鍾，腰腿還不錯，其實她還沒有到要人攙扶的程度，天行怕她累，才和紹文攙著她。

靈光寺本來是一座規模不小，建築華麗雄偉的大寺院，可惜八國聯軍的一把火，把它燒得亂七八糟，到現在還沒有修復。正像圓明園和頤和園一樣，在中國人臉上留下洗不掉的恥辱，燒毀的殿堂後面峭壁下有一個蓮花池，池裏的金魚長達兩尺，是清朝時放生的。池中還有水心亭，夏天可以在亭中乘涼、看魚，十分幽靜。池畔有歸來菴，是清朝名士端方的別墅。菴北有觀音洞，洞內刻有觀音石像。右邊有一口三、四丈深的石井，井水寒洌無比。另外還有一座咸雍亭，建在遼代的塔基上。

靈光寺四週松柏參天，是一個清修的好地方。

三山菴在靈光寺上一層，在三山之間，是翠微山風景最好的地方，建築十分精緻，大殿前門的道路是用水雲石興建的，石上有顯明的花木鳥獸等奇異花紋。大殿東邊敞廳上懸掛乾隆御筆題的「翠微入畫」匾額。在這兒看紅葉是再好沒有了。他們就在這兒吃齋飯休息。

「梅影要是在這兒出家，她就可以享盡人間清福，我們也可以常來了。」古美雲說。

郝薔華不知道梅影，也不知道紫竹菴。她很愛這個地方，她笑著對大家說：

「要是天下太平，我真想在這兒出家，就怕菴裏不收我這個俗人。」

文珍想起當年她要在紫竹菴出家，月印都不肯收她，讓她在紅塵中打了這麼多年的滾，受了這麼多的折磨，她不禁感慨地說：

「看來當尼姑也要命，在這兒當尼姑更要好命。」

「我們都是俗人，難入空門。」古美雲故意把話岔開：「一生能來這種地方三、兩次，也就不虛此行了。這大概是我最後一次，有你們這麼多人陪我看紅葉，我真的很滿足了。」

「西山生得也真奇。」蝶仙指著南面一片無際的平原，山坳裏許多奇奇怪怪的石頭和滿山的紅葉說：「翠微山、盧師山、平坡山，三面環抱，真像一座大太師椅，我們坐的這個地方正在太師椅的中間，放眼一望，好景都在眼底，人生要是有這個際遇境界，那真連神仙都不想做了。」

「連自稱十全老人的乾隆皇帝都很讚賞這個地方。」文珍說：「我曾經讀到他一首詠西山的詩……」

紹文沒有看過這首詩，請她唸出來，文珍笑著對他說：

「難得你這個新人物對舊詩也有興趣，表姑唸，你聽好了。」

她隨即唸了出來：

銀屏重疊湛虛明，朗朗峰頭對帝京，

萬壑精光迎曉日，千林瓊雪映朝晴。
寒凝澗口泉猶動，冷逼枝頭鳥不鳴；
只有山僧頗自在，竹茶茗椀伴高清。

「想不到滿人皇帝也能寫出這種詩來？」紹文笑說。

「乾隆倒是一位很有書卷氣的風雅皇帝，」天行說：「可惜子孫不爭氣，不然頤和園、圓明園、靈光寺，也不會毀在英法聯軍和八國聯軍手裏，直至今天我們還在吃這個苦果。」

「我們家自你曾祖母起，都是過來人，八國聯軍進京時，你還不知道在那兒？娘和表姑、阿姨可是嚇得直打哆嗦，一直到今天都沒有過太平日子，這段歷史你可不能忘記！」蝶仙對紹文說。「而且要和八年抗戰連起來看，不要攔腰割斷。你還要知道，當年也是日本兵先打進北京的。」

「娘，歷史課本兒上怎麼沒有這種記載？」紹文問。

「大概是編課本兒的先生不是我們北平人，要不然就是偷懶？」蝶仙說。

「那應該打屁股！」紹文說。

「該打屁股的人可多著呢！」蝶仙向兒子一笑：「以後你可不要作該做屁股的事兒？」

大家被蝶仙說得笑了起來。

隨後他們就去上面的大悲寺，道路兩旁怪石如林，寺內翠竹成叢，殿內有元代藝人用檀木和香砂塑成的十八羅漢像，殿前有兩株八百多年的白果樹。香君一見到就說：

「這兩株白果樹和廬山黃龍寺的那一株白果樹幾乎是同樣大小！」

蝶仙、文珍、郝薔華都同意她的看法。

大悲寺的西北還有龍王堂，又叫龍泉菴。泉水經過白石雕成的龍嘴中流出來，注入一公尺深的水池裏，水味甘芳。寺內古柏甚多，寺後有臥龍閣，睡在上面可以飽覽山景。

距龍泉菴三里是八大處的主寺香界寺，又叫平坡寺，過去是乾隆的行宮，第二進有虎皮松，和一棵大玉蘭樹，玉蘭花開時，香氣撲鼻。

因為秋高氣爽，天氣晴朗，他們便到山頂寶珠洞眺遠亭遠眺。寶珠洞是因為洞口崖石如黑白兩色珠子凝結在一起而得名的。

他們登上眺遠亭，不用望遠鏡就望見永定門和蘆溝橋。一望見蘆溝橋自然想起日本軍隊在那兒挑起「七七事變」。

「現在想起來都很可恥！日本軍隊居然在那邊演習？還在北平城裏爬上老百姓的屋頂架起機關槍對準我們！」天行還記得他在北平東長安街碰上日軍演習，把槍口對準他趕他離開的往事。

「這次你去日本也可以出一口悶氣了。」文珍說。

「對那些日本軍閥和主張侵華的日本學者、新聞界報閥，我不會放過，妳們將來可以看到他們的結果。」

「你對美子可得更好一點兒，」古美雲說：「她和你一樣都是受害人。」

「受害人還不止美子，我想她的老師金日昇也是其中之一，不知道見不見得到他們？」天行說。

過去她們沒有聽到他談起金日昇，不知道他是怎樣的人？天行向她們解釋，她們才知道加藤之外還有他這樣一位漢學家。

他們不到廬師山的鎮國寺去看祕魔崖，八大處只遊了七大處，其他的如西方菴、三元寺、廣泉寺等，還有很多未去。今天他們主要目的是看紅葉，山上楓紅處處，他們已經看夠了，大家都盡興而歸。

香君、文珍各寫了一首〈西山賞楓即興〉詩，香君用的是二冬韻：

清秋人上翠微峰，萬壑千山花影重；
舊日燕歸尋舊夢，楓紅處處水淙淙。

文珍用的是一東韻：

千山萬壑樹玲瓏，估盡秋光幾處楓；
天外飛來人兩箇，相看又唱大江東。

蝶仙看了香君的詩之後，十分高興地擁著她說：

「真是士別三日，刮目相看，妳的詩是愈寫愈好了！」

「妳是天橋的把式，光說不練。」香君笑指蝶仙說：「妳要是一出手，我這種打油詩就該丟進字紙簍兒了！」

她隨即將文珍的那首詩拿給蝶仙看，還特別說明：

「我是看了她這首詩才寫的。她一方面高興您們兩位突然回來，一方面對二少爺來也匆匆，去也匆匆，又有些惜別之情。」

蝶仙看過文珍的詩後便對香君說：

「他這次去日本不過是一年半載的時間，既然妳們兩位願意和我們去臺灣，等我們的房產賣掉之後，我們就可以在一塊兒共度晚年了。」

「我和表小姐這半輩子是白活了！現在也只希望有一個愉快的晚年了。也只有和您們兩位在一塊兒，我們才不會感到孤單。」香君說。

「妳還有杏芳，真沒有想到文珍是這樣的下場？」蝶仙慨歎地說。

「天妒紅顏，又有什麼法子？」香君說。「不過她比我更不幸，老天爺白白地折磨了她半生，這次才算是完全解脫。幸好她那一對寶貝兒女，也完全是孽，不然她反而解不開這個結。」

「真是造化弄人，還不知道美子是死是生？」蝶仙說。

「我和文珍都希望美子無恙。現在日本投降了，二少爺也無牽無掛，應該可以把她娶回來，共度黃昏。」

「難得你們這樣捨己從人！不知道會不會天從人願？」

「我和文珍過去雖有主僕之分，但是彼此情同骨肉。她和二少爺還是表兄妹，我和二少爺卻成了兒女親家。我們都經過重重魔劫，更瞭解無聲勝有聲。他和美子一直名分未定，現在自然應該正名，不然美子就委屈一生了。」

「香君，妳們兩位真是解人！」蝶仙拍拍她說：「我真為天行高興，就不知道老天爺會不會成全他和美子兩人？」

「照理老天爺不應該這麼殘酷？」香君說：「難道他還戲弄得不夠？」

「我也是這樣想，」蝶仙說，隨即把兩首詩向她一揚：「這兩首詩要不要給天行看看？」

「隨您，」香君說，隨後又一笑：「請他看看我有沒有長進也好？」

蝶仙便拿了過來。天行一看，十分驚喜，笑對蝶仙說：

「她們兩人的詩靈性愈來愈高，也愈來愈灑脫了。」

「我還記得當年在『來今雨軒』賞菊時，您們三人都寫了詩。今天看了滿山紅葉，您也該寫一首？」

「明天我就要走了，現在心裏很亂。」

「這邊的事兒您放心，我會和紹天妥善處理。」

「現在時局愈來愈不對勁兒，我不放心的是紹人。」

「他也未必糊塗？」

「我知道他在做夢，但我不便點破他。」

「我會勸他。」

「他是您帶大的，我希望他能聽您的話。不然他將來後悔也來不及。」

「只怕我講不過他？」蝶仙有些惶惑。

「我們做長輩的也只能盡心，自然不能牽著他的鼻子走。」

「當初他懷疑您是親日派，現在是不攻自破了，他應該相信您才是？」

「我現在在他眼裏又是頑固派了！」

「這一定是有人中傷？」

「那還用講？可是再等他看清楚別人葫蘆裏賣什麼藥時，恐怕他也老了！」

「這些悲劇怎麼老是發生在我們家裏？又發生在您身上？」蝶仙既同情又不解地望著天行說。

「大概是我生錯了時代？要不然就是我走在時代前面，或者是我落在時代後面？」

「不管您是走在前面，或者是落在後面，我們都會跟著您走。紹人那方面我也會提醒他，成與不成？是福是禍？那就要看他自己的造化了？」

劉嬤嬤來請吃晚飯，大家共坐一桌。菜沒有從前多，也沒有從前那種排場，各人自己添飯。抗戰把丫頭、下人都抗掉了，也抗窮了。

天行因為和古美雲、文珍、香君分別了八年多，加之明天又要走，飯後又和大家聚在老太太的佛堂裏聊天。

老太太的佛堂還是燈火長明，八年沒有間斷，因為古美雲、文珍、香君三人每天晚上都愛在佛堂聊天，睡覺時也不會忘記替那盞長明燈加油，向老太太的遺像請安。

經過八年的變亂，生離死別，話是永遠談不完。大家彷彿做了一場噩夢。

「希望今兒晚上大家做個好夢，不要再做噩夢，我連做夢的時間也不多了。」睡覺時古美雲笑著向大家說。

她向老太太的遺像先鞠躬，大家也跟著她鞠躬而退。文珍替長明燈加油，香君笑問天行：

「您看了我們兩人的詩沒有？」

天行連忙點頭，贊了幾句。

「您寫了沒有？」香君又問。

他搖搖頭，隨後又說：

「也許我會在夢中寫一首？」

「希望您做個好夢。」文珍加過油後走過來說。

「希望我們都能做個平安夢，一同去柳老師說的海上仙山。」天行向她們兩人說。

可是這一夜他輾轉反側，不能入睡。一想到萬寶齋和景德瓷莊要在他手裏賣掉和馬福康那句「只怕傳出去了不大好聽」的話，他就覺得對不起祖父和父親。可是如果不賣，一大家人到海外又無法維生，更別談發展了，紹天學紡織也是白學。

當初為了文珍的事東渡日本，他曾一夜失眠。這次再去日本，他又睡不著覺。時代雖然變了很多，可是他的心情並沒有變好，反而愈變愈沈重。他隨手寫了一首絕句，就往上衣口袋一塞，和衣倒在床上，迷迷糊糊地闔上眼睛。一闔上眼就不斷地做夢，又全是噩夢，沒有一個好夢。快天亮時的那個夢更怪！他看見許多十幾歲的毛頭小子，像瘋狗一樣，在頤和園、圓明園和西山又砸又燒，把那些名勝古蹟大加破壞，甚至連古墳都挖了出來。他們白天遊玩的翠微山上的許多寺院都燒了，山上變成一片火海。城裏有更多的圍著紅頭巾的小子在打在砸，最後砸到他家裏來，先把他家門口那對大石獅子砸爛，把牆壁上的字畫扯碎，還砸掉他的祖宗牌位，佛堂的觀音大士像，最後把他從房裏拖出來，踢他、打他、罵他是帝國主義的走狗、老頑固。他忍無可忍，大喝一聲，三拳兩腳，把那些小鬼打得抱頭鼠竄。

卜天鵬從他窗前經過，聽他大叫，便把他叫醒，他猛一睜眼，發現天色微明，又聽見卜天鵬叫他，知道卜天鵬是早起練拳，他連忙出來和卜天鵬一道去到大廳。

「剛才您是不是在做夢？」卜天鵬問他。

他點點頭。卜天鵬又問是什麼夢？他突然一笑說：

「沒有什麼，想不到人都老了還做噩夢？」

「從八國聯軍那時候起，我就一直做噩夢。」卜天鵬說：「我還記得王進士的頭掛在電線桿兒上，還是雲姑奶奶和我收的屍。」

「您的記性真好！」天行說。

「有些事兒會帶進棺材的。」卜天鵬說。

「您的身體還很好，最少可以活一百歲。」天行看他頭髮還沒有白，行動還是那麼矯捷，活一百歲沒有問題。

「要是太平歲月，活著還有些意思，亂糟糟的日子，那就生不如死。」卜天鵬說。「像以前這座大廳總有十個、八個人在這兒打拳、練劍，自您們逃難以後就只剩我一個人了。」

「今天我好好地陪您練練，我已經荒疏不少。」天行說。

卜天鵬自己不練，看著他練，看了一遍，高興地說：

「您還有這樣的身手，倒也難得。」

「我一生沒有和人動過武，今兒天亮以前卻在夢中動過手腳，倒還管用。」天行說著也不禁好笑。

「不管火候如何？益壽延年沒有問題。」卜天鵬說。「以後您還是不要停止練。」

練過拳後，天行覺得一身舒暢。只是那個噩夢一直像塊大石頭樣壓在他的心上。他希望那完全是個夢，不過他也知道有些夢也會成真，有的是預兆，有的是先知，他希望他沒有這種超自然能力。但是直到他離家去機場時，他還有些恍恍惚惚，他看見一群小鬼還在他面前晃來晃去。走出了門他才突然想起昨夜睡前寫的那首詩，他連忙從上衣口袋裏掏出來，轉身交給香君，坐上車子就直奔機場。

香君打開一看是〈西山賞楓有感〉：

避秦不上翠微峰，海上仙山第幾重；
萬壑楓紅紅似火，回頭已見白雲封。

第八十二章　荒島叩頭生靦腆　美人臥病死纏綿

天行和五位專家一同飛到東京，其中劉大任、潘斌是軍事代表，他們都是天放的部屬；李文、王弼、張人杰是國際法學家，和天行是朋友。

戰後的東京一片蕭條，老百姓窮困不堪。日本人夜郎自大的氣餤已不復見，對黑人美軍都九十度鞠躬。但他們有一個遮羞的妙法兒：稱無條件投降為「終戰」，稱盟國佔領軍為「進駐軍」。

日本殘廢軍人穿著住院時的白衣，頭戴皇軍軍帽，胸口掛著「傷痍記章」、「金雞勳章」，在火車上、車站、神社、公園門口，奏著手風琴、小提琴，或是吹著口琴，吹奏出如泣如訴的調子，偶爾也吹奏以往流行的軍歌，向路人乞討。這種討飯的殘廢軍人，日本人美其名曰：「白衣募金」。他們那身穿著打扮，看起來滑稽可笑，也是日本夜郎自大的軍國主義的一大諷刺。

天行到東京的第一天就看見這種情形，他立刻想起當年和加藤中人、川端美子在公園賞櫻時日本皇軍打敗俄國遠東軍的那種狂歡不可一世的情形，以及「九一八」事變時日警山口對他的那種盛氣淩人、鄙視的惡劣態度。「武運長久」的神話，連他們自己也騙不到了。

這些「白衣募金」者以為他是日本人，都伸手向他討錢，本來他對這些侵略者十分痛恨，很想打他們幾耳光，但看他們那副可憐滑稽相，又不忍下手，他也想從他們口中瞭解一些侵略事實，他故意和他們說日語，不暴露身分，他們聽他一口京都腔，更信以為真，和他侃侃而談。除了有一位是在緬甸戰場負傷殘廢的以外，其他幾位都是在中國作戰負傷。有一位胸口掛著「金雞勳章」的荒島少尉是進攻衡陽時受傷的。他向天行誇耀他在衡陽的戰功，天行想起死守衡陽的一萬多忠勇國殤和他的姪兒紹忠，差點兒冒起火來。隨後他又說了幾句良心話：

「中國軍隊的確不怕死，也很會打仗，如果我們不用毒氣，衡陽攻不下來。」

「聽說你們也在那邊強暴中國女人，濫殺平民？」

他笑著點點頭，不以為恥。

天行臉色一沈，似笑非笑地問他：

「荒島少尉，你以為我真是日本人嗎？」

荒島一愣，如墮五里霧中。天行亮出自己的身分，荒島大驚失色，轉身想跑。天行一把抓住他的胸襟和「金雞勳章」，大聲對他說：

「你也是戰犯，我要送你到大森羈押所，接受審判！」

荒島知道大森羈押所關了很多大大小小的戰犯，一進去不是絞刑，就是無期徒刑，最少也得關十年、二十年。他想掙脫逃走，天行的一隻手卻使他動彈不得，他便卜通一聲，雙膝一跪，叩頭求饒。圍觀的日本人知道天行是中國代表，又是擒拿高手，都悄悄溜走。天行本來只是想教訓他一頓，像他這樣的戰犯何止千萬？所有侵略中國的日本軍人都是罪犯，漏網的豈止他一個人？看他磕頭如搗蒜，聲聲求饒，便問他：

「你還敢不敢耀武揚威？」

「不敢！不敢！」他連連磕頭。

「你知不知罪？」天行又問。

「知罪！知罪！」他又連連磕頭。

「你發誓：以後子子孫孫都不准欺侮中國人！」

他連忙舉手發誓。天行隨即向他大喝一聲：

「滾！」

荒島便連滾帶爬地逃走，「金雞勳章」落在天行手裏也不敢要。

天行望著這個逃跑的日本「勇士」又好氣又好笑。他把這枚「金雞勳章」塞進口袋，悄然離開。

他經過銀座，又發現不少粗衣布服的日本女人，年輕的、中年的都有，她們在向白人、黑人美軍勾搭，一條香菸、一瓶酒，就跟那些軍人進入旅館；軍用口糧餅乾、罐頭，她們更高興；給她們一、兩塊美金，她們也眉開眼笑。「大和撫子」①的精神，唐人御吉②、名妓喜遊③的故事再也沒有了。她們都要填飽一家人的肚皮。

她們看天行衣冠楚楚，更向天行勾搭。天行為了瞭解日本戰時、戰後實況，帶了一位三十歲左右，自稱田中代子的女人到一家小啤酒廳談話，給了她兩塊美金，還請她喝啤酒、吃西餐，她高興得眉開眼笑。她還沒有遇到過這樣的客人。美國大兵都不會講日語，黑人更是粗魯。他不但會講京都腔的日語，又是長得和日本人沒有多少分別，但比日本人高大、高雅的中國人。

她吃飯，天行喝啤酒，兩人邊吃邊談。天行先說：

「看樣子妳不是幹這一行的？」

她點點頭。天行又問：

「怎麼現在幹起這個行業來了？」

「我有父母，還有兩個孩子，他們都要吃飯。」

「妳丈夫呢？」他故意問。

「死了。」

「什麼時候死的？」

「死了好幾年了。」

「什麼原因死的？」

「戰死的？」

「是死在南洋還是中國？」

「中國。」

「妳知道中國有比你們更多的孤兒寡婦嗎？」

她搖搖頭，他又問：

「妳知道妳丈夫打死了多少中國人嗎？」

她更是連連搖頭。他看她是個善良的女人，身上還有魚腥味兒，長得雖然不錯，但沒有一般風塵女人的狐媚，知道的事兒也不多，談不出什麼名堂來。等她吃完飯，又給了她一塊美金，起身就走，她十分感激，跟上來輕輕地問：

「先生，要不要我陪您上旅館？」

他搖搖頭，轉身就走，她向他九十度鞠躬，茫然地望著他的背影。

天行匆匆地趕去探望美子，他正暗自耽心，不知道美子是活是死？要是活著，是在東京還是在京都？要是死了那就連上墳祭弔的機會都沒有了，因為日本人盛行火葬，戰時就更會用火葬，既省錢又省事，何況龍子又不在她身邊，他這位沒有正名的丈夫更不在日本，身後一定十分淒涼。

中國人說近鄉情怯，東京雖不是他的家鄉，加藤、美子的家也不是他的家，但他對那棟日本房屋卻有深厚的情感。他本來是一到旅館安頓好就要去探望她的，可是先遇上了「白衣募金」者荒島少尉，後來又遇上了阻街的田中代子，這是他從前在日本沒有遇到的事兒，這種變化使他有些好奇，也有許多感觸。

加藤的房屋現在看來更加破舊，他愈走近心裏愈忐忑不安，走到玄關時他向裏面問了一句：

「裏面有人嗎？」

裏面隨即出來一位斷了左臂的男人，胸前掛著「傷痍記章」。起先他以為是龍子，但他沒有龍子高，細看臉型更不像，他才猛然想起美子的姪兒川端太郎。「九一八」事變時他曾經在京都見過，那時他剛成年，他不敢確定，試探地問了一句：

「請問你是太郎嗎？」

他點點頭，又打量天行一眼，有似曾相識的感覺，也問了一句：

「您是姑父？」

天行也點點頭，又連忙問他：

「姑姑在嗎？」

「在。」他雙腳併攏，低頭彎腰地回答：「但是病得很重！」

天行連忙脫掉鞋子進來，他遞過一雙破舊的男人拖鞋，客廳的榻榻米也破了。

美子在房間裏聽見男人說話的聲音，彷彿有預感似的，用中國話向外面問了一句：

「是天行嗎？」

天行一面回答，一面跑了進去。

美子躺在榻榻米上，眼睛望著紙門，天行一出現她就看見，眼角立刻滾出兩顆豆大的淚珠。

天行連忙跑到她的身邊，她笑著伸出手來，天行緊緊握住，在她身邊坐下，又把她扶了起來，擁在懷裏。

她已經骨瘦如柴，身輕如燕，面如黃蠟，她有氣無力地對他說：

「我真怕見不到你了！」

「我現在不是在妳身邊嗎？」他強作歡笑安慰她。

「皇軍闖下這個大禍，可把我們老百姓害慘了！」

「妳得的是什麼病？」

「肝癌。」

天行聽了一怔！這是個絕症，以前還不知道這個名稱，現在才知道，但無藥可醫。他不禁悽然淚下。

他想起當初到日本的情形，她在玄關迎接他，真像一朵迎春花兒。她對自己是那樣一見鍾情，從未動搖、改變。在山中湖定情，在長崎送別，矢志撫養龍子成人，始終如一。「九一八」事變前夕，他重來東京，原想接她回國，又遭戶警山口刁難，而且使她難堪。他們兩人都耽心龍子會捲入侵略戰爭，果然不出所料。龍子受傷後，她到北平探視，曾受到日本特務山口淑子追她寫信誘他回北平，他也很想念她，但他不願以兒女私情，出賣國家，因此又錯過一次團圓機會。這次他來日本，已經無牽無掛，日本又是戰敗國，不敢再歧視刁難，應該是團圓偕老的大好機會，偏偏她又得了這個絕症！

「我送妳去醫院開刀。」天行想死馬當活馬醫，只有開刀這一個辦法。

「這是個絕症，開刀也不能治好，何況已經太遲，不如給我留個全屍。」

他聽了心如刀割，眼淚一顆顆滴了下來，滴在她的臉上。她反而安慰他說：

「不要難過，人總難免一死，在我斷氣以前能夠見到您，我死也瞑目。」

「可是我心裏一直不安，我要和妳補行婚禮。」他隨即告訴她這次是因公來日，父母、周素真都已過世，他已經無牽無掛了。

「您有這番心意就夠了，只怪我沒有這個福氣。您知道我不計較這個形式，我是為您和龍子活的，現在我活不下去了，您給我那個名義，也救不了我。」

「如果妳真的這樣過世，我永遠不能安心！」

「那您把我葬在加藤老師一起，用您和龍子的名義立一塊碑石就行了。」

「不要再說了！」他摟緊她說：「我一定會那麼做！我要把妳葬在我的心裏。」

「那我就更沒有遺憾了。」她向他笑，瘦削的臉上還隱隱有兩個酒渦。

天行也很記掛龍子，不禁問她：

「妳有龍子的消息嗎？」

「算他命大，在衡陽沒有打死，次郎只有骨灰回來。可是他傷癒調到瀋陽以後，就沒有消息。」

「我姪兒紹忠死守衡陽，也在衡陽戰死，連屍骨都無下落。龍子沒有打死，真是命大。但是俄國人佔領東北以後，關東軍的命運就很難預料了。」

「這場戰爭害得我們家破人亡，日本也落得這個下場，當年加藤老師的憂慮，果然應驗了。」

天行將中國人的生命財產損失，以及天放和姪兒、學生死傷的情形都告訴她，她聽了十分抱歉地說：

「這筆債我們日本人怎麼還得了？」

「太郎是不是參加過上海、南京的戰爭？」天行忽然問她。

她點點頭。

「我有話要問問他。」天行說，隨即把太郎叫了進來。

天行將他所蒐集的有關日軍在南京大屠殺姦淫劫掠的種種情形問他，起初他吞吞吐吐，天行便對他說：

「我不是審問你，這是我們的私人談話。你是漏網之魚，我不會為難你，我只想印證一下，我蒐集的資料和你親身經歷的情形，有多少出入？」

「姑父，您真的不會把我當戰犯？」

「嚴格說起來，侵略中國的皇軍手上都染了中國人的血，人人有罪，在中國所有的戰俘都不應該遣送回來，但我們正在分批遣送。像你這樣的戰犯太多太多，看在姑姑的份上，我自然不會把你當作戰犯看待。但是我希望你講良心話，不要隱瞞，讓姑姑和我瞭解真相。」

「姑父，您蒐集的資料都很正確，您說的百人斬也是事實。不過實際的情況更糟，您也沒有辦法蒐集到手。」川端太郎說。「有很多情形您想像不到，也沒有記者在場，我現在回想起來也覺得奇怪，我們皇軍怎麼會那麼殘酷？」

「你也和他們一樣？」天行問。

「當時我也好像中了邪、發了瘋，還以為那才是武士精神。等我受傷回國以後，我才清醒，見了姑姑我更覺得對不起中國人。」

「你是在什麼地方受傷的？」天行問。

「在廣西崑崙關。」川端太郎回答。

「我還以為你死在崑崙關呢！」天行說。

「姑父，您是怎麼知道我在崑崙關作戰的？」川端太郎驚奇地問。

「我兒子紹地，在崑崙關虜獲了你的千人針袋。」

「不錯！我在崑崙關受傷時，掉了那個千人針袋。」川端太郎連忙說。

「想不到會有這麼巧的事兒？」美子說。

「我姪兒紹武，守上海蘊藻濱時，被他們打斷了命根子，這不是更巧的事兒？」天行望望美子，又問太郎：「當時你是不是也進攻蘊藻濱？」

川端太郎點點頭，隨後又說：

「守上海的部隊犧牲太大，他沒有死就算萬幸。」

天行隨即告訴美子，說他堂兄天祿只有紹武這麼一個兒子，雖然沒有死，也絕後了。美子也忍不住歎了一口氣。太郎沒有作聲。天行問他是什麼時候來東京的？他說美子生病以後，他就來照顧她。

天行誇獎了他兩句，又問美子的生活情形，美子只說她生病以後，沒有收入，過去一點積蓄，又要看病，又要吃飯，早花光了，太郎有時還要出去乞討，維持生活。因為他憑著胸前的「傷痍記章」，還能討點錢回來。

天行交給她五十塊美金，囑咐她安心養病。他因為出來時沒有交代清楚，不能不回去。他白天要處理公事，不能來看她，他給了太郎一個電話號碼，囑咐他有事時隨時打電話聯絡。

美子想起來送他，可是她起不來。天行托著她睡下去，像托著一包骨頭，不再是從前那麼圓滿潤滑的玉體，他又不禁落淚。

她也含著眼淚望著天行離開。

太郎送他到玄關，天行輕輕對他說：

「恐怕姑姑是不行了！你要小心照顧，隨時通知我。」

太郎連連答：「是！」

天行回到旅館，把美子的情形告訴大家，大家十分同情，要他多去看看她。

他第二次去看美子時，美子的頭髮不再那麼凌亂，面部也化了粧，看來像從前的模樣。天行瞭解她的心意，心裏更加難過。她的精神體力顯然更差了。

天行想去看看金日昇，和他談談美子的情形，又不知道金日昇還在不在人世？他問美子，美子說：

「他還健在，上次他來看我時，還問起您。」

「他的情形怎樣？」

「生活情形也很不好，而且還坐過牢。」

「他犯了什麼法？」天行十分奇怪。

「他反對侵略中國，反對侵略南洋，這是大罪。」美子說：「幸好他年紀大了，後來皇軍又連連失敗，他才保了出來。他很照顧我，您應該去看看他。」

「我不放心離開妳。」

「大概一、兩天內我還不會死，您該辦的事兒您應該去辦，你不必寸步不離。我要死時您就是在我身邊您也拉不住。」

她的語氣很平靜，他聽來卻句句泣血錐心。他把臉緊貼著她的臉又在她額上親了一下才離開。

他一走她就雙手蒙著臉哭了起來。

他買了兩件禮物匆匆地去看金日昇。

金日昇喜出望外，他年紀雖然大了，豪情未減，他握著天行的手說：

「真想不到我還能見到您！皇軍做了一場荒唐的夢，這場夢現在總算醒了。」

「聽美子說，他們還關過您。」天行說。

「他們要我高唱『膺懲暴支』、『八紘一宇』，我沒有做應聲蟲，反而潑了他們一頭冷水，所以他們給我戴上頂『反戰』的帽子，把我關了兩、三年。」金日昇笑著說。「現在他們自殺的自殺，沒有自殺的也進了大森羈押所，這就是荒唐的結果。」

「可是他們造成了一場人間浩劫。」天行說。

「不錯，」金日昇點點頭：「單是中國，自九一八起，直到這次八年戰爭結束，據估計你們有兩千多萬人死亡，財產損失七、八千億米圓，這真一場人間浩劫。」

「連美子都是受害者。」天行說，隨即將美子的病情告訴他。

金日昇聽了臉色也陰暗下來。過了一會才說：

「我看她是沒有多少日子可活了！她為您們父子兩人受了一輩子的委屈。那次她從北平回來之後，警察經常找她的麻煩，給她羞辱，後來學校也把她解聘了。我不知道是什麼原因？她也始終都不肯講。」

天行突然想起那年她在北平被迫寫信誘他回去，他沒有上鉤，反而逮住了山口淑子支使的漢奸杜一平，破獲了日軍在漢口的間諜網，一定是這件事連累了她。他一說出這段往事，金日昇就連連點頭說：

「沒錯，沒錯，準是這件事兒！而且戶警山口就是山口淑子的叔叔，這就很明白了。」

「我真沒有想到，我會害了她！」天行懊惱地說。

「這也不能怪您，您不回去當漢奸並沒有錯，只怪山口淑子太殘忍卑鄙。」

「她不但整了美子，也陷我於不義！」

「山口淑子是一石二鳥，她是一位很厲害的女間諜。」

「我岳父周而福、姑爹楊通，都被她拖下水，他們都沒有好下場。」

「幹這一行的人都是殺人不見血的劊子手。」金日昇說：「美子的病也是這件事引起的。」

「我怎麼對得起美子？」天行頻頻歎氣。

「您們兩人的愛情一開始就是一個民族悲劇！您們兩人都沒有錯，製造這個悲劇的是我們的軍閥，和『花以櫻花為首，人以武士為高』的狂妄思想。我想經過這次戰爭以後，不會再有美子這樣的日本女人，也不會有您這樣的中國男人。」金日昇說。

天行覺得他的話含意很深，他好像又有先見之明。天行對自己國家的前途早已憂心忡忡，他知道日本也會有重大的改變，但是中國在文化方面的突變可能比日本要大得多，他自己將會面臨更尷尬的情形。但他現在不想和他討論這個問題，他有些心神不定，他向金日昇告辭。

他一回到旅館，首席代表劉大任就對他說：

「有一個日本人川端太郎打電話來，要您趕快去一趟。」

天行聽了大驚，沒有問是什麼事兒？就匆匆趕了過來。太郎哭喪著臉在玄關迎著他說：

「姑姑不行了！」

天行聽了鞋子都未脫下就三步、兩步趕到美子身邊，美子眼角掛著兩顆淚珠，他跪下去摟著她聲淚俱下地叫：

「美子！美子……」

美子迴光反照地慢慢對他說：

「我想不到我會走得這麼快……我有幾本日記放在壁櫥的抽屜裏，您留著作紀念……我到北平時香君送了我兩件旗袍，回國以後我一直不敢穿，您趕快替我穿上，我要穿著那兩件旗袍走，在閻王爺面前，山口總不敢干涉我？……」

天行連忙在壁櫥裏找出那兩件旗袍，小心替她穿上，又把她抱在懷裏，她穿上旗袍，更像個中國美人，但已經奄奄一息。最後忽然微微睜開眼睛，望著天行喃喃地說：

「來生……來生……」

天行淚下如雨，看著她閉上眼睛，再也沒有睜開，沒有呼吸。他把她緊緊地抱在懷裏，生怕她走掉……。

註釋

① 戰前日本保守的婦女尊稱自己為「大和撫子」，拘謹保守，國家民族意識甚強，恥與外人交際。

② 日本鎖國政策重開，美國於一八五五年派哈利斯（Harris Townsend）至伊豆下田為首任總領事，芳名唐人御吉女子，為國家利益，獻身哈利斯為情婦。

③ 喜遊為橫濱最大妓院岩龜樓名妓，為一美國官吏所喜，樓主無法拒絕，喜遊卻不願為外人侍寢，留和歌一首自殺而死。

第八十三章　櫻花樹倒櫻花淚
斷腸人寫斷腸詩

天行把美子安葬在加藤中人的墳墓旁邊，墳前豎立了一塊墓碑：

愛妻川端美子之墓
夫龍天行率子龍子敬立
一九四五歲次乙酉冬月
日本侵華戰爭結束後

夕陽衰草，黃土新墳，寒風瑟瑟，烏鴉哀鳴。他站在墓前，百感交集，口占〈哭美子〉絕句二首：

扶桑日落我重來，櫻樹梅花盡劫灰；

愛我一生多少淚？斜陽新塚有沈哀！

一寸相思一寸灰，相思寸寸滿妝檯；

人前不敢提龍字，我喚芳魂喚不回！

他隨即用鋼筆寫在記事本上，撕下來在碑前的紙錢堆上一起焚化。

太郎問他焚化的是什麼咒語？他信觀音菩薩，以為是〈白衣神咒〉之類的咒語。天行哀傷地說：

「你不瞭解，你姑姑知道。」

「姑姑在生時，對您念念不忘。生病時常說夢話，老是叫您的名字。幸好您及時趕來，不然她死不瞑目。」太郎說。

「你知道你姑姑和我付出了多大的代價嗎？」天行問他。

他茫然地搖搖頭。天行生氣地問：

「你知道你殺了多少中國人嗎？」

太郎立刻臉色蒼白，惶恐地說：

「姑父，您說了不把我當戰犯的？」

「我不會把你當戰犯，但你要瞭解：我和你姑姑的一生幸福，都是毀在你們日本人的狂妄思想裏！」

「姑父，我沒有您和姑姑那麼大的學問。當時我也以為自己是武士，現在我後悔也來不及了！」

「你千萬要記住：你是怎麼少掉一條胳膊的？」

他連連點頭。

天色黑了下來，天行含著眼淚離開美子的墳墓。

料理好了美子的喪事之後，天行才拿出美子的日記翻閱。一共是四本，她按著時間的順序編了號。她不是每天都記，開始時寫得勤些，以後每月多則十篇、八篇，少則三篇、五篇。也許是為了私人隱祕的關係？她完全用漢字寫，不用一個日文。天行順序看下去：

自長崎送別天行，我一路哭回東京，眼睛都哭腫了。加藤老師和師母一看見我這對水蜜桃般的眼睛，不禁一怔，都極力安慰我，勸我不要傷心。他們說天行不是個負心的男人。我也深信他絕不會負心，不然我也不會這樣死心塌地愛他。但他們不知道我在長崎崇福寺抽的那支籤上的詩，那首詩實在不是個好兆頭！天行雖然也安慰我說詩是人寫的，湊巧抽到，未必真靈？教我不要相信。其實我知道他和我一樣耽心，只是強作解人而已。求神問佛，往往是問福不靈問禍靈，那首詩也像一塊伊豆巨石壓在我的心頭，簡直壓得我透不過氣來。以目前的中日兩國關係來看，是一天比一天壞，我們日本人是得寸進尺，欺人太甚，這點加藤老師比我更清楚，即使那支籤是湊巧抽到，但這是鐵的事實，我和天行兩人怎麼能扭轉乾坤？

長夜不寐，肝腸寸斷！

若說我與天行無緣，他怎麼會遠渡重洋，東來扶桑，與我相會？我又怎麼會對他一見鍾情，朝夕相處三年，融洽無間？他對表妹文珍、丫頭香君未能忘情，正是他情深似海，非比薄倖，因此我更愛他敬他，決定以身相許，不計其他。沒有婚姻的真愛，勝過沒有愛情的婚姻。山中湖定情之夕，蘆之湖、長崎的心心相印，使我瞭解生命與愛情的真正價值。如其行屍走肉而生，不如徹骨相思而死。

初成七律一首，明天郵寄天行。

天行被迫成婚，香君被迫出嫁，是兩椿不幸的婚姻，他們和文珍一樣的無奈！加藤老師怕我傷心，其實我更替天行傷心！我知道他心中已無法容納別人，造化弄人，莫此為甚！

身體突感不適，原先以為生病，經醫診斷，說是有喜，使我又喜又驚！但我決定面對事實，負起做母親的責任！我絕不讓我和天行的骨肉受到任何傷害。我要不計一切後果，撫養孩子成人。

接到天行表妹文珍和詩一首，十分高興，她真是一位可人、才人！現在我們兩人是同病相憐。我非常歡喜「江戶有人長落淚，京都無女不成詩，傷情我亦與卿共，吟到星沈夜已遲」這四句詩。她想和我訂交，我更求之不得。

天行父親和古美雲女士都有信給加藤老師，而且寄了錢來。信寫得十分誠懇，錢也夠我生活好幾年。加藤老師說龍家待人厚道，古美雲是中國大美人。天行說她是個奇女子，她對天行極為愛護，是天行的精神支柱。我真想見見這位美麗聰明的奇女子。

天行又有信來，他內心極為痛苦。他比我更為不幸，南轅北轍共度一生，真是不堪設想！他和文珍、香君三人怎麼會有這種遭遇？月下老人怎麼會這樣亂點鴛鴦？莫非天妒他們？我雖妾身未明，但我有他的愛情結晶，我覺得他始終在我身邊，不屬於另一個女人。

孩子在我身體內一天天成長、跳動，我感到一陣陣喜悅，也有一些驚慌。師母隨時給我指導。我哥哥嫂嫂勸我打掉，另外嫁個日本人，我寧死也不答應。

父母來看我，他們對我十分憐惜同情。他們也很喜歡天行，只是說：「可惜，他不是日本人！」不然我就不必受這種委屈。我們和加藤老師一起討論孩子的姓名問題，孩子不能姓龍，只能跟我姓川端。父親主張取個日本名字，我不同意。因為孩子既然跟我姓，當然也該有一個和天行有關的名字。我說如果是女的，就取名龍女，是男的就取名龍子，表示是天行的骨肉。加藤老師贊成我的意見，父親也不反對，孩子的姓名問題就這樣決定了。

天行看到這兒十分欣慰，自然想起身在東北的兒子龍子，不知道他的命運如何？他負傷兩次，能夠不死，真是萬幸。他希望還能見到他，但是現在東北是在俄國大鼻子手裏，紅軍的紀律又非常壞，姦淫擄掠的事兒層出不窮。日文報紙天天都有來自東北的報導，說紅軍強姦日本婦女，禽獸不如；擄掠日本人的財物，甚至剝光衣服；虐待日本俘虜，要他們在冰天雪地做苦工，又不給他們吃飽，表示十分憤慨。日本人卻忘記了他們的皇軍在南京大屠殺、姦淫擄掠的罪行。皇軍所到之處，那一個地方沒有發生姦淫擄掠、殘殺中國人的事情？紅軍在東北姦淫中國婦女，擄掠中國人的財物的事更多，可是日文報紙卻很少提。

龍子現在是俄國紅軍的俘虜，在冰天雪地做苦工自然也有他的份，是否還有其他更壞的遭遇？那就很難想像了。

以後的日記多是些日常瑣事，直到產後一段他才仔細看下去：

在醫院生產倒很順利，當醫生告訴我是個男孩子時，我也不知道是什麼原因特別高興？照理我是女人，應該歡喜女孩子，可是一聽說是男孩子我就自然想到天行，一想到他是天行的骨肉我就高興，這真是一種很奇怪的心理，我完全沒有考慮到他是中國人。也沒有考慮到孩子會帶給我多大的麻煩？直到我報戶口時，我才覺得難堪，戶警山口問我孩子的父親是誰？我說龍天行，山口很不客氣地對我說：

「那個中國人沒有和妳結婚，不能算是他的父親。孩子也不能跟他姓。」

「孩子跟我姓總可以？」

「那是私生子，我只能寫父不詳。」

「隨您怎麼寫，反正我認定龍天行是他的父親。」

「妳對那個支那人怎麼這樣死心塌地？」

「因為我愛他。」

「我們日本有這麼多男人，妳為什麼偏偏愛個支那男人？」

「這是緣分。」

「那妳給他取什麼名字？」山口又問。

「龍子。」

「妳為什麼不取名犬子？」山口調侃地說。

「他父親姓龍，我當然要取名龍子。」

「妳為什麼不取個日本名子太郎？」

「我有個姪兒子叫太郎。」

「那妳也可以取個別的日本名字。」

「他有個日本姓就行了，龍子不也像個日本名字嗎？」

「我討厭龍？支那人不配稱龍，他們連蛇都不如。」

天行看到這兒把手在桌上一拍，罵了一聲：「可惡！」他想立刻去找山口，可是川端太郎替美子辦理死亡登記時曾經告訴他戶警不是山口，山口去那兒了他也不知道。他深深歎了一口氣，便將日記合上，暫時收起。

以後他抽空斷斷續續地看，多是記載撫養龍子的情形，和加藤夫婦對他們母子兩人的愛護，龍從雲匯款接濟，生活無虞等等。當然他的來信對她是一大安慰，文珍和她書信往返，也建立了深厚的友情。她從文珍的信中知道天行的情形更多。有一天她是這樣寫的：

接文珍來信，附七律一首，她多愁善感如昔，對天行更多同情，旁觀者清，我對她也很同情，我雖無名，但自由自在，不必侍候冤家，更不必做日本男人的奴隸。龍子十分可愛，愈大愈像他父親。他是我的心肝寶貝，有子萬事足，我也有這種感覺。一看見他我就像看見天行。

又有一天她這樣記著：

龍子放學回家，鼻青臉腫。我問他是怎麼回事兒？他不肯講。他也和他父親一樣：打落門牙和血吞。經我再三追問，他才說是同學罵他是沒有父親的孩子，是個野種。他忍無可忍，才和同學打了起來。同學人多勢眾，又比他大，所以他才吃虧。我安慰他說：

「你有一個好父親，你應該以他為榮。我也以他為榮，我不氣餒，你更不必自卑，你樣樣都比別人強，媽很高興，加藤爺爺也很高興。」

他拿起我和天行的合照，仔細端詳他父親，又自己照照鏡子，他又很有信心。

以後又斷斷續續看了一些重要的片段日記：

天放來看我。他一直奔走國事，還未結婚。他很喜歡龍子，他想將我們母子接回中國，但中國局勢動亂不安，內憂外患重重，他自己又東奔西走，有心無力。他說天行處境尷尬、左右為難，請我體諒天行。當初他要天行為他盡孝，就是要天行揹起家庭的包袱，天行又不能不揹下去。不然天行也不會讓我們母子留在日本，否則他也會不顧一切到日本來與我們母子團聚。我何嘗不知道天行左右為難？愛到深處無怨尤，我怎忍心怪他？

加藤老師病重，他很想念天行。他說有很多話要和天行當面講，要我寫信要天行來東京，我不得不寫，不然我真不便啟齒。

天行來遲了！我將加藤老師安葬之後，他才到達東京。幸好加藤老師彌留之前留下了遺書。

聽說中國有一齣感人的京戲《王寶釧》，比莎士比亞的《羅密歐與茱麗葉》更好。王寶釧苦守寒窯十八年，終於和薛平貴團圓，而且貴為皇后。我沒有王寶釧的身分，也沒有她那麼幸運，但我也嚐盡了王寶釧長久分離之苦。天行再來東京，帶給我短暫的快樂，也使他們父子團聚。但他不是薛平貴，他揹著國難家愁而來，他決定接我們母子回國，我也有意同他回去，但徒然換來山口對我的奚落，迫他屈辱地離開日本。

我們幾天的重聚，補償了十幾年的相思之苦，但「九一八」的殘酷事實，使我們更加憂心：龍子將會捲入侵略中國的戰爭。我和天行此生恐怕再也不能相見？但不管天翻地覆，海枯石爛，我心不變。因成七絕一首：

我愛櫻花亦愛梅，櫻花梅樹未同栽；
枝連心有千千結，不到黃泉解不開。

龍子對他父親有深入的瞭解。也許是骨肉相連的關係？他對天行敬佩而又同情，他覺得天行不是應該被日本人膺懲的人，尤其不是他這個兒子應該打倒的父親。但他被迫接受軍訓，接受「膺懲暴支」的言論日甚一日，好像中國人萬惡不赦？戶警山口對我的態度更加惡劣，簡直把我當奸細看待！

龍子突然接到召集令，真如晴天霹靂！我們母子兩人抱頭痛哭一場。我沒有送他出征，我怕我忍不住哭泣，遭到山口猜忌，惹禍上身，我曾再三叮嚀龍子，要他記住他父親是中國人。中國人不是那麼可恨，他們沒有侵犯我們，千萬不要殘殺中國人。龍子心裏也明白這是什麼戰爭？

太郎也奉命出征，這孩子滿腦子「花以櫻花為首，人以武士為高」思想，充滿武士道精神，我真怕他到中國之後犯下大錯！

蘆溝橋事變終於暴發，新聞報導一片討伐之聲。此事如發生在日本，或有人信，發生在中國，則難欺世欺人。真是欲加之罪，何患無詞耶？

天行的安全，使我憂心。龍子攻城掠地，更多危險。皇軍武器雖精，但兵凶戰危，死傷難免。惟願老天保佑他們父子兩人。

昨夜作一噩夢，夢見天行如喪家之犬，狼狽不堪；龍子滿身鮮血，大哭而醒。

已有骨灰和傷兵運回東京，我對龍子和太郎更加耽心。學生鈴木的哥哥是在上海攻打四行倉庫時負傷的。皇軍說三個月滅亡中國，現在已經打了兩、三個月，上海還未佔領，中國那麼大，要打到那年那月？

看到皇軍在南京耀武揚威和屠殺、姦淫的照片新聞，令人怵目驚心！難道這就是「膺懲暴支」的手段？那些俘虜、平民都手無寸鐵，如待宰羔羊，皇軍手起刀落，人頭一個個落地，還有人鼓掌歡笑；那些遭受蹂躪的中國婦女更可憐，我們日本男人一向把女人當做洩慾的工具，毫不尊重，對中國婦女更是大發獸性，任意摧殘，實在可恨！我真耽心太郎也會做出這種沒有人性的事來！龍子我比較放心，一方面是我平時教導，一方面是他像天行，鍾情而不濫慾，富有人性，更會憐香惜玉，尊重女人。天行他們會不會遭到這些中國人的同樣命運？真使我憂心。我一直沒有他的消息，他怎麼連片紙隻字也不寄給我？他有理由恨日本人，但沒有理由恨我和龍子？這種大不幸的事怎麼發生在我們骨肉之間？這真是人間悲劇！

兵凶戰危，龍子果真重傷了！

我急著想去北平看他，也想看看天行和文珍、香君她們，想不到軍部居然讓我搭軍機去？戶警山口對我也友善起來？真使我受寵若驚？是不是因為龍子立了大功？

我看到了龍子，他的傷勢已經好轉，我稍稍放心。我私自問他有沒有做出皇軍在南京做的那些不人道的事情？他發誓說沒有。他真是我和天行的好兒子！

我也看到文珍、香君、古美雲。她們不但是中國美人，又是知書識禮十分優雅的女性。她們對我都好，古美雲像個長輩，她見多識廣，幽默豪爽；文珍、香君待我如姊妹，文珍含蓄溫婉，香君聰明伶俐，難怪天行當年到日本，久久未能忘情。他們好事不成，是遭天妒，但他有這兩位紅粉知己，我也替他高興。可惜我沒有看見天行和蝶仙，他們都逃走了。聽說蝶仙也是一位可人，她有古美雲和文珍、香君的優點，又十分能幹，是天放的好內助，也是天行的大幫手，更是一位亭亭玉立的美人，當年老太太十分疼愛，天行母親也很喜歡她。

我在北平天行家中居留期間，是我一生最愉快難忘的日子，她們陪我遊歷名勝古蹟，雖然掛一漏萬，北平又今非昔比，但我已深深體會到中國歷史文化的悠久，山河的美麗。可惜我沒有機會去天行老家九江廬山一遊！天行又不在家，心中十分悵惘。文珍、香君真是可人，她們不但不妒嫉我和天行的感情，反而惋惜我沒有和天行成為正式夫妻，這真是中國女性的美德！她們和我肝膽相照，無所不談，有時談到天亮還不想睡。我們相見恨晚！

在北平惟一令我惴惴不安的事是沒有達成山口淑子交付的任務！我不能陷天行於不義，我既愛他就不能害他。

回東京以後，我覺得情勢對我不利。戶警山口態度又很惡劣。

中國事變還沒有解決，皇軍海空軍又突襲珍珠港，使全國狂歡起來，東京人更被勝利衝昏頭腦。我看皇軍是瘋了，日本老百姓也瘋了！金日昇老師也和我有同樣的看法，但我們都不敢和別人講。

學校不再聘我，這真是晴天霹靂，震得我兩眼金星亂迸！但我知道是怎麼回事兒？只好逆來順受。

金日昇老師替我打抱不平，我怕他得罪人，請他不要過問，免得惹禍上身。他問我犯了什麼錯？我不說明，我也像天行一樣打落門牙和血吞，慢慢他自然會明白。

金日昇老師突然被捕了！原因是他不肯發表「大東亞共榮圈」和「八紘一宇」的言論，還反對「南進」。扣了他一個「反戰」的罪名。

金老師坐牢後，我連聊天的人也更少了。學校的同事為了避免麻煩，不和我來往，我更沒有臉面去學校，雖然我沒有做出什麼不名譽的事來。

我閉門讀書消遣，間或和文珍、香君通信，我不敢告訴她們實情。我很想念天行，但信中也少提到他，以免再有麻煩。龍子的情形我也不大清楚，他不來信我就不知道他在什麼地方？他的行動是軍事機密，我也不敢打聽。

我去京都娘家住了一段日子。我父母、哥哥漸漸瞭解這個戰爭是什麼性質？他們對天行也同情起來。對龍子、太郎更加擔心，對我的遭遇當然同情，但也愛莫能助，他們的生活情形一天不如一天。父母的身體也更差了。

「南進」美夢終於成空，皇軍正節節敗退，反而惹火燒身。米國飛機大舉轟炸日本本土，我也得躲警報了！以前日本飛機轟炸中國各大城市的威風不知道怎麼無聲無息了？現在我們日本反而變成中國了！這個殘酷的事實我們日本人一下子還不能接受，因為「皇軍無敵」、「武運長久」的觀念一下子還改變不過來，報紙上也很少登海空軍大敗的消息，但是米國飛機在日本本土如入無人之境，沒有飛機迎戰，倒有飛機逃難，這是怎麼一回事兒？戶警山口也沒有從前那麼神氣，對我又漸漸客氣起來。

太郎負傷回家，他斷了一條胳膊。他有些垂頭喪氣，不像出征時那麼趾高氣揚。他退下戰場後擔任後勤工作，還在中國待了一段時間，對雙方的情形相當瞭解。

次郎應召入伍，哥哥嫂嫂十分憂心，不像太郎出征時那麼相信「皇軍無敵」、「武運長久」。幸好父母已經去世，不然他們兩老真受不了，龍子很久沒有信來，不知他吉凶如何？文珍、香君還向我透露一點天行的消息，知道他還健在。但是我的身體卻一天不如一天，一方面是營養太差，一方面是心情不好，時常失眠，醫生說是肝硬化。

紙包不住火，米國飛機三天、兩天就來本土大轟炸一次，老百姓都知道是怎麼一回事兒了。今天來了八百架飛機，猛炸四大工業城市，大家更覺得惡運當頭了！

金日昇老師出獄。他對我說皇軍玩火自焚，現在大火燒身，眼看日本就要毀於一旦了！他問我有沒有天行的消息。我說他在重慶，他說中國在翻身了。我說我恐怕再也看不到他了，他才發覺我的身體不對勁兒，他也大吃一驚。

龍子又重傷了！但我不能再去看他，我們母子兩人都只好聽天由命了！

米國飛機突然在廣島投下一顆原子彈，炸死了十幾萬人，全城房屋毀掉十分之六，這一下把日本人都嚇呆了！東京更是人心惶惶，要是也投下一顆，我更是死定了！

米機又在長崎投下一顆原子彈，不知道崇福寺毀了沒有？我還記得和天行在寺裏抽的那兩支籤上的詩，我們真的兩地相思了一輩子！醫生已經斷定我是肝癌，這是一個絕症，起先他還不肯講，經我一再追問，他才講實話。現在我只有等死，我是再也見不到天行、龍子了！人生至此，情何以堪？天不見憐，徒呼負負！

這是美子最後一篇日記。後面附了兩首七絕：

望盡天涯一片雲，扶桑日落未逢君；
櫻花已謝春光老，衰草斜陽映小墳。

一生癡愛性情真，前世姻緣劫後身；
天妒紅顏地作孽，斷腸人哭斷腸人！

第八十四章　奇女子美雲謝世　好男兒紹天齊家

天行寫信回家，報告他在日本的情形和美子去世的消息。還附了他那兩首〈哭美子〉的詩和美子日記上的絕筆詩。沒有多久，他就接到蝶仙、文珍、香君三人的聯名信，又使他十分震驚，因為她們的信上說古美雲也去世了！

她們來信的內容是這樣的：

美子去世，使我們十分傷心！本來我們以為她這次可以和您補行婚禮，白頭偕老，想不到她已香消玉殞，真是天妒紅顏！

我們也報告您一個不幸的消息，雲姑也去世了！我們剛為她辦完喪事。她病危時還不許我們通知您，怕影響您的工作和美子的心情，她以為您和美子已補行婚禮，重度蜜月。

她事先寫好了遺囑，將金谷園的不動產贈給小玉（金大娘已先她去世），所有珠寶、首飾、現款都送給你去臺灣創業。我們打開她的保險箱，發現了政府頒給她的獎狀，獎勵她愛國情殷，暗自除奸，另外還有一枚抗戰勝利紀念章。她在世時絕口不提此事，八國聯軍時她也有功不居，真令人起敬。

我們的房產都已脫手，紹天亦資遣回家，他已在上海訂購機器、棉花，以防物價波動。他現在臺灣考察，準備購置廠房土地，他有萬全準備，您不必操心，等他回平之後，我們就先去臺灣。

紹地、紹武均調往東北接收，純純來平住在家中，她已懷孕，決定與紹地共進退，紹人夫婦決定留平，不想走動。

現在北平已暗潮洶湧，學潮尤甚，令人憂心。

信是文珍執筆的，三人都簽了名。古美雲去世時他未能見最後一面，認為是終身憾事，他想起他這一生得到她無限溫情，許多照顧，最後還送他一筆遺產，他真是做夢也沒有想到。他想如果在臺灣創業有成，他要用她的名義設置獎學金，辦理慈善事業，做為紀念。

他在日本整整工作了一年時間，由於他的蒐證工作齊全，很多都是日文資料，使侵華首要戰犯俯首伏誅。對盟軍總部起草《日本憲法》也提供了不少意見。

黃涷梅從南京來信告訴他已代他應聘去臺灣任教，信中說：

吾　兄由日赴臺，或回國後再赴臺，均無不可。弟則於日內攜眷赴臺，先行安頓，聞紹天世兄已赴臺籌設工廠，屆時當可在臺相聚。目前國內情勢，一如吾　兄所料，國人多惑於巧言，昧於真理，旁觀者清，當局者迷……

天行回國時，紹天尚未返平。他帶了紹君和幾位熟練技工去臺灣打前站，一切停當後，他再和紹君回到上海，會同留在上海的幾位熟練技工裝運機器棉花。他派了一個工人回來接蝶仙她們去上海會合，這個工人也是九江龍家紗廠的老人，隨紹君復員回家，將隨紹天赴臺設廠，十分可靠。恰好天行回家了，再得這個技工協助，那就更無問題。

天行前一天，天行和蝶仙、文珍、香君、郝薔華她們到翠微山古美雲墳前祭別，這塊向陽的墓地是一個尼菴的寺產，是古美雲上次遊山時暗中留意的，蝶仙遵照她的意思捐了一筆錢給尼菴，取得這塊山地安葬，天行看了很滿意地說：

「雲姑很有眼光，連身後事也安排得很好，從此她與青山同在，可惜我們不知道什麼時候才能再來？」

「小玉會常來祭掃。」蝶仙說。

他們將帶來的紙錢、金銀元寶在墳前焚化，天行恭恭敬敬磕了三個頭，站起來說：

「雲姑永遠活在我心裏。」

「她也永遠活在我們心裏。」文珍、香君、蝶仙也這麼說。

「我覺得她始終在我身邊，我真的沒有感覺到她已經去世。」天行又說。「我甚至不大相信這是事實？」

「我也不相信美子已經去世？」文珍說。

「她那麼健美的身體，我也不相信她已經去世。」香君說。「昨兒晚上我還夢見她呢！」

「她的後事是我親手料理的，不信也得信。」天行說。

「一下子去了兩位可敬可愛的人，真教人受不了。」蝶仙說。

「雲姑的福氣比美子好，」天行說：「雲姑雖然沒有兒女，但她並不寂寞，又有妳們料理後事，還有積蓄，沒有受到窮困之苦；美子雖有龍子這個兒子，但他生死未明，她是窮愁寂寞而死，後來甚至要靠她斷了一條胳膊的姪兒子乞討維生……」天行哽咽著說不下去。

文珍、香君、蝶仙、郝薔華聽了也悽然落淚。蝶仙說：

「真沒有想到她會落到這樣淒涼的下場？」

「這完全是因為我的關係，」天行說：「那年我接到她的信後要是回了北平，他就不會如此下場，她是我的代罪羔羊。」

「要是雲姑奶奶與美子能在陰間相會，雲姑奶奶一定會照顧她的。」香君說。

「但願如此。」天行點點頭。

紙錢元寶全部燒完，化作片片灰蝶，在墳墓上空翩翩起舞。他們向墳墓行了一個鞠躬禮，才相率下山。

進城後他們又向梅影和應素蘭告別。她們兩人也為古美雲作了法事，現在又要祈求菩薩保佑天行他們一路平安。

他們這次離家和上次逃難情形不同，心情也不一樣。天行更有後顧之憂，他耽心紹地、純純夫婦，純純一定要等紹地一起行動，但紹地是軍人，身不由己；紹人夫婦不想和他們一道走，紹人認為父親趕不上時代潮流。紹人他和他那批朋友都抱有「變天思想」，認為變比不變好。天行也不勉強他同走。

卜天鵬和劉嬤嬤年紀都大了，也沒有地方去，他們已經把這個家當作自己的家。天行只好悄悄地拜託他：

「卜師傅，我和大奶奶這次離家是不得已，以後是個什麼樣的世界？我現在不敢講。日後紹地、純純兩夫婦要請您多多關照；紹人夫婦有他們的路子，我管不了，您也看著辦好了。」

卜天鵬不大瞭解他話中的意思，但他不想多問。他對天行說：

「我在府上幾十年，真像白頭宮女。我也真沒有想到府上會有這麼大的變化！但不管以後變成什麼樣子？只要我有一口氣兒在，我決不會忘本，您放心好了！」

「上次我們逃難，還有雲姑照顧，這次只有拜託您了。」

「上次您們是逃到大後方，我還能看著您回來；這次您們是飄洋過海，我恐怕再也看不到您了？」

「卜師傅，您會長命百歲，我希望能看到您。」天行安慰他，也送了他一筆生活費。

天行懷著無比惆悵的心情，帶著蝶仙、紹文母子、文珍、香君、杏芳母子和郝蕾華離開了這個老家。純純、紹人夫婦、卜天鵬、小玉送他們到車站。天行對純純說：

「妳是在野人山九死一生出來的，希望妳和紹地還有同樣的幸運。」

「爹，除死無大難。我和紹地是同命鴛鴦，我們不存僥倖心理，也敢面對現實。」余純純回答。

天行同情地望望她，又對紹人夫婦說：

「我和姑姑不會離開臺灣，隨時歡迎你們去。」

「爹，我看您這著棋恐怕走錯了？」紹人說。

「爹是一個教書匠，只想活得自由自在。不求聞達，不求富貴。爹一生不用險，這次我就走一著險棋看看。」天行似笑非笑、似哭非哭地說：「希望你們都好好保重自己，爹言盡於此。」

「二少爺，您更要自己保重。」小玉突然對天行說。

天行看看小玉，頗有古美雲當年丰采，想起她對周而福下毒的事，不禁肅然起敬，笑著對她說：

「小玉，多謝妳關心。我像赴天竺取經的唐僧，也經過不少磨難，生死的事兒我倒不大在乎，但我要活著像個人的樣子。以後妳上墳時，千萬代我買些紙錢，代我向雲姑告罪。她愛護我一生，我沒有報答寸恩，我心裏一直不安。」

「二少爺，您放心，我一定辦到。我相信二爺在天之靈還會保護您的。」小玉說。

他們一行離開北平，和庚子那年陪老太太上廬山避暑的心情大不相同。他們的命運就是從那年開始改變的，而且愈變愈糟，現在竟不能不拋棄老家出走了！這雖然是破釜沈舟的冒險，但蝶仙、文珍、香君都信賴天行、紹天父子，願意跟他們冒這個險。紹人的話雖然也使她們心驚，但不能動搖她們的信心。她們都有一份往日情懷，希望活得愉快，適情適意，對於金錢財富倒沒有多大的興趣。

他們到上海同紹天會合之後，就搭乘客輪去臺灣。紹天告訴他們臺灣的情形，買的房屋土地狀況，同時將申請公司登記的文件給文珍、香君、蝶仙看，她們都是董事，各人股份也有記載，董事長由天行擔任。她們都不瞭解《公司組織法》，問他為什麼要分得這樣清楚？

「這是現代企業組織型態，權利義務一定要先弄清楚，不能亂來。」紹天說。

「反正我們都交給你辦，成敗都由你負責。」蝶仙笑著說：「沒有飯吃也找你。」

「姑姑，那是我應盡的責任，妳們的權利可也不能放棄？」

「那你幹什麼？」香君問他。

「我就算是你們聘的總經理好了！你們是老闆，我是夥計。」紹天笑說。

「這孩子跟他爹一樣。」蝶仙笑著對文珍、香君、郝薔華說：「分寸拿得很準。」

「我可不問這麼多，」文珍笑著對紹天說：「我活著時你養我一輩子，死了就全是你的。」

「表姑，別說您是天龍公司的大股東，即使您是一個光人跟我到臺灣，我也會養您。」紹天說。

「有你這句話兒就行，我才懶得操那個閒心。」文珍說：「我爹和我哥哥算計了一輩子，結果他們什麼也沒有帶去。」

大家想起楊通、楊仁和彼得的下場，都不作聲。隨後天行打趣地說：

「錢財本來是身外之物，夠吃夠用就行。我這個董事長也是他黃袍加身，我還是教我的書，吃我的粉筆灰，我們都做太上皇好了。」

大家都被他說得輕鬆起來。

船上無事，她們問起美子的情形。天行從手提包裏拿出美子的四本日記交給文珍說：

「妳們慢慢看吧！」

文珍接過來，在房艙裏和香君、蝶仙分著看，看了一天才輪流看完。起初相對無言，過了很久文珍才說：

「不知道我們這些人前生是得罪了土地還是得罪了城隍？連美子也要受這般作弄！」

「土地、城隍才不管這種事兒，」香君說：「我看是得罪了月老？」

第八十五章　白蘋史寧劃界線　紹人龍子有區分

天行他們平安抵達基隆。

紹天把他們安頓在臺北市區一座相當寬敞的日式房屋裏，還有庭院，院中有椰子樹、檳榔樹、聖誕紅、曇花、木瓜樹……這些都是在北平見不到的庭院植物。這座房屋在臺北市區是第一流的大日式房屋，比東京加藤中人的房屋大了不少，但比起他們北平的家來那就像鴿子籠了。房子裏面也全是紙門、榻榻米，家具也是日式的。這是紹天託人介紹，選了又選才買到的一座大房屋，價錢很便宜，和他在板橋買的土地、棧房一樣便宜，因為戰後臺灣經濟十分蕭條，人民生活困苦。

房屋、土地都不值錢，無法與北平的房地產相比。他們在北平賣的房子價錢用來在臺灣買房子土地是太合算了。

蝶仙、文珍、香君、郝薔華、杏芳她們對日式房屋設備很不習慣，尤其是紙門用手輕輕一推就倒，沒有一點兒隱私，房屋的牆壁也是魚鱗板，不過是高級檜木板，這算是很豪華的日式房屋了。

天行倒是見怪不怪。紹天很有企業頭腦，他向她們解釋他是看中了這個地點和這塊大地皮，準備日後改建樓房，那就身價千倍，目前委屈一些，暫時住一下，內部設備家具可以先行更換，他現正積極興建廠房，三、五年之內他一定改建成公司辦公大樓，另外覓地蓋棟住家的別墅。大家都很贊成他的看法，暫時住了下來。

紹天按照預定計畫建廠，天行照常教書。紹文繼續升學。蝶仙請了一個阿巴桑做家事。

這個阿巴桑只有二十八歲，叫林阿足，人長得倒還清秀，只是兩隻小腿像街上賣的紅豆冰棒，腳上又是一雙木拖板，走起路來呱嗒呱嗒響。滿口漳州、泉州一帶的閩南話，現在稱臺語。蝶仙她們一句也聽不懂，講起話來全靠比手劃腳十分吃力，幸好她認識幾個字兒，油、鹽、柴、米之類的事兒就寫給她看，她人也相當伶俐，很容易教會，她尤其注意聽蝶仙她們講話，覺得十分悅耳好聽，也容易懂，一天能學好幾句。

蝶仙她們覺得她這個名字不雅，大陸上沒有一個女人取這種名字。一天她問林阿足：

「阿足，是誰給妳取這個名字的？」

「是阿丈取的。」她說。

「這個名字不好聽。」蝶仙笑著搖搖頭。

「我們臺灣女人的名字比這更難聽的多得是，不像妳們的名字那麼好。」她笑著說：「不過我有一個日本姓名比較好聽。」

「妳是中國人，怎麼取日本姓名？」文珍問她。

「是日本人要我們取的。」她說。「取了日本姓名就可以當皇民，配給要好多了。」

「妳的日本姓名叫什麼？」香君問。

「叫鈴木秀子。」她說。

「那妳就是日本人了。」香君說。

她搖搖頭，隨後又說：

「改名換姓不到一年，日本人就投降了，我又叫林阿足。」

「妳丈夫過世了多久了？」蝶仙知道她沒有丈夫，只有一個男孩子，她是一個年輕的寡婦。

初來時語言不通，沒有問她，也不知道她丈夫是怎麼死的？

「三年。」她伸出三根指頭。

「是不是當兵打仗死的？」香君問。

「當初臺灣人還不能當志願兵，他是被徵去當工役的。」

「那該不會打死？」香君說

「他是去南洋時船被打沈了，死在海裏的。」

「人死在海裏甚麼都沒有了，妳怎麼知道？」

「日本人把骨灰交還我了。」

「人死在海裏怎麼能火葬？」香君又問。

「這我就不清楚了，」林阿足搖頭苦笑：「聽說日本人會把別人的骨灰抓一把放在木盒裏充數，有時候還是一個空盒子。反正我不敢打開看，誰知道是真是假？」

「日本人投降之前，妳的日子是怎麼過的？」文珍問她。

「當初日本人打勝仗時，還有蕃薯粥吃，隨後愈來愈艱苦，連蕃薯葉子都沒有得吃了！」林阿足說。

「那妳怎麼活過來了？」杏芳問。

「我去鄉下找野菜，抓蛇來吃，有時吃老鼠肉。米國飛機轟炸臺北時，我就跑到鄉下親戚家裏，幫他們種田、做工、混日子，這才沒有餓死。」林阿足說。

她剛來時還是面黃飢瘦，一個月下來，就豐潤多了，她說現在過的是天堂的日子。起初她還不會做菜，經蝶仙天天教導，現在已經能弄很合大家口味的菜了。她的身材和文珍、香君、杏芳三人差不多，她們看她穿得很差，都把過了時的舊衣服送給她。她沒有穿過旗袍，起初還有些難為情，不大敢穿，說這是太太們穿的，下女不能穿，正如她以前不敢穿和服一樣。尤其是文珍、香君的衣服質料款式都很考究，比一般外省女人的旗袍都好。杏芳一再鼓勵她，她出門時才敢穿。但腳上一雙呱嗒板很不相配，不像她們幾人那麼文雅，杏芳又送她一雙舊高跟鞋，她一穿出門就摔了一跤，再也不敢穿了，文珍又送她一隻矮跟黑皮鞋，她覺得和呱嗒板差不多，走起路來很習慣，不再摔跤。她穿起旗袍、皮鞋就像脫胎換骨一般，完全不像阿巴桑了。她本來生得不錯，身材也很好，人又伶俐，大家愈來愈歡喜她。

臺灣的生活條件自然無法和北平相比。文珍、香君沒有逃過難、吃過苦，起初不大習慣；蝶仙、杏芳和天行、紹天、紹文他們都在四川過了好幾年，都甘之如飴。大家漸漸地都安居下來。

大陸的局勢卻愈來愈亂，東北鬧得更不可收拾。

先是俄國大鼻子投機進入東北，繳了日本關東軍的械，把他們集中看管，罰他們做苦工。龍子也在瀋陽變成了俄國大鼻子的俘虜。

手握轉盤槍的紅軍，到處搶劫，他們把搶來的布疋、毛衣，和中國人換手錶，棉布毛衣早已在市面絕跡，人造絲日本人也實行配給，老百姓的穿著大成問題，凡是有手錶的老百姓，不論好壞，都拿去和紅軍交換，紅軍不識好歹，放在耳邊一聽，只要手錶有走動聲音，就以兩疋布或十件毛衣交換，老百姓自然高興。

龍子看見紅軍搶劫一座原來是他們的陸軍倉庫，用大卡車往外運，沒有運完的，他們就指揮中國人進去搶。這些年來，中國人都缺少衣服穿，看見紅軍向倉庫裏揮手，便一窩蜂似的湧進倉庫，對面的大樓上早已站好了一位紅軍，手持照相機，對準倉庫敞開的大門，突然倉庫裏面起了濃煙，接著是火光衝天，中國人抱著大包小包的毛衣向外跑，後面卻衝出一班紅軍用轉盤槍和機槍對著這些中國人掃射，把中國人一個個撂倒，東倒西歪地躺在倉庫前面，像一群死叫花子。那位早用照相機對準倉庫大門的紅軍，迅速咔嚓咔嚓地將這幕中國人「搶劫倉庫」事件統統攝入鏡頭。龍子心想，紅軍的鬼點子絕不在皇軍之下，自以為聰明的中國人，反而成了冤魂，成了大傻瓜。

紅軍不但搶日軍倉庫，更搶中國商店，連攤販都搶，搶了雜貨店的冥錢還用來買東西，不能不給，又白吃白喝，還順手牽羊，中國人只好乾瞪眼。

紅軍除了搶劫之外就是姦淫。

龍子親眼看見二、三十個紅軍闖進大西門的一座樓，這座大樓住了一百多戶日本婦女，全部被他們強姦了。大樓裏面女人的哭聲、叫聲不斷傳出來，有兩位十六、七歲的女學生被強姦死了，把屍體拖了出來，用垃圾車運走了。

另外有幾十個俄國士兵押著幾十個日本女學生進入一家臨街的大澡堂，逼著她們脫光了衣服一道洗澡、姦淫，而且把窗戶打開，街上的人看得清清楚楚。很多皇軍低著頭不敢看，龍子卻想起皇軍在南京的大屠殺、姦淫中國婦女的往事，以及他親眼看到皇軍到處姦淫的情形，他心想莫非這是日本人的報應？

日本士兵每到一個地方都找花姑娘，逼得中國女人投河的投河、跳井的跳井。俄國士兵也在大白天裏到處亂竄，找媽達姆，逼得很多日本女人和中國女人把長髮剃光，化妝成男人。紅軍也和皇軍一樣，當街姦淫。有一次他做苦工時看見一個俄國騎兵抓住一個中國女人就地姦淫，那個大鼻子怕馬跑掉，把韁繩繫在自己腳上，那個中國女人手上有一把傘，她為了遮羞，突然把傘撐開，遮住頭部，那匹馬一驚，轉頭就跑，把那個大鼻子拖了好幾百公尺遠，活活拖死，日軍看了哈哈大笑，罵大鼻子真蠢。龍子卻說這是報應。

蘇聯紅軍裏面還有女兵，女兵也會強姦中國男人，龍子要不是親眼看見真不會相信。日本皇軍裏面沒有女兵，這是日本人自歎不如的地方。

龍子還看到兩隊紅軍為了搶一座樓房裏的日本女人相互開火，這也是皇軍沒有的事兒。皇軍會相互聯合起來找中國花姑娘，絕對不會相互殘殺，這也是日本人比俄國人聰明的地方。

皇軍十之七、八都有強姦中國女人的罪行，而且事後往往殺害，現在看見紅軍這樣蹧踏他們日本女人，他們也是敢怒不敢言。他們已經手無寸鐵，紅軍對他們很不客氣。很多俄國人都記得上次日俄戰爭失敗的恥辱，多有報復心理。

龍子看到紅軍對日本女人和中國女人的暴行，他好像受了雙重侮辱。一方面他覺得這是皇軍自作孽的報應，一方面他也更同情中國人。他想起美子和天行的話，和這麼多年皇軍在中國的侵略罪行，他就不免內疚。

他也不知道自己的槍彈殺了多少中國人？他決定不隨皇軍俘虜回日本，他要留在中國替中國人做點事，更想去北平看看天行。他想天行一定會回到北平。但他沒有想到，紅軍不但把他們的武器交給八路，也把他們這些極少數願意留在中國的俘虜交給八路，八路把他們當作技術人員運用。

由於紅軍的阻撓，劉連生、紹武、紹地的部隊遲遲不能進入東北，一進入東北，八路就以關東軍的武器打他們。他們雖然先後收復黑山、彰武、盤山、臺安、遼中、遼陽、鞍山、沙嶺、牛莊、海城、營口、本溪、開源、公主嶺、長春、吉林伊通、大小豐滿、海龍、柳河、樺甸、西豐、西安、蓋平、熊岳、鳳城、復縣等地，但因眾寡懸殊，紹武在四平街會戰中陣亡，紹地在法庫六十五天保衛戰中突圍負傷被俘。

純純在北平不知道龍子、紹武、紹地的事，天行他們在臺北更不知道。在美國五星上將強作解人的一片打打談談的和談聲中，北平也丟了。

純純原來期望紹地回到北平，一起去臺灣。現在連北平也變色了，她還沒有紹地的消息，她帶著一個兩歲的兒子十分徬徨、焦急。這兩年來，紹人夫婦在北平很活躍，他們對前途充滿希望，現在更積極。純純有很多話都不敢對他們講，只拜託他們打聽紹地的消息，她終於得知紹地受傷被俘的事，現在正在撫順監獄勞改。

「您有沒有辦法營救您二哥？」純純問紹人。

「我沒有那麼大的面子，」紹人搖搖頭。「妳去找白蘋和史寧看看？」

「怎麼？他們兩人也來了北平？」純純聽了十分高興，白蘋和史寧是她的老同學，當年日軍佔領北平後，他們一起共生死患難逃到漢口，後來在沙坪壩家裏和重慶都見過面，應該顧念這些舊情？

紹人點點頭，還告訴她地址。

純純找到他們，他們現在是「愛人」。純純將自己的來意說明，他們兩人相互看了一眼，又向純純一笑。白蘋說：

「純純，妳的名字沒有起錯，妳真單純！現在已經變天了，妳怎麼還趕不上時代，還存著過去那種封建思想？」

「白蘋，不管怎麼說，我們總是同學，紹地也是您們的朋友，我請求您們幫幫忙好不好？」

「純純，這個忙我們可幫不上，我們和紹地早就劃清界線了，我們不能幫敵人的忙。」史寧說。

純純一聽到「敵人」兩個字便全身發冷，她怕他們也把自己當作敵人。但她只有這一條路可走，她不得不抬出天行試試：

「不看僧面看佛面，紹地是龍老師的兒子，您們兩位能不能念念師生之情？」

他們兩人又一笑，白蘋說：

「純純，龍老師和黃老師是有名的頑固派，現在他們又早去了臺灣，我們不得不和他們劃清界線，妳最好別提龍老師了！」

純純倒抽一口冷氣，她想不到他們六親不認，只好告辭，白蘋還對她說：

「純純，妳也走錯了路！妳要是能及時改過自新，學學紹人、凌菱，也許我和史寧還能幫妳一點兒忙？不然我們也只好和妳劃清界線了。」

純純聽了頭皮都發麻，她說了一聲「謝謝您們」就跑出來，還聽見身後傳出史寧、白蘋的嘲笑聲。

一天上午她正在家裏暗自落淚時，有一位自稱龍紹仁的人來找她。她十分奇怪，她從來沒有聽過龍家有這個人？他向她解釋他是川端龍子，現在用的是中國姓名，純純這才恍然大悟！她愈看愈覺得他像紹天，不禁關心地問：

「您怎麼沒有回日本去？」

「我是自願留下來的，我想替中國做點事兒，減輕我的內疚，更想到北平來看看父親。」龍子說。

「父親早去臺灣了！」純純說，隨即告訴他帶了那些人去。

「他為甚麼要去臺灣？」

「他是去臺灣辦工廠紮根。他想活得像人。」

「我申請到北平來工作，就是為了想和他團聚，這樣一來我的希望是落空了！」

「您還有一個弟弟在北平。」純純把紹人留在家裏的事告訴他。「另外還有一個弟弟在撫順勞改。」

「龍子聽了似喜還驚，純純又將紹地的事告訴他，他歎口氣說：

「也許我和他打過仗？真想不到會發生這種悲劇？」

「您母親過世了，您知不知道？」

他一聽到她提到母親就哭了起來，過了一會才說：

「我是半年前才知道的。」

「那時父親正好在日本，還是父親給她料理後事的。」

「太郎信中告訴了我，所以我要到北平來看看父親，想不到連父親也見不到了！」龍子又哭了起來。

「我現在是甕中之鱉，你要是有機會，我勸您趕快去臺灣或是回日本。」

「我知道，但是我現在已經很難脫身。」

「您是日本人，也許好些？」

「可能更糟！」龍子耽心地說：「領導更不會相信我這個日本人，他們只是利用我。」

「您有沒有請求他們放您回日本？」

「我請求過一次，他們不准，反而對我更不放心，我就不敢再試了。」

紹人夫婦回來，看見龍子，不禁一怔，他們以為是紹天突然回來？但服裝不像。紹人正想發問，純純便向他們介紹，兩人一時都說不出話來。純純趁機替龍子解釋，紹人打趣地說：

「真是大水沖倒龍王廟，自家人不認識自家人。」

「這是我第二次來，上次來時您們都不在家；這次來時，父親又去臺灣了！」龍子說。

「上次我們是逃難出去。父親是留日的，卻要逃避日本人。這次是自己人來北平做主人，我覺得他這次走是多此一舉。」

「父親對日本瞭解很深，所以他抗日；他這次遠走臺灣，也許有他的道理。」龍子說。

「您倒很瞭解父親似的？」紹人笑笑。

「他九一八那年去日本時，和我談了很多，我的印象很深。他是真正的中國讀書人，我覺得他代表了中國文化精神。」

「他就是不能迎合時代思想潮流，抱殘守缺。」紹人說。

龍子聽了一怔，過了一會才說：

「父親的思想並不落伍，他的觀念很科學也很開通，他是擇善固執，不容易被人唬住。可惜他這樣的中國人太少。」

「您倒很抬舉他？」紹人似笑非笑地說。

「並不是我抬舉他，也不因為他是我們的父親，我只是覺得他不愧是個真正的中國人。我來中國這麼多年，使我的體會更深。」

「但是中國的病根太深，要下猛藥。他那一套是慢郎中遇著急驚風，那怎麼成？」

「您該知道日本明治維新是學西方、反中國文化的，而且很有成效，結果造成了這次浩劫，日本也吃了原子彈投降。現在中國正在大變，在否定自己的文化，是福是禍？我不敢講。」

「我看只有這劑猛藥才能起死回生。」

「但願如此。」龍子向紹人笑笑：「不過我認為他帶紹天走的那條路子，倒是個兩全其美的辦法。」

「甚麼兩全其美的辦法？」紹人反問。

「既可以使物質生活過得好，又不會喪失人的尊嚴，更不會傷害中國文化。」

「他走的是資本主義路線，資本主義是不會成功的。」紹人說：「何況臺灣也不會安全。」

「父親不是資本家，他很有平民精神。他是個不折不扣的文化人。他最懂中國文化，也最愛中國文化，更愛自己的國家。」龍子向紹人解釋。「說良心話，我倒希望父親和紹天成功。」

「這樣看來您倒是個孝順兒子了？」紹人打量龍子一眼，似笑非笑地說。

「那不敢當！」龍子連忙搖頭：「不過也許我還是日本人的關係？我看中國問題比較客觀。」

第八十六章　大變天斗移星轉
紅塵世陰倒陽顛

像做了一場噩夢，大家在渾渾噩噩中，連眼睛都沒有睜開，大陸錦繡河山就完全變色了！沒有人承認自己的錯，官兒愈大的愈會推。彷彿萬方有難，罪在小百姓。從前皇帝還會下「罪己詔」，這次只有罪人，沒有罪己。

難民一批批地渡海逃出來，有辦法的人逃到美國去，沒有資格做高等華人的渡海逃到島上來。但是這不像逃避日本人那麼容易，隔了一條海峽，光靠兩條腿逃不過來，因此抗戰時期桂林、貴陽之間那幾百上千萬的難民大逃亡潮不能出現，不然臺灣這個小島也會被難民踩沈。

能夠到臺灣來的，多是劫後餘生的幸運者，黃湅梅的表姪王富英就是其中之一。

原來黃湅梅的姑母嫁給同縣的首富王家，有錢的人家多半財旺人不旺，他姑母只生一個獨子王良仁，年齡比他小，王良仁也只生了一個獨子王富英，是三代單傳。

王良仁是桐城的大地主，也是大善人。由於他平時愛修橋補路，賙濟窮人，信佛修廟，排難解紛，因此別人都稱他為王大善人，王良仁三個字反而很少人提起。他的廣大田地都是祖產，他自己只開了一個十個洞的磚窯，別人稱為王家大窯，可以供應全縣的需要。

一天桐城突然來了一批頭戴紅星鴨舌帽，身穿淡草綠粗布服裝，腳踏厚底布鞋，揹著各式槍枝的軍隊，和平日一些遊手好閒，不務正業的人，也神氣活現地出來了。他們都成了有頭有臉的人物。有一個乳名「小狗子」，一向好吃懶做的混混吳仁，離家幾年，誰也不知道他去了什麼地方？也和這批軍隊一道回來了，他成了地方上的紅人。

一天晚上他帶了三個公安兵來到王家，「請」王良仁、王富英父子兩人到王家祠堂去。王良仁不知道是什麼事兒？祠堂是他們王家的，他是族長，怎麼姓吳的來請他去？他不禁發問：

「小狗子，什麼事兒要勞您的大駕請我進王家祠堂？」

「王大善人，你去了就知道。」小狗子皮笑肉不笑地回答。

「為什麼要我們父子兩人都去？」王良仁又問。

小狗子向一個揹著轉盤槍的士兵使了一個眼色，那個操著東北口音的大個兒士兵大步走到他的面前說：

「王大善人，現在不是你問話的時候，你別敬酒不吃吃罰酒，你們乖乖地跟我們走吧！」

王良仁知道來者不善，父子兩人只好乖乖地跟著他們走。

祠堂門口站了四個公安兵，兩盞大汽燈嗞嗞地散射出耀眼的光芒，父子兩人心頭涼了半截，背脊發冷。一走進祠堂，就發現一字排開站了十幾個人應訊，他們都是反剪著雙手，用麻繩綑著，上面兩張桌子坐了兩個人在問話，小狗子走過去向坐在右邊的那個瘦瘦乾乾的人說：

「報告，王良仁父子帶到。」

那人望了他們父子兩人一眼，冷冷地對小狗子說：

「你怎麼對他們這麼客氣？還不快給我把他們綁起來！」

小狗子連聲：「是，是！」親自用麻繩把他們父子兩人雙手反剪到背後綁了起來。他們兩人偷看了那一字排開的十幾個人一眼，原來都是本地有頭有臉的人物。只有一位是姓林的中尉排長，他是在東北作戰被俘釋放回來的。要他回家安居樂業，既往不究，怎麼現在也把他抓來？另一位是縣黨部的幹事，叫做端木良，是一位天真的白面書生，歡喜舞文弄墨，有些風流自賞。他們都審問過了，都扣上「惡霸」、「反革命」的帽子。

隨後那位瘦瘦乾乾的人，在一堆十行紙下面抽出兩張十行紙來，看了一眼，開始問王良仁。從他祖宗三代問起，一直問到他自己也不知道的事，最後還要他們父子兩人畫押。王良仁哭喪著臉說：

「長官，這些都是冤枉的，我怎麼能畫押？」

「你現在不畫押，明天公審時自然有人指證，不愁你不招認！」那人陰森森地看了他們父子兩人一眼，又對小狗子說：「今天晚上好好地把這些反革命分子、惡霸、善霸看牢，一個也不能走掉，明天上午公審！」

然後把他們十幾個人關進一間房子裏，門口站了兩個公安兵，不准他們講話，不准他們睡覺，也不准他們大小便。

王富英左思右想，也想不出他們父子兩人有什麼罪？連小狗子這種好吃懶做的混混，他們也賙濟過，他出外打流時還給了他五塊大洋。

天氣冷，兩手綁得又痠又痛，小便又脹，十幾個人擠在一個房間，坐在地上腳都伸不直，更不知道明天的命運如何？那還有半點睡意？他也聽說過蘇北公審鬥爭的事，但他們父子兩人都不相信，因為大家都是中國人，未必比日本人還狠？

好不容易熬到天亮，公安兵已經換了兩班，還不准他們講話，不准他們大小便。吃過早飯以後，才一個個拖出去公審，出去的人就沒有回來，不知道他們的命運如何？王良仁年紀大了，實在憋不住，只好尿在褲子裏。天氣冷，不一會兒褲子就冰凍了似的難受，快到中午時，才提他們父子兩人，王富英也憋不住，一路走一路尿在褲子裏。

體育場的空地上站滿了人。王富英先拖上臺，他放眼一望，有很多都是他不認識的人，不知道是那兒來的？

王良仁被拖上臺後，那瘦瘦乾乾的人就大聲向群眾宣讀他們父子兩人的十大罪狀，沒有一條是真的。

最後還說：「王良仁、王富英父子兩人是假善人，是善霸。善霸吃人不吐骨頭，是笑面虎，假仁假義，比惡霸更可惡。地方上容不得這種笑面虎。今天我們一定要為地方除害，讓窮人翻身，你們說怎麼處置他們？」

「槍斃！槍斃！」站在前面的人高舉雙手，大聲吼叫，後面的人也跟著舉手吼叫。

王良仁被這種吼聲嚇得兩腿發軟，加之肚子餓，四肢無力，自然跪了下去。

王富英掃了臺下一眼，原來站在前面舉手高叫的他多認識，小狗子也穿了便衣站在裏面，剛才好像是他領頭喊叫的，他看見體育場的一個角落躺了幾個人，像是剛剛槍斃的，他也嚇得發抖。

那瘦乾的人看王良仁跪在臺上，王富英渾身發抖，故示寬大地對群眾說：

「王良仁已經跪下來向人民認罪，王富英也渾身發抖，很有悔過的意思，為了給他們父子兩人一個自新的機會，我向大家建議，罰他們勞動改造，表示人民寬大為懷，不知道大家同不同意？」

「同意，同意！」前面的人又舉起雙手高喊，後面的人如應聲蟲般喊叫起來，手也舉得很高。王富英這次看清楚了是小狗子領的頭，他還暗自慶幸沒有把他們父子兩人拖去槍斃。

那瘦乾的人功德圓滿似的馬上宣佈散會。

他們窯裏燒好了一窯紅磚，過兩天就可以開窯取磚。但小狗子奉命帶他們父子兩人去開窯，由兩個士兵押著一起去。他們走到時便發現窯門口已經站了二、三十個人，那位姓林的排長和端木良也在裏面，他們也都是反剪著手，由一班士兵看守。

小狗子發了他們每人兩個冰冷堅硬的饅頭，要他們蹲在一塊吃，士兵把他們團團圍住，小狗子才替他們鬆綁，讓他們啃那兩個凍得像鐵一般的饅頭，由於太餓，人人都狼吞虎嚥下去。

小狗子要王良仁父子開窯，王良仁對他說：

「小狗子，窯裏的溫度太高，現在還不能進去。」

「你們要戴罪立功，增產報國，不能再像以前一樣一個月只燒兩次窯，現在上級規定，一個月要燒三次，不開窯怎麼行？」

「小狗子，那會燙死人的！」王良仁說。

「現在天氣冷，正好進去暖和暖和。」小狗子說。

他們父子只好開窯。

窯洞一打開，裏面就有一股熱浪衝出來，使他們倒退幾步。以前他們開窯時，裏面只有一點熱意，王良仁每次都領先進去，然後再讓工人進去。現在裏面最少有一百多度，他不知道進去會有怎樣的後果？

小狗子逼他，他們父子兩人只好戴起膠皮手套，背後墊了一塊膠皮，揹著運磚的鐵架進窯，但一進窯洞就被熱氣衝得頭暈腦脹，喘不過氣來。他們又退回洞口喘氣，小狗子和槍兵卻逼著他們和其他勞改犯人進去。

窯裏磚的熱度更高，在兩百度以上，一摸就燙手，他們要把火燙的紅磚一塊塊放在鐵架上，小狗子吳仁規定他們每次要揹三十五塊紅磚出窯，只能多，不能少。王良仁是五十多歲的人了，從來沒有幹過這種苦工，也沒有讓工人在這種高溫下工作過。他汗出如雨，差點暈倒。

窯外的氣溫很低，尿一灑下地就結冰。王良仁一揹出窯洞就倒了下去。小狗子吳仁立刻給他兜頭澆下一桶冷水，他又快凍成冰棒，連忙往窯裏跑。

第二天，王良仁就暈倒在紅磚上燙死了，臉上的皮肉都烤焦。

另外一個洞裏的端木良和姓林的排長也暈倒在窯裏燙死了。

王良仁死了，他的財產全部充公，家人都掃地出門，王富英一人勞改。他強忍悲傷，積極表現，心中卻暗自計畫逃亡。他知道黃凍梅在臺灣教書，他決定向臺灣跑。終於在一個月黑風高之夜，他逃出了虎口。逃到廣東時，他遇到一位貴人，把他帶到香港調景嶺，又幫他來到臺灣。他找到了黃凍梅。

他向黃凍梅敘述他的遭遇時，還是淚流滿面。

天行的姪女兒紹芬也逃了出來，她是在廣州遇到一位本地同學，幫助她來到臺灣，找到天行的。

她的遭遇和王富英不同。

她復員回家時，老家那座大房屋已經被日軍拆了，門口的荷花池也填平了。紹芬她們回家時都沒有地方住，只好擠到紗廠去住，後來在原址趕建了幾間房屋，才算勉強安頓下來。

龍從雨從江津復員回家，費了九牛二虎之力，才使紗廠復工，但規模不如從前，原來的熟練工人他又讓紹天、紹君帶了一半去臺灣創業，其餘的工人多是新招的。

九江是一個水陸碼頭，交通四通八達，五方雜處，幫會組織尤其多，青幫更大，遊手好閒的人也多，九江變色後，有些人突然搖身一變，變成了幹部，他們平日就戴鴨舌帽，和碼頭工人混在一塊，他們對地方上的情形瞭如指掌。原先有聲望、地位、家世好的人都被他們揪出來公審鬥爭。

龍從雨的紗廠早就有人臥底，他以「反革命」、「黑五類」的罪名被捕，因為在他紗廠裏的廁所、機房牆壁上發現了幾條反共標語，他自己都不知道，那是臥底的人漏夜趕寫栽贓的。幹部要他交代清楚，他當然交不出來。

他的罪名一大堆：土豪、劣紳、惡霸、資本家、反革命分子……天放、天行、紹武、紹地以及他收容的那位在江西蘇維埃時代被割掉舌頭的雩都布商李有財，都成了他的反革命罪證。剝削工人的罪名就更多了。

三天三夜的疲勞審問，不讓他吃、不讓他喝、不讓他闔一下眼睛。他只要闔一下眼睛，就有人用點燃的長香在他臉上燒一下，使他驚痛得跳起來，後來他臉上沒有一塊好肉，他還是不承認有罪。他們又用鹽水往他臉上澆，審問的幹部也換了好幾班。他終於熬不下去，只求速死，才在罪狀上畫了押。

第二天，給他戴著黑白無常似的高帽子，穿著寫滿紅字罪行的白布背心，用麻繩五花大綁，敲著鑼、牽著他遊街，從城外大中路經環城馬路，帶到甘棠湖邊柳堤下面的一塊草坪上，按著他跪下，在他嘴裏還塞了一團棉花，使他叫也叫不出來。戴著白紗口罩的公安兵，用事先磨去彈頭鋼皮的鉛彈，對準他的後腦打了一槍，像爆米花似的把他的腦袋擊成個撫州爛西瓜。紗廠、景德瓷莊、田地自然名正言順地充公了。

紹芬知道情況嚴重，漏夜逃出來了。她仗著在野人山那段九死一生的經歷，終於逃到廣州，轉來臺灣。

她說完這段經過便伏在蝶仙懷裏泣不成聲。

「紹華她們怎麼不跟妳一道逃出來？」蝶仙含著眼淚問她。

「她們膽小，不敢亂竄。」紹芬抬起頭來說：「其實公公的死也和她們有關！」

「三叔的死怎麼會和她們有關？」蝶仙奇怪地問。

「有些搖身一變的本地幹部，癩蛤蟆想吃天鵝肉，她們不答應，公公更不答應，他們就做好了圈套整死公公！」紹芬說。

「那她們現在不是更糟了？」蝶仙跺著腳說。

「除了投江以外，恐怕跳不出他們的手掌心？」紹芬擦擦眼淚說。

大家也跟著流淚。

「妳知不知道純純他們的情形？」天行一直擔心留在北平的純純，現在他才發問。

「我離開九江以前，曾經接到過她一封信。」紹芬說。

「她信上怎麼說？」蝶仙急著問。

紹芬又哭了起來，郝薔華拍拍她，安慰了她幾句，她才說出紹武在東北陣亡，紹地負傷被俘，關在撫順監獄勞改的事。最後還補上一句：

「這都是紹人哥打聽出來的。」

天行聽了一言不發，蝶仙頻頻搖頭歎氣。紹芬忽然想起什麼似的急促地說：

「哦，對了！她還說龍子到北平看二伯……」

天行又喜又驚，問她知不知道詳情？紹芬搖搖頭，又說：

「看樣子純純在北平的處境很尷尬？」

「她有沒有告訴妳生男、生女？」蝶仙問。

「哦，對了！她早生了一個兒子，我也忘記說。」紹芬說。

蝶仙聽了一喜，天行卻說：

「這孩子反而成了她的包袱。」

蝶仙又問她結了婚沒有？她搖搖頭說：

「幸好沒有，要是結了婚，我就逃不出來了！」

「我早就告訴過妳我們會來臺灣，妳們幾姐妹怎麼不早到臺灣來？」蝶仙問。

「大媽，誰想到時局會變得這麼快？變得這麼壞？大家以為都是中國人，不會像日本人那麼壞，何況他們的嘴又甜，話又好聽。因此當初都下不了決心。誰知道大家都想左了？現在後悔也來不及！」

「事到如今，也只好說是劫數了！」蝶仙歎口氣說。「我真擔心純純。」

「純純有紹人、淩菱照顧，也許會好些？」杏芳說。

「我看他們也是泥巴菩薩過江，自身難保！」天行說。

「紹人是剃頭擔兒一頭熱，在重慶時他就向著那邊，照理應該受到優待？」郝薔華想起在重慶時經常接濟他，也發現他和那些人來往密切，因此她才這樣說。

「紹人是一直在做夢，他不是他們那種料，磨完了麵殺驢子的事兒日後一定會發生，到那時候他才會明白他是做夢。」天行說。

黃凍梅夫婦來看天行、蝶仙，他們看見紹芬十分驚喜，黃凍梅笑著對紹芬說：

「怎麼？妳也逃出了虎口？」

「老師，這是我第二次九死一生。」紹芬也笑著回答。

他問她是怎麼逃出來的，她以「一言難盡」四個字回答。天行告訴他龍從雨的悲慘遭遇，他除了表示同情以外，不以為奇地說：

「這種事兒多於牛毛，只是我們知道得太少、太少！」

「黃先生，我們中國人怎麼這樣倒楣！日本人的罪還沒有受夠？現在又要遭自己人的罪！」郝薔華問。

黃凍梅望著天行苦笑說：

「您看我怎麼回答好？」

「我們從前在北平說的那些話是不幸而言中了，可惜她沒有聽到。」天行說。

「您們從前講了些什麼話？」郝薔華問天行。

「我記得我也和祖母、蝶仙姐她們講過，當時她們都不相信，有空時妳問問蝶仙姐好了。」

天行說。

「這已經是古話兒了，改天我和文珍、香君再告訴妳。」蝶仙對郝薔華說。

「那您們兩位也是劉伯溫了？」郝薔華向黃湅梅和天行笑說。

「我們不是劉伯溫，我們只是兩個不合時宜的教書匠，到臺灣來不過是苟全性命。」黃湅梅說。

「莫非這是氣數？」郝薔華說。

「現在也只好這麼解釋了！」黃湅梅無奈地說。

第八十七章　翰林第喧賓奪主
龍家婦掃地出門

龍子在幹校教日文，時常來看純純和紹人夫婦，他的住宿問題一直沒有解決。天行的房子大，紹人的一些文化界的朋友都住了進來，另外一些外地來的幹部眷屬也住了進來，史寧、白蘋也看中了這個大宅院，搬了進來，而且把老太太的佛堂作為他們公私兩用的辦公室，還裝了電話，把觀音大士像塞進一間雜物儲藏室裏，那是從前老太太放壽材的房間。紹人本來不信佛，他對史寧、白蘋的這種處置沒有異議；另外大門口的「翰林第」三個金字也敲了下來，因為這是「封建意識」，紹人也沒有話講。過去的「翰林第」現在成了大雜院，純純向紹人建議，不妨讓龍子也搬進來？紹人起先有些猶豫，純純便說：

「龍子雖然是日本人，但他和你是手足，而且他已經完全中國化，又用的是龍家的譜名。我們這個房子既然人人能住，不如也讓他住進來，這樣豈不是公私兩便？」

紹人想想這個房子事實上已經不是龍家的了，他自己也等於是房客，因此也就同意了，所以龍子也住了一個房間。

但是純純萬萬沒有想到，龍家的房屋別人都能住，她自己反而不能住，因為她屬於「壞分子」，壞分子和「灰色」人物都要趕出首都，發配到廣西鄉下去落戶。

純純一直想去撫順探望紹地，都沒有得到准許，一去廣西，那這一生就休想再見他了！而且廣西語言不通，民風強悍，她帶著一個孩子怎麼能在那種窮鄉僻壤生活下去？因此她懇求史寧、白蘋幫她說情，讓她母子兩人留在首都，留在家裏。白蘋卻對她說：

「純純，只怪妳過去走錯了路，成分不好，人民沒有清算妳就是對妳特別寬大。首都要成為首善之區，必須徹底整頓戶口。妳的資料不好，我們也幫不上忙。」

「我一個婦道人家，又帶著一個孩子，還能做什麼壞事兒來？」純純說。

「妳可不是普通婦道人家，妳不要忘記了妳過去的歷史？」白蘋皮笑肉不笑地說。

「妳該知道那純粹是為了抗日？」純純說。

「當時我也勸過妳跟我一道去延安，妳怎麼不去？」

「那是因為延安太遠的關係。」純純找出這唯一的藉口。

「妳怎麼不說是妳那一寶押錯了！」白蘋似笑非笑地望著她說。

純純看出白蘋是不願意幫這個忙了！只好退而求其次。她最近剛好接到紹華一封信，告訴她家中被清算鬥爭的情形，又說她已經下放到九江鄉下江洲原來她家一個姓董的佃戶家落戶，這地方原名張家洲，張家是個大姓，現在才改稱江洲，把張家的「封建標誌」取消了，洲上民風淳厚，姓董的一家人待她都好。她想與其到廣西那麼遠的窮鄉僻壤，不如到交通發達，民風淳厚的天行老家九江江洲好，而且有紹華作伴，這樣也不至於連一個講話的人都沒有，她便請求白蘋幫個小忙，換個地方，免得充軍到廣西去。白蘋這才答應試試看。其實她和史寧是現在這個房屋的真正主人，住在裏面的人都得聽他們的。他們是藉著清除「壞分子」的機會把她掃地出門，讓她到江西去那是他們故施小惠。

卜天鵬和劉嬤嬤對余純純十分同情，她掃地出門前夕，卜天鵬悄悄地對她說：

「少奶奶，我真沒有想到府上落到這個下場，您又掃地出門！在您曾祖母時代，我就進了您們龍家，更是看著紹地出生長大。當年老太太樂善好施不說，您祖父、您公公，也個個厚道，怎麼會得這種果報？」

「卜爺爺，現在變天了，一切都變得想像不到，不止我們龍家如此下場！」純純說。

「從前滿清改朝換代，還有優待，老百姓更沒有少一根汗毛；日本人在這兒也沒有這樣天翻地覆；現在自己人反而沒有半點人味兒！」

「卜爺爺，您千萬小心，連出口氣兒他們都能聞出味道來！」

「少奶奶，我是真正的無產階級，我是戲子出身，不像史寧、白蘋他們是小資產階級出身，卻打著無產階級的白布招兒，反而騎在我的頭上。我年紀這麼一大把，我已經活得不耐煩了！砍掉腦袋也不過碗口大的疤，天塌下來我都不在乎了！」卜天鵬的聲音愈說愈大。

純純不敢接腔，她十分害怕，紹地在監獄勞改，生死操在他們手裏，自己和孩子的命運也操在他們手裏。

「少奶奶，您放心，我不會給您惹麻煩。您怕他們，我可不怕他們，他們要是惹惱了我，我可要他們好看！」

「卜爺爺，現在是他們的天下，好漢不吃眼前虧，您這麼大的年紀了，不必栽在他們手裏……」純純說。

「瓦罐不離井口破，栽在他們手裏我倒不在乎。令我不解的是：紹人這位三少爺怎麼對他們剃頭擔兒一頭熱？對您這位二嫂子反而不如龍子關心？」

「卜爺爺，我的成份不好，三叔怕惹禍上身，我不怪他。」

「史寧、白蘋他們六親不認不說，怎麼紹人他們兩夫妻也這麼寡情？我看他完全不像他父親！」

「不知道爹去臺灣以後的情形怎樣？」純純自言自語。

「妳沒有和他通信？」

「卜爺爺，我已經一身腥，怎麼敢和爹通信？」

「這真不是人的世界！」卜天鵬歎口氣說：「日本人在這兒的時候，雲姑奶奶還和您爹通信呢！」

「現在我真後悔當時沒有和爹一道走。」

「您爹是赴天竺取經的唐僧，經過九九八十一難，什麼白骨精、蜘蛛精他沒有看清？但願他能保住您們龍家的根。」

「卜爺爺，我們這些十八層地獄的龍家子孫是不能超生了！就看紹天他們日後能不能救我們？」純純飲泣起來。

「紹天最像他爹，紹地、龍子也像他爹，只有這位三少爺有些古怪。」卜天鵬慨歎起來。

「莫非是像他娘？」

「長輩的事兒我不清楚，我也不敢瞎參。」純純抹抹眼淚說。

「少奶奶，我在您們龍家幾十年，我最不平的是您爹一輩子啞吧吃黃連。文珍表小姐、香君姑娘、美子姑娘，都是他的紅粉知己，偏偏要他娶個不通氣的旱菸桿兒，憋了一輩子，臨老還要像林沖夜奔一樣落荒而走！」

龍子早出晚歸，悄悄走了過來，純純嚇了一跳。他看見卜天鵬在這兒，便對他說：

「卜師傅，明兒我要開一整天檢討會，不能送純純，拜託您送她上車好不好？」

「不必您拜託我也會送。」卜天鵬說。

龍子隨即給了純純十塊人民幣，要她留在身邊用。隨後又悄悄告訴她：

「聽說紹珍、紹玲在九江討飯，妳在九江生活恐怕也有困難？」

「您聽誰說的？」純純吃驚地問。

「紹人說的，他接到她們求援的信。」龍子回答。

「我是被趕出北京的，我在這兒連討飯的資格也沒有。」純純流著眼淚說。「即使是去九江討飯，我也不能不去。」

「那妳要好好保重，我現在也是泥巴菩薩過江。」龍子說著又悄悄離開。

卜天鵬不認識紹珍、紹玲、紹華姊妹，他那次送老太太歸葬祖墳山時她們還小，而且龍家人多，他更分不清楚誰是誰？純純告訴他，他聽了直搖頭歎氣。他對龍從雨的遭遇更是憤憤不平，劉嬷嬷也怕他闖禍，輕輕對他說：

「現在是鬼怕惡人，菩薩也怕惡人，您還是忍著點兒，不要做出頭的柱子。好在我們一窮二白，上無片瓦，下無寸土，不過還是忍一點兒好，犯不著吃眼前虧。」

「現在我們沒有路條兒就不能走路，沒有糧票兒就不能買油、鹽、柴、米，沒有布票兒就不能買布，這不也整著我們？從前可有這種鬼事情？」卜天鵬反問。「我已經忍無可忍了！」

劉嬷嬷一愣，隨後才說：

「從前我們吃龍家的、穿龍家的、住龍家的，一切都不必操心，每月還有工錢可拿，愛去那兒就去那兒，沒有誰查路條兒。」

「這不就得了！我們窮人又有什麼好處？」

劉嬷嬷答不上話來，她正天天為窩窩頭發愁呢！

第二天一大早，純純先向白蘋、史寧辭行，感謝他們幫了她的忙讓她去九江，白蘋故意對她說：

「純純，念在我們同學一場，我們才不顧一切後果，幫了妳這個忙。希望妳到九江落戶後好好反省，我們是寬大的、人民也是寬大的，只要妳真正自新了，我們還會幫妳的忙。」

純純一再「多謝」而退。然後去看紹人夫婦，卻不見他們的人影兒，純純的眼淚往肚裏流，她知道這是他們有意和她「劃清界線」。

她回到自己房裏，餵兒子吃了一個窩窩頭，看了房間最後一眼，便一手牽著兒子，一手拎著一個大鋪蓋捲兒，掃地出門。沒有一個人送行，有的人裝作沒有看見，有的人甚至以嘲笑的眼光望望他們母子兩人。

她到前面來向卜天鵬、劉嬤嬤辭行。他們看她母子這副樣子，眼淚立刻流了下來。卜天鵬接過她手上的行李，往肩上一扛，望望後面說：

「三少爺呢？」

「剛才我向他們辭行，卻不見人影兒。」純純說著眼淚又流了下來。

「虧他做得出來！」卜天鵬氣憤地說。「他不像龍家的子孫。」

不但紹人不像龍家的子孫，連大門也不像了。「翰林第」三個大金字沒有了，只留下斑斑剝剝的、凹凸不平的痕跡，石獅子也被人敲壞了，挖掉了眼睛。

純純走出大門口，抬頭望了一會，和她來的時候不一樣，隨後又摸摸沒有眼睛的石獅子對卜天鵬說：

「卜爺爺，我再也進不了這個大門了！」

「少奶奶，現在裏面住的沒有幾個像人，不進來也罷。」

她望望街上，街上也變了，來來往往的人多是戴著鴨舌帽，穿著藍色制服的人，看來都和白蘋、史寧一樣，只有她穿著旗袍，卜天鵬穿著原來的棉襖、棉褲，顯得很不調和。

卜天鵬陪她們母子兩人向車站走，以往他送天放、天行都是坐車，沒有誰走路，他記得十分清楚。

車站上除了有更多的藍螞蟻，還有頭戴鴨舌帽，上身穿黑皮夾克，腳穿圓頭皮鞋，肩上掛著槍的公安員，站在要道出入口，像鷹犬一樣地注視行人。

卜天鵬替她買好票，看她在出口的地方排好隊，等她驗好票才把鋪蓋交給她，她一手拎著鋪蓋、一手牽著孩子走進月臺，卜天鵬不能進去，她回頭叫了一聲「卜爺爺」就哭了起來，公安員大聲地把她喝叱過去，她覺得這比日本人把她逼進野人山還要屈辱！還要悲哀無助！

卜天鵬流著眼淚走回來，這是他送走龍家最小的一代。他想著龍家的過去，歷歷如在眼前。老太太的聲音容貌他還記得清清楚楚，龍從雲夫婦、天放、天行兄弟，乃至古美雲、文珍、蝶仙、梅影、香君……這些人的一舉一動，笑聲、戲語、淚光、裙影，還在眼前晃動、耳邊迴響……現在是死的死、逃的逃，而純純和她的兩、三歲的兒子，更成了喪家之犬，被人喧賓奪主地掃地出門！他覺得純純是個好媳婦、好女人，尤其是那段抗戰經歷，如果編成戲來唱，不是比《木蘭從軍》更感人嗎？本來是真正的巾幗英雄，可是她不但沒有花木蘭那種榮耀，反而成了她掃地出門，充軍的罪狀。

他憋著一肚子氣回來，正和劉嬤嬤談純純母子的事，談得老淚縱橫，紹人和凌菱雙雙從他面前經過，他一看見他們頭戴鴨舌帽，身穿藍制服，不禁火冒三丈，大聲把紹人叫住：

「三少爺，我有話問您！」

紹人、凌菱兩人一怔，他們從來沒有聽見他這樣粗聲大氣講話，而且滿臉通紅。他站著問卜天鵬：

「卜師傅，什麼事兒？」

「您知不知道您二嫂和姪兒今天掃地出門？」

「聽說過。」紹人點點頭。

「你為什麼把她們母子兩人當瘟神一樣看待？一大清早就躲出去？」

「我有事兒。」紹人回答。

「您從來沒有這麼早出去過，偏偏今天有這麼巧的事兒？」

紹人臉一紅，又硬著頭皮說：

「卜師傅，這是我的私事兒，您何必過問？」

「古話說：『打虎還要親兄弟。』如今您二哥遭了難，您二嫂和姪兒子也成了喪家之犬，平日您不聞不問，今天她們母子兩人被人家趕出您們龍家的大門，您連送也不送一程，反而躲得遠遠的，您是不是人？」卜天鵬指著他的鼻子厲聲說。

他先倒退了兩步，隨後又惱羞成怒地說：

「卜師傅，您怎麼這樣對我講話？」

卜天鵬冷笑一聲，又指著他的鼻尖說：

「您現在想起來了您是個主子是不是?我沒有看過龍家有您這種主子?您是一個連狗都不如的東西!」

「您怎麼可以對三少爺講這種話?」劉嬤嬤連忙過來拖他：「莫非您老糊塗了?」

「真太沒有規矩了。」凌菱看丈夫挨了卜天鵬的重罵，又看劉嬤嬤怕事，也壯著膽子幫了一句腔。

「規矩?」卜天鵬向她冷笑：「妳懂個什麼規矩?要是老夫人在世，早把他這個不肖的子孫趕出大門了!怎麼會讓他嫂子、姪兒掃地出門?」

「您真是個老頑固!現在是人民當家作主的時代，您還敢提那種老掉牙的封建規矩?」紹人突然理直氣壯起來。

「呸!呸!呸!」卜天鵬朝他呸了幾句才說：「誰是人民?誰在當家?誰在作主?是你還是我?你被白蘋、史寧牽著鼻子走，你還有臉跟你卜爺爺說這種話?我真沒想到，龍家怎麼會出你這種不肖的子孫?」

紹人更惱羞成怒，指著卜天鵬說：

「卜天鵬，你別倚老賣老!你說這種反動的話，可得小心你的腦袋?」

卜天鵬一個箭步躍上去，抓住他的衣領，左右開弓連打幾個耳光，又用食指戳著他的腦殼說：

「我卜天鵬三個字也是你這渾賬小子叫得的？連老夫人、你祖父、祖母、你爹都沒有叫過，今天我就代你爹教訓你這個不肖的東西！你卜爺爺的腦袋長在脖子上，你取去好了？想不到你居然狗仗人勢起來？真丟你們龍家祖宗八代的人！」

卜天鵬說完用力一推，紹人便跌個四腳朝天。凌菱驚叫起來，後面屋子裏的人都趕了過來，連忙問是什麼事？紹人爬起來跳著腳說：

「反了！反了！這個老頑固真的要造反了，居然打起我來！」

「呸！」卜天鵬朝他唾了一口：「你也配說這種話？今天我是教訓你，不然你想不起你姓什麼來！」

白蘋、史寧也從後面趕了過來，紹人便向他們兩人報告經過，最後還說：

「我看這老頑固真的反了！他還是滿腦子的反動思想！」

史寧很鎮定，他不動聲色，和白蘋交換了一個眼色，便回到佛堂打電話給公安局。

很快地來了兩個帶著手槍和手銬的公安員，他們看卜天鵬是一位七、八十歲的老頭子，便不在意地拿手銬來銬他，卜天鵬不慌不忙地說：

「我是真正的無產階級，請問兩位我犯了什麼法？」

「你侮辱人民，跟我們到局裏講話。」拿著手銬的公安員說。

「我才是人民，我是代老東家教訓龍家的不肖子孫，我並沒有犯法。」卜天鵬說。

「別和他廢話，趕快把這個老頑固銬起來！」紹人從後面趕來大叫。

兩個公安員正準備一起動手，卜天鵬卻如閃電般地抓住他們兩人的腦袋用力一碰，咚的一聲，兩個公安員立刻癱了下去。

他一個箭步縱出大門，不見人影。

第八十八章　劉大娘輕生服毒
龍家子偷渡逃亡

紹人由於和純純劃清了界線，揭發了卜天鵬的「反動思想」，更受白蘋、史寧推重，他在文藝界的地位慢慢舉足輕重起來。他的配給也更好了，他成了專業作家，不寫一個字也能過著第十三級幹部一樣的生活，每月人民幣一百九十圓。比第二十四級幹部的每月人民幣四十圓高出四、五倍。他還可以坐有彈簧與天鵝絨的柔軟靠背椅。要是寫了稿子，還可以按每千字拿些稿酬，由於他的表現好，稿子發表的機會也多。凌菱也拿到十六級幹部一般的待遇。

龍子只拿十二級教授的待遇，每月人民幣五十六圓，比一級教授待遇三百六十圓差了六倍多，他只能坐硬木椅子。

白蘋、史寧都是正式的八級幹部，每月人民幣二百八十圓，和科學家、專家的待遇一樣。一級幹部是人民幣四百圓。他們兩人都可以坐皮轉椅，和西方國家的經理坐的皮轉椅一般無二。住在龍家這個房子裏的以他們兩人的階級待遇最高，其他的人都是十五級以下的幹部。

劉嬤嬤最可憐，有月只有三十四圓的生活費，相當於第八級工人的工資，這是因為她的「成分好」，沒有「反動思想」，替白蘋、史寧這些幹部洗衣、弄飯、做雜事的關係，才「照顧」她的生活待遇，但在首都來說，只勉強夠吃窩窩頭。比她以往由龍家供吃、供住、供穿，還有工錢可拿，而且吃得好、穿得好，還有賞賜的生活水準是差得太多了。原先她也以為真像白蘋說的窮人翻身了，想不到是由床上翻到地上、地上翻到陰溝裏了，比日本人在這兒時有古美雲、文珍、香君她們照顧還差遠了。另外有一件使她寢食難安的事兒是：白蘋要她每三天匯報一次住戶的情形，注意每一個人的言行，必要時隨時報告，包括紹人、凌菱在內，龍子更是一個特定對象。這使她十分苦惱，這是一件違背她的良心的任務，如果不報，連窩窩頭也吃不成了，因為白蘋一再暗示過她。

她一方面想念卜天鵬，不知道他有沒有逃掉？是死是活？一方面受不住良心的譴責、怕天打雷劈，怕下十八層地獄、上刀山、下油鍋、變豬、變狗，永遠不得投人胎。她想來想去，都跳不出白蘋的手掌心。她知道純純是她的同學、天行是她的老師，她還六親不認，要純純母子掃地出門。她不匯報，怎麼過得了關？她已經打過幾次假報告，白蘋還不滿意，要她注意偷聽住戶的講話。她從來沒有做過賊，未做賊，先已心虛。以前龍家的人從不懷疑別人，對他們這些下人也很信任，有話都是當面講清楚，黃嬤嬤愛講小話兒他們都不聽，現在白蘋卻要她偷聽別人的陰私，挖人家的牆腳，打別人的小報告，她怎麼能做這種缺德的事兒？閻王爺不割她的舌頭才怪！

臘月二十三送灶這一天，她向灶神磕了幾個響頭，祈求上天奏好事，原諒她有不得已的苦衷，她伏在地上默默哀訴：

「灶王菩薩，劉氏罪孽深重，請您原諒。我是萬不得已，想做好人也不可能。現在龍家住的不是從前那些好人，有人掐著我的脖子，要我做壞事，揭發別人的陰私，我跳不出她的手掌心，我只有一死才能身心乾淨。您向玉皇大帝報告時，應該揪出這屋子裏的壞人……」

「劉嬤嬤，妳這是幹什麼？」恰巧白蘋經過，看她伏在地上喃喃自語，心裏好笑，不禁發問。

可是她的聲音大了一些，劉嬤嬤又最怕她，這一下嚇得劉嬤嬤魂飛天外，生怕她聽到了她的話，連忙跪轉身來結結巴巴地說：

「我，我……我送灶神，沒有說什麼？……」

「現在灶神管不了事兒，妳有什麼話應該對我說。」

「是，是，現在沒有什麼事兒……」

「記住，妳有兩次沒向我匯報了！」說完以後，白蘋轉身就走。

劉嬤嬤渾身發冷，又伏在灶神面前啜泣起來。她想起白蘋要她把老夫人供了幾十年的觀音菩薩丟進儲藏掃帚、畚箕、尿壺、糞桶的房間裏，她更覺得罪過。這樣一個連觀音菩薩、灶王菩薩都不怕的女人，什麼事兒做不出來？她愈想愈怕白蘋了。

深夜，她把白蘋交給她的幾包未用完的老鼠藥，一起服了下去，她流著眼淚自言自語：

「老夫人、太太，請您們等著我，我情願到陰間來服侍您們，永不超生，也不願在陽間做這種昧盡天良的事兒……」

第二天早晨，她硬僵僵地躺在床上，像一根大冰棒。

龍子雖然不是作家，但也時常化名寫點稿子，提供一些改進意見。同時他對純純的掃地出門、劉嬤嬤的服毒自殺、卜天鵬的逃亡，都暗自同情，他很後悔留在中國。他知道天行、文珍、香君都在臺灣，天行的骨肉之情不說，他在北平養傷期間，文珍、香君常和母親一道來看他，他知道母親和她們的感情很好，母親在信裏又一再提到她們。她們之間融洽無間，水乳交融，他覺得他們才是真正的中國人，不像這幫人彼此猜忌，相互監視，對他這個日本人更不放心，他在學校沒有安全感，在住的地方也沒有安全感，他總覺得隨時都有兩隻眼睛在暗中盯著他。不知道那一天會大難臨頭？像那些「反革命分子」一樣拖去槍斃！連睡覺也會被噩夢驚醒，他像一個人處在孤島上一樣，沒有人和他談心，連同父異母的兄弟紹人也不大和他講話，不像他母親和文珍、香君那樣肝膽相照，更不像他母親和父親那樣始終不渝。他很想去臺灣看看他們，回日本看看舅舅家裏人。可是他的申請一再駁回，他是完全絕望了。因此他決定逃亡偷渡，他聽說不少人都偷渡香港成功，從香港到臺灣、日本都很方便。他已經積了一點錢，還有美子給他的紀念戒指、項鍊，為了他要做一次冒險。

由於他小心謹慎，準備得十分周到，甚至連渡海的空氣枕頭，也塞在手提包底下，他離開龍家時，像往常一樣，唯一不同的是，以前他會和劉嬤嬤打個招呼，現在劉嬤嬤死了，連打招呼的人也沒有了，因為其他的人都是比他階級高的幹部和眷屬，人人都閉關自守，彼此盡量減少接觸、減少說話，生怕自己說溜了嘴，被別人抓住尾巴。因為大家都發覺這棟大房子裏一定有人打小報告，但還不能確定是誰？劉嬤嬤服毒死了，起先有人懷疑是她，但大家都知道她是個怕事的老實人，這種疑心很快就解除了，而把她的死歸之於痛失老伴卜天鵬，因而傷心自殺。白蘋更是這個說法的始作俑者，大家都相信了她的話，但因此更加小心自衛。

龍子順利地買了票上了車。車子開動之後，他留戀地望了這座古城一會，他很愛這座古城，他深深體會到，日本人獲益於這個古城的地方很多，尤其是京都，雖說是仿照洛陽造的，和這座古城也有不少相似之處，只是沒有這麼雄渾、這麼深厚的文化根基，可是現在這班人把它蹧蹋了！他更惋惜龍家這麼好的房屋，竟變成個大雜院，花園裏長滿了雜草，許多名貴的花木也被摧殘了，魚池也乾了，那麼多名種的金魚也不知道怎麼不見了？連屋子裏很精緻的格子門也有人劈了做柴火燒！要是加藤爺爺和母親還在人世，知道這種情形，他們真會痛心。要是父親知道這種情形，一定會更難過。可是沒有誰敢寫信告訴他。紹人甚至提都不提他一下，生怕提了他都會惹禍上身似的？他也覺得紹人不像父親，他和紹人雖然是兄弟，可是總缺少那分親情，他知道這不是國籍的關係。聽古美雲、文珍、香君以及卜天鵬他們說，知道他和紹天兩人無論在外表和性格方面都最相像，可是他沒有見過紹天！令他傷感的是他還有有一位很好的女友阮玲玲，因為她是黑五類，自己又是日本人，一直未能結婚，他也不敢把自己偷渡出國的計畫告訴她，甚至不敢告別，以免連累她。他希望偷渡成功之後，再透過日本政府或國際紅十字會的關係把她接到日本成婚。

他時常偷聽日本廣播，知道日本現在是一個民主國家，韓戰期間，經濟突飛猛晉；而他又和來中國做生意的日本人常有接觸，更瞭解日本不但十分自由民主，改頭換面，日本人的生活也比戰前富裕。同時也間接知道臺灣的經濟進步十分快，和日據時代大不相同，臺灣和日本的貿易比此地和日本的貿易大得多。這和他理想中的日本、中國十分接近。他認為一般中國人，是世界上最文雅、最有人情味、最好相處的中國人！加藤老師和他母親接觸的是這種中國人。可惜的是，中日戰爭期間他是侵略者，沒有機會接觸中國老百姓，更無法贏得中國人的友情。日本投降後，他接觸的都是戴鴨舌紅星帽、穿藍色制服的中國人，這些中國人大多改變了，或是偽裝起來。沒有改變的卜天鵬和劉嬤嬤，已經逃的逃死的死了。

她的女友阮玲玲在本質上還是以往的中國人，但已經被壓扁了，但他還是愛她，愛她那一身藍色服裝裹著的靈魂，只有白蘋、史寧那些人才是例外。他想他是沒有他母親幸運，愛上他父親那樣表裏如一的中國人，更沒有福氣被文珍、香君那樣表裏如一的中國女人愛上，但他想阮玲玲只要一脫離這個地方，便會恢復中國人的本來面目，會和古美雲、文珍、香君那樣可敬可愛。為了他自己的前途，為了阮玲玲的幸福，他認為冒這個險是值得的。

他又想起前門大街、王府井大街、天安門廣場這許多地方天天都有的鎮壓反革命運動，他曾親眼看見一長列的卡車隊上載著五花大綁的「反革命」分子，開到刑場，由戴白紗口罩的公安員用長槍對準他們的後腦殼，一陣啪啪的槍聲過後，白色的腦漿和鮮紅的血在地上凝成豆腐般的黑色血塊；他也看到一個中年男人，從屋頂跳下來摔死；一個丈夫先用菜刀殺死妻子、兒女，再割斷自己的氣管而死，沒有人救他，因為很多人都認為生不如死。他自己也有自殺的念頭。

這些都像一場噩夢，他希望這場噩夢隨著火車汽笛的嗚嗚聲而去，永遠不再重現。

火車所經之處，一片荒涼、陰森，路邊處處有新墳，也有暴露在外面的白骨。尤其是廣州附近，鐵路兩旁，極目所見，都是密密麻麻的墳墓，從山腳直到山頂，不知道有多少冤魂？要不是中國人多，廣州真會變成鬼域。

他順利地到了廣州。他自己心裏都有些奇怪，難道真沒有人發現他逃跑？沒有人跟蹤？

他住進一家小旅館，坐了五、六天火車，沒有好好吃過一頓飯，他很想出去飽餐一頓，但在街上一看到香蕉、橘子，他又不想吃飯，猛吃了一頓香蕉、橘子，還帶了一包回旅館。

一回到旅館房間，卻使他一怔，一位十六、七的姑娘竟坐在他的床上，一聲不響，看見他進來，她才說：

「我等你很久了！」

他心中一驚，以為是被她盯上了？要想擺脫她，那可麻煩！但他強自鎮定，冷漠地說：

「姑娘，我並不認識妳，妳等我幹嘛？」

「先生，相逢何必曾相識？」她向他媚笑：「我是個待業的人，沒有工作，可是我也不能不吃飯？你是外地來的客人，身邊總有幾文，我會和你公平交易。」

他這才鬆了一口氣，知道她是一隻流鶯，他從紙袋裏拿出兩條香蕉請她吃，她毫不客氣地狼吞虎嚥吃下去了。他便對她說：

「姑娘，妳現在可以走了。」

她聽了非常失望，她的臉上和那身上已經泛白的藍色衣服一樣無光。她期期艾艾地說：

「先生，你不寂寞？」

「姑娘，我寂寞慣了。妳走吧！」他說。

「先生，我真的是公平交易，不會敲竹槓，隨便你給好不好？」她幾乎是哀求地說。

「對不起，我沒有餘錢，我也不想佔妳的便宜。」他誠懇地說。

「先生，你放心，我沒有痲瘋病。」

「姑娘，妳沒有痲瘋病，我可有心病，我不想尋歡作樂。」

她把「心病」聽成「性病」，看了他一眼，說了一句「你很誠實」便走了。他這才恍然大悟，不禁失笑。

隔壁住的一位客人也是北方來的，他過去和他閒聊，知道他和自己一樣是想偷渡。兩人便密議到深圳後如何走法？那人姓趙，叫趙子強，保定人，和他年齡差不多，也會游泳。他是去臺灣投奔父親，他父親是一位軍官，隨部隊到臺灣的。他是黑五類分子家屬，曾經遭過幾次批鬥，逼得他母親和父親脫離夫妻關係，他脫離父子關係，還是下放農村勞改，他母親折磨死了，他才下定決心逃亡。他偷聽過廣播，知道臺灣的進步情形。龍子為了取得他的信任，也將自己的身世告訴了他。當他知道龍子是個日本人時，起初十分驚異地望著龍子說：

「真看不出來你是個日本人？」

「我在中國已經十幾年了，我父親又是中國人，所以你看不出來。」龍子說。

「當初你留下來是不是想成為中國人？」趙子強又問。

「我確實有這個想法，不過那是過去的事兒了。」

「現在要是能逃出去，很多中國人都會逃出去！」

「當初我真沒有想到，中國會變成這個樣子？」

「我們中國人都太天真了，連我也沒有想到中國會變成這樣！」

「希望我們明天都能脫離苦海。」龍子拍拍他說。

「要是我失敗了，我只有死路一條！」趙子強悲哀地說。

「今天我們要好好地睡一覺，明兒晚上才有體力游泳。」龍子對他說：「既然到了這個節骨眼兒，我們不妨往好處想。」

「希望老天有眼，不要看著我們走上絕路？」趙子強仍然不安地說。

龍子又安慰了他幾句，才回到自己的房間，想不到又有一位十八、九歲的姑娘坐在他的床上。他不再詫異，他知道她又是一隻流鶯。

這位姑娘長得也很清秀，只是臉色有些蒼白，沒有她這種年齡的大姑娘那種白裏透紅的迎春花兒般的氣色。不過她比先前那位姑娘老練多了，她一看見他就笑盈盈地站起來迎著他說：

「先生，對不起，我打擾你了！好在妳房間裏沒有什麼東西，不然我也不敢進來。」

「姑娘，我是吃在嘴裏，穿在身上，榨也榨不出四兩油水來。」他故意暗示她。

「先生，你說笑話，出門人總有幾分財氣。我不求你布施，只想給你做一夜愛人，你賞我三幾天飯錢就好了。」

「姑娘，我和妳一樣，都是可憐人，靠糧票過活。明天我還要幹活，需要休息，請妳另外找個客人吧！」龍子說著，把紙袋裏剩下的香蕉、橘子遞給她。

她伸手接過去，失望地說：

「先生，客人都是這麼說。真的人肉不如豬肉，我只好謝了。」

他送她出門，隨手把門關上，心裏在想：這是個什麼世界？……他望著硬木板上鋪著的破棉被，棉被上有好幾處泛黃了，像孩子尿了一般；木板牆上釘著一些從畫報上剪下來的日本女明星、西洋美女的泳裝照片，也是黃黃的，連釘子都生鏽了。

他躺在木板床上迷迷糊糊地睡著了，卻做了一夜的夢。他夢見「九一八」時母親和父親在東京的情形，他們是那樣恩愛，那樣相敬如賓，又像是風雨故人來的知己老友。平時他就有些奇怪，母親為什麼對他這位中國父親如此癡心？等到他親眼見到了父親，又看見他們相處的情形，他就瞭解「只羨鴛鴦不羨仙」這句中國詩的意義了。他也夢見母親在北平看他的種種情形，他知道母親那次玩得很愉快，母親還是那個樣子，一點也沒有改變。他又夢見父親已經和母親正式結婚，住在翰林第裏，他也成了中國人，龍家的子孫，還是長子的名分。

隨後不知怎麼的，他忽然陷身在另外一個世界，好話說盡，壞事做絕的世界，看來個個都像人，可是做的全不是人事兒。他成天被麻繩五花大綁，動彈不得。他們說白的是黑的，他也得照樣說。他腦筋裏想的也得和他們想的一模一樣，不然他們會把他的腦殼敲開，像電工檢查線路一樣，仔細檢查。他們還供奉一個阿修羅為神，這個阿修羅比玉皇大帝還大，另外還有幾個外國阿修羅陪襯他。他的話就是金科玉律，他放一個屁，就像聖旨。他把人當作螞蟻，而且只有一個顏色的螞蟻。他一心血來潮，一腳就可以踏死千千萬萬隻螞蟻而不動聲色。龍子覺得自己也變成了一隻螞蟻，隨時都會被那阿修羅一腳踏死，他拚命往螞蟻窩外面爬，爬到螞蟻窩邊，他覺得他又變成了一個人，他大步走到螞蟻窩外，正暗自高興，卻突然跑出幾隻兇猛狡猾的狼狗，把他追了回去。

他一驚而醒！

他再也睡不著，他覺得這是一個十分奇怪的夢，一個不吉祥的夢。

天一亮，他就去敲趙子強的房門，約他趕搭去深圳的火車。

趙子強立刻過來開門，他似乎也沒有睡好。他的氣色不好，心神不安。臉也不洗，兩人就一道去車站，直到上了火車，趙子強才喘了一口氣，他也稍稍安心，但他始終不敢將昨夜最後那個夢告訴趙子強。

火車到了深圳車站，他們跟在大家後面走到出口，有二、三十名士兵，檢查下車的旅客。一位滿臉兜腮鬍子的士兵從頭到腳打量龍子，翻了一下他的帆布手提袋，盯著他問：

「從那兒來的？」

「北京。」

那士兵又上下打量他一遍，再問：

「去那兒？」

「南頭。」

「幹什麼？」

「做買賣。」

那士兵還要盤問，另外一個瘦皮猴的士兵皮笑肉不笑地對他說：

「好啦，別麻煩人家，讓他過去吧！」

趙子強也是在同樣的情形下走了過來。

他們不敢沿鐵道向南走，那是通往九龍的國境橋。他們向西邊的出口走，那是通往南頭的出口。

他們走進深圳街頭，這兒只有二、三十戶用木板搭成的房屋，不能算是街，只能算是個漁村。房屋都緊閉著門戶，不見一個人影，不知道是什麼緣故？國際旅行社的大門倒是開的，他們知道那是什麼機關，他們不敢進去。

腳踏車是深圳唯一的交通工具，他們找了好久才找到兩輛腳踏車載他們去南頭。這兩個騎腳踏車的人都不到三十歲，路很熟，人也很精。

海邊的一草一木都已燒光，連一隻老鼠都無所遁形。在海岸上留下的灌木叢中卻隱藏了速射砲和機槍陣地，大約每隔五十公尺就有一個監視哨。還有武裝機帆船停在岸邊，準備隨時逮捕逃犯。

他們到達一塊高地下車。付過車資之後兩個車伕就揚長而去。這塊高地可以俯視海岸，海邊還有一些灌木林，他們躲到灌木林中，準備天黑後下水游過去，對岸的九龍距離這邊大約有十二公里。

「深圳檢查哨好像太容易過了？」趙子強忽然機警地說：「會不會是他們故意放長線釣大魚？」

「我覺得這兩個腳踏車伕也可能是鬼？」龍子說。

「希望天快些黑下來。」趙子強說：「要是萬一被他們發現，我一定跳海。」

「白天下海那太危險！」龍子說。

「要是被他們逮回去，我也是死路一條！」趙子強說。

「留得青山在，總會有柴燒。」龍子安慰他說：「不要想絕了。」

「我已經受夠了，我再也受不了！我娘就是活活折磨死的。」

突然傳來嘈雜的人聲，他們從樹叢中向上面偷看，發現先前那兩個車伕帶了七、八名便衣公安人員一路搜索過來。趙子強連忙跳下海，一口氣潛了二十幾公尺遠，兩個便衣先衝到海邊，端著槍對準海面，趙子強頭一冒出來，他們就連放幾槍，藍色的海面立刻泛起一朵朵血花，趙子強沒有再浮上來。

隨後他們逮住了龍子，用手銬銬住他，沿著原路帶回深圳去。

龍子心想：這些傢伙真是貓兒戲老鼠！讓他花盡了積蓄還是白費氣力，趙子強更斷送了性命。也許白蘋、史寧老早就注意了他？故意放了這麼長的線？

第八十九章　紹人凌菱成牛鬼　龍子玲玲出牢籠

龍子被押回北京。

一路上他吃了很多苦頭。雙手銬在背後，吃飯、大小便都很困難，鐵路公安員一天只給他兩個饅頭，放在他的雙膝上，讓他低頭去啃，一不小心掉在地上時他只好跪著去啃。他們不給他喝水，這倒有一個好處，嘴裏雖然乾得難受，小便卻少了許多，可以憋一天一夜不上廁所。他從深圳押到北京，只讓他上過兩次廁所，使他患了嚴重的便祕。到了北京，才換上腳鐐，關進監獄。

監獄裏的囚犯很複雜，中國人、外國人都有，有參加羅馬聖母軍的天主教徒，有英國皇軍學會會員，有美國、德國牧師，日本、韓國商人，最多的自然是中國人，男的女的總共有七、八百人。

龍子是以企圖偷越國境，偷聽國外反動廣播，發表反動言論的「反革命」罪逮捕下獄的。

負責監獄警衛、鎮暴、執行死刑的公安士兵除了自動步槍外，還有火箭筒和迫擊砲，裝備很好。公安士兵嘴上總是戴著白口罩，鴨舌帽也壓得很低，只留著兩隻眼睛四處張望，他們不敢以真面目示人，「犯人」看了他們更覺得恐怖陰森，因為他們人人都是劊子手。

每天凌晨四點左右，就有一批犯人拖出去槍斃。公安士兵會取下他們的手銬，因為手銬要銬新來的犯人，死刑犯人改用麻繩緊緊綑住兩腕，因為血液不通，雙手都變成紫色。他們的衣物、毛巾、手錶、鋼筆，都被公安士兵賣給「委託販賣店」，犯人卻成排地被他們的自動步槍打得腦殼開花，集體埋掉。一到晚上十二點鐘，又有一批新犯人補了進來，牢房永遠塞得滿滿的，一個小牢房要塞四、五十個犯人，連站的地方都不夠，空氣自然十分污濁。

龍子這個小牢房裏有一位拖著兩條辮子，十分漂亮而冷若冰霜，看來還不到二十歲，胸口的號碼是二百三十號的女孩子，她比他遲一天進來，進來之後一直一言不發，硬僵僵的站在他旁邊。他想和她講話，看她那樣子又不便開口。他不知道她犯了什麼罪？如果不是在這個鬼世界，她一定不會這麼板著臉，她要是笑起來，樹上的鳥兒也會掉下來；要是在自由世界，她一定是一位活潑可愛的天使，幸福會向她圍過來。他想她可能是資本家、大地主，或是過去什麼大官兒的女兒？趙子強都是黑五類，她的家世一定比趙子強好？也許她和自己一樣是日本人？把她當作間諜逮捕？……有很多人受不了這種虐待，在輕輕咒罵、飲泣，她還是一聲不響，像蠟像一樣的站著。有的人眼睛都睜不開，疲倦得要癱瘓下去，可是沒有空隙讓他癱下去。她旁邊有一位五、六十歲的老頭子，把頭歪在她的肩上睡著了，她也無動於衷，讓他睡著，她的感情好像完全麻木！一位這麼年輕的女孩子，折磨到這種地步，真是令人難以相信、難以想像。

凌晨四點鐘，戴著白口罩的公安兵，打開笨重的牢門，鐵板和鎖鍊的乒乓響聲，敲擊著每一個囚犯的心頭，彷彿死神來臨，誰也不知道會不會聽到自己的號碼？大家一臉的驚恐，有的人甚至掩面哭泣，那女孩子卻若無其事，她好像早已把生死置諸度外了。

公安兵手上有一本名冊，但他只叫號碼，被叫著的人都嚎啕大哭，不肯走出去，公安兵用力往外拖，像從豬圈裏拖著嚎叫的豬出去宰殺！一拖出去就有別的士兵替他取下腳鐐、手銬，用麻繩死死綁著雙手，麻繩比較便宜，集體埋葬時不必再費手腳，往坑裏一丟，蓋上土就行了。

公安兵叫二百三十號時，龍子心裏一驚，十分同情地看看她，她冷若冰霜地自己走了出去，腳鐐拖在水泥地上發出「匡郎匡郎」的響聲，一朵鮮花似的女孩子拖著這麼重的腳鐐已經夠殘酷了，還要拖出去槍斃。她一走出牢門，一個士兵便取下她的手銬，用力把她的雙手往後一剪，用麻繩死死綑住，她沒有哼一聲，可是她白嫩的雙腕立即滲出鮮紅的血絲。她和十幾個死囚被公安士兵趕豬似的趕去屠場，不久就傳來一陣啪啪的槍聲。

她犯了什麼罪？她是中國人還是日本人？沒有人知道；她姓什麼？叫什麼名字？也沒有人知道。龍子嘴裏喃喃地唸著：

「二百三十號，二百三十號……」

有的人在為她祈禱，有的人在為她流淚。但她什麼都不知道。

早飯後，牢門又打開了，大家又是一陣驚恐！在這個牢房裏最少可以證明一件事：自己還活著，一出牢房，就不知死活了！

公安兵突然叫到龍子的號碼，龍子一驚，只好硬著頭皮走出去。公安兵沒有解開他的腳鐐，帶著他沿著水泥地的走道走，兩邊的牢房不時傳出淒厲的吶喊，和腳鐐在地上拖動的聲音。他想自己可能不是拖出去槍斃，他拖著腳鐐反而有一種安全感。

他偶爾向兩邊牢房張望了一下，後面的公安兵立刻用槍托在他背上搗了一下，險些使他跌了一個狗吃屎，他再也不敢張望，低著頭規規矩矩地走。

押解他的公安兵把他推進預審室。

他知道預審員有生殺大權，量刑輕重全看他是否高興？他準備小心應付。

預審員先問他的姓名、年齡、籍貫，他都照實回答，預審員用那對三角眼斜睨了他一眼說：

「你是日本人，日本是個帝國主義的國家，你又參加過侵略中國的戰爭，你知不知罪？」

「那是被迫的，我早已後悔，所以才留在中國贖罪。」龍子回答。

「你父親龍天行是中國人，而且是個有名的頑固派，他現在正在臺灣，你和他有沒有聯絡？」

「沒有，完全沒有。」龍子用力搖頭。

「你這次企圖逃亡越境，是不是想去和他勾結？」

「不是，我只是想回日本。」

「你和日本商人早有勾結，你是不是替他們搜集情報，出賣中國？」

「沒有，完全沒有！我只是協助他們拓展中日貿易，而且也只有一次。」

「你還偷聽日本ＮＨＫ的反動新聞是不是？」

「不是偷聽，收音機是史寧借給我的，是他教我收聽。」他想起史寧借給他收音機時，當時還以為是一番好意，想不到現在卻變成了罪證。

「他可沒有教你偷聽反動新聞。」

「我是公開收聽的，沒有偷聽，而且我怕犯錯，我已經把收音機主動還給史寧。」

「你還發表反動文字，你的成分本來不好，又犯了企圖逃亡越境的反革命罪，我可以判你死刑！如果你能改過自新，認真向人民贖罪，也許可以從寬發落。」預審員不等他表示意見，隨即對公安兵說：「把他押回去！」

這是第一次審問，以後又審問了三次，判他十年徒刑，不准上訴。他只好認命。

他被押到鄉下一個政治犯監獄勞改。每天帶著笨重的腳鐐工作十二個小時。

紹人卻因為「百花齊放」時表錯了情，他誤信了佘震天、白蘋、史寧他們說的「知無不言，言無不盡，有則改之，無則加勉」的話，寫了幾篇談創作自由的文章，要求尊重個人意志，而掉進陷阱，打成了右派，送到龍子那個監獄勞動改造，和三、四百位右派難友一起掏大糞、送大糞，不知道是誰的餿主意要用大糞製造工業酒精。他常常濺了一臉一身的糞水，弄得臭不可聞。這才知道上了「引蛇出洞」的大當。他的幾位好友和他一樣，當初都信以為真，以為「百花齊放」的春天真的來了，都說出心裏的話，遭到批鬥，都戴著右派的帽子勞動改造，原先他們都把白蘋、史寧當作朋友，想不到白蘋、史寧故意做好了圈套讓他們鑽進去，有的人並沒有寫文章，也沒有公開表示意見，只在日記中私語，不知怎麼的日記也會落進白蘋、史寧的手中？從雞蛋裏挑出骨頭，最少也勞改三年，紹人是勞改七年。

紹人一直將白蘋、史寧當作好友，真沒有想到會栽在他們手裏？當他勞改三個月後第一次放假回家，他悄悄對淩菱說：

「當初純純掃地出門，我們真不應該那樣對待她。」

「當初我們以為那樣可以自保，誰又想得到你也打成右派？」淩菱說。

「妳也要特別小心，以後最好做個木頭人。」

「辦不到，」淩菱搖搖頭：「現在是要先咬別人，才能保護自己。」

「這樣咬來咬去，那不是更中了他們的一石二鳥之計？」

「那有什麼辦法？我們現在都成了他們手下的猴子！」

「當初我像鬼摸了頭，不信爹的話？一股腦兒跟著他們走，現在真是後悔也來不及了！」紹人說。

「龍子更不值得。」

「他比我更慘，十年徒刑，夠他受的。」

「你見到他沒有？」

「天天都見得到，他在製釘車間勞改，見了面也不敢講話。其實他也是個好人，當初我也不該對他另眼相看。」

「你現在說這些話於事無補，你應該想辦法早些摘下這頂右派帽子。」

「現在我三個月才能放一天假回家，要想摘掉這頂帽子談何容易?」紹人黯然苦笑。「他們以為是爹要我留下來打思想埋伏的。」

「這真是天大的冤枉!」凌菱叫屈地說。

「但是我跳進黃河也洗不清，我說的話他們完全不相信，硬說我交代不清。」

隨後他又將自己掏大糞的情形告訴凌菱，凌菱聽了眼圈兒一紅：

「只怪當初我們認識不清，他們給我們一根棒槌，我們就當作繡花針，把牛魔王當作觀世音，這也怨不得別人。」

「我不怨別人，」紹人搖搖頭說：「爹說我是幻想，一點也不錯。當初我就是幻想太多，以為一變天國家就會好起來，一劑猛藥就可以起死回生，真是做夢!」

「白蘋、史寧他們這幫人真太絕情，過去我們真是抱著被臥上朝，如今他們居然磨完了麵殺驢子了!」凌菱說。

他們一肚子的苦水，不敢在別人面前吐，只敢夫妻兩人嘀嘀咕咕，紹人覺得苦水憋在肚子裏比大糞濺在臉上還難過。凌菱也在勞改的邊緣，由於她對白蘋十分柔順馴服，帽子還沒有扣上來。

紹人勞改了七年，好不容易才摘掉帽子回家，可是沒有多久，另一股紅潮又把他衝倒，而且凌菱也沒有倖免。

一天，十幾個戴著紅袖章的紅衛兵，拿著鐵錘、鐵棍、鐵鍬、十字鎬、一路乒乒乓乓打進來，首先打倒了他家大門口那對石獅子，砸得稀爛，大門上的那兩隻虎頭銅環，也敲下來了，隨後一直打進來，那些雕花卍字門窗，都打得稀爛，龍繼堯的那些書籍，龍家的祖宗牌位、香爐、老太太的觀音像，都搜了出來，丟進花園裏那個乾涸了的魚池裏，然後把早已嚇獃了的紹人、凌菱逮住，還到處找白蘋、史寧，沒有找到，不知道他們是先聞到風聲，還是有事出去了？紅衛兵為什麼找他們兩人？紹人、凌菱都猜不透。

幾個紅衛兵把他們兩人押到花園裏，花園裏已經大火衝天，那許多書籍，包括《二十四史》、《四部叢刊》、《古今圖書集成》、《全唐詩》、《全宋詞》、《紅樓夢》、《水滸傳》、《三國演義》、《聊齋誌異》、《金瓶梅詞話》……祖宗牌位、觀音像……統統化作飛灰，隨風飄颺了。

兩個女紅衛兵扯著凌菱的頭髮，逼著她跪在火堆前面，紹人早被幾個男孩子按了下去。紹人生氣地問他們：

「我已經摘了帽子，我又犯了什麼法？你們怎麼這樣亂來？」

一個小頭頭馬上打了他幾個嘴巴，打得他滿嘴鮮血，從嘴角流了出來，又抓住他的頭髮，把他的頭向後攀，朝他臉上吐口水，破口大罵：

「你們兩個都是牛鬼蛇神，你還有臉問你小爺？我們要徹底砸爛舊世界，砸爛你們這個資產階級的腦袋。」小頭頭一面說一面敲了一下他的腦袋：「你不服氣是不是？」

紹人被他敲得兩眼金星直冒，暈頭轉向，根本不知道他講些什麼？自然沒有回答。那兩個女孩子也扯著凌菱的頭髮問：

「妳這個女牛鬼，妳服不服氣？」

凌菱知道他們是和尚打傘，無「髮」無天，他們一進來她就嚇得直打哆嗦，她怕吃眼前虧，連說：

「我服了！我服了！」

「現在是造反有理，不怕你們不服！」小頭頭冷笑地說。

他看看所有的東西已經燒成灰燼，小頭頭說了一聲：「把他們帶走！」隨即揚長而去。一群紅小鬼拖著紹人、凌菱兩人跟著呼嘯而去。

紫竹菴也來了一批紅小鬼，他們來的時候應素蘭和梅影正跪在蒲團上念經，他們把紫竹菴團團圍住，首先搗毀雕龍的屋頂，和大門口的龍鳳雕柱、壁飾。應素蘭和梅影仍然念經，直到他們用鐵棍打翻了香爐、木魚、磬，搶走她們頸上的念珠，把她們推倒在地，她們嘴裏還在念「阿彌陀佛」。他們把千手觀音、釋迦牟尼佛、韋陀等佛像搗毀之後，女頭頭才對她們說：

「了空、了緣，現在偶像全毀了，妳們心中不應該再有偶像。妳們的心應該像一張白紙，好好地學習唯物論和《語錄》，不要唸什麼狗屁經。先改造好自己，不要再做寄生蟲，知不知道？」

「阿彌陀佛！」她們兩人雙手合十，同時念了一聲佛。

那女頭頭一氣，把她們身上的袈裟剝下來，放在腳下踐踏，又叫手下丟進茅坑，然後呼嘯而去。

應素蘭和梅影像做了一場噩夢，嘴裏喃喃地念著「阿彌陀佛」……。

紹人和淩菱被帶走後，和一批「牛鬼蛇神」朋友，帶到學校工廠遊鬥，要大家認識這些「毒草」，幫助他們「消毒」。他們都編入「牛鬼」隊，送到北大荒勞改去了。

龍子不知道紹人摘掉帽子以後又變成牛鬼蛇神。他受盡折磨，終於刑滿出獄。因為紹人在勞改期間，對他的態度比以前好，所以他出獄後就來看紹人，原來龍家住的那些人都走了，因為他們都遭到紹人夫婦大同小異的命運，連白蘋、史寧也失蹤了。現在龍家的這些住戶，他都不認識，他們是什麼成分？他也不知道。只是住的人比以前更多、更雜，水準也更低。這些年來，人口增加了不少，中國人真是殺不完！八年戰爭死了兩、三千萬，三年大躍進，餓死九百萬，加上用各種罪名處死的大約有六千萬，如果是歐洲大國像英國、法國、德國、義大利，人口也早就死光了。他能夠不死，真是命大。他想起那位不知姓名的二百三十號的冷艷少女，心裏還十分惋惜。他不知道紹人、淩菱會是怎樣的結局？……

他看見街上奔馳的日製卡車，也看見新型的日本客機。還在一部日本影片中看到繁華的東京街道，新宿的高樓，現代化的地下街，日本人的摩登時裝，車水馬龍，太郎還在信中告訴他，他東京的房屋已改建十九層大廈，他們父子兩人正全力營救他回日本，因為現在有外交關係，比從前好辦。

龍子又對自己的前途充滿希望。他遲遲不敢去看阮玲玲，怕她早已嫁人。他接到太郎的信後，終於鼓著勇氣去看她。

兩人相見，恍如隔世，不禁悲喜交集。看樣子她還沒有結婚，他正想問她，她卻先開口：

「現在你可以回日本了，不必再偷渡。」

「我舅舅正在為我奔走，希望能夠如願。」他說。「只要能回日本，我就有前途。」

隨後他將獄中的生活和日本的情形告訴她。牢獄生活她過了很久，她自然瞭解，日本的情形她也知道一些，因此她說：

「不管去什麼地方，總比在監獄裏好。」

「妳有愛人沒有？」他終於鼓起勇氣問。「愛人」就是太太或先生。

「我還是黑五類，聽說你入獄之後，我就斷了這個念頭。」

「那我們結婚好不好？」他單刀直入地說：「結婚以後我才能帶妳去日本。」

「不知道他們准不准？」她既高興又有幾分遲疑地說。

「不管他們准不准？我們應該努爭取才是。」他堅決地說：「我是不到黃河心不死的。」

「只要你有這個決心，我們就不妨試試。」她興奮地說。「反正我也不怕失敗。」

於是，他們兩人為一個共同目標努力，經過不少挫折，終於獲得批准，成為正式夫妻。龍子回國的事，也在日本領事館的一再交涉中解決了。

一天早晨，兩位刑警像押解犯人似的把他們兩人「護送」出東直門，直奔機場。司機一心開車，刑警不講話，他們兩人更不敢講話，他們還怕中途變卦，萬一失言，刑警會把他們押回去，那真是煮熟的鴨子飛了。在一個沒有自由、法律的地方，是什麼事兒都會發生的，他們都有太多的痛苦經驗。

刑警把他們送到機場，看著他們上飛機，直到飛機在跑道上滑動，他們才離開機場。

飛機升空後，阮玲玲撫著胸口輕輕吁了一口氣，望著龍子說：

「這該不是做夢吧？」

「妳看，紫禁城、西山，不是愈離愈遠了？」龍子指指機身後面的故宮和翠微峰對她說。

「這怎麼會是做夢？」

「不知道以後什麼時候才能回來？」阮玲玲流著眼淚說。

「妳還想回來？」龍子奇怪地望著她說。

「只要牛頭馬面滾的滾，爬的爬，我自然要回來。」阮玲玲說：「難道你真不想回來？」

「我是半個中國人，我在中國比在日本的時間還久，如果我父親他們能回老家，過自由自在的生活，我會陪妳回來。」龍子回答：「妳不要忘記，我的中國姓名是龍紹仁。」

第九十章　門迎旭日千重影　窗對南山一眼青

龍子回到東京，他完全不認識了，他住的那棟平房，連影子也沒有了，矗立在他眼前的是一棟地上十九層的高樓，地下還有兩層，這是他做夢也沒有想到的事兒。而這棟大樓他竟擁有一半的產權，現在由太郎經管。他一夜之間變成了富翁，他簡直不敢相信。

「你父親也在臺灣發了大財。」太郎對龍子說。

太郎和天行有聯繫，他也到過臺灣，參觀過天龍紡織公司的大樓、工廠、關係企業和別墅，他都告訴了龍子。

第二天，龍子就寫了一封信給天行，內容是這樣的：

父親大人尊前：

兒已於日昨，安抵東京，如噩夢乍醒，再世為人。

今天的日本，已改頭換面，與兒當年出國前情形，完全不同。一下飛機，即令兒觀感全新，日本人的自由幸福，更令兒感慨萬端，與太郎長夜歡談，所知更深，日本人因禍得福，與中國人因禍得禍，形成強烈對比。中國不幸，兵連禍結，外國軍事、文化入侵，是重大原因，日本軍閥難辭其咎，加藤爺爺早見其機，母親亦以為憂，大人更深受其害，太郎亦有內疚。兒以贖罪之心，自願留在中國，一則欲有所報效、二則樂敘天倫，期使父母團聚，正式歸宗。豈知事與願違？反而陷身魔窟！中國之災難、巨變，實出兒意料之外。十載牢獄之災，身心重創，信中一言難盡，日後當撰成專集，公諸於世。

紹地被俘後在東北勞改，生死未明。

紹華早曾有信給紹人，謂已抄家，從雨叔亦經處決，她下放江洲鄉下落戶，紹珍、紹玲曾淪落街頭乞討，現不知下落。

純純掃地出門，原發配廣西鄉下落戶，後經請求，改發江洲落戶，投奔紹華，迄今杳無音訊。

紹人幻想破滅，自食其果，聞現在北大荒牛鬼隊改造，凌菱亦遭池魚之殃。卜師傅初因紹人不肖，為純純抱不平，幾招殺身之禍，幸他身手矯捷，及時脫逃，生死未卜。劉嬤嬤早已服鼠藥自盡矣！

故居已遭重大破壞，面目全非，大門口石獅子已不知去向。現在屋內蛇鼠一窩，中庭棚叢林立、炊煙嫋嫋，真不知人間何世？與今日東京相比，不啻人間地獄。

兒大難未死，攜眷歸來，誠屬萬幸，所遺憾者未能再仰母親慈顏，一念及此，不禁泫然。明日即與太郎謁墓，以慰在天之靈。特先飛函稟告。　耑此敬叩

金安

兒龍子紹仁謹叩

文珍、香君阿姨等問安

天行看到這封信後，悲喜交集，默然無語。蝶仙、香君、文珍圍著看這封信，也百感交集，頻頻歎氣。紹芬看過信就哭了起來，邊哭邊說：

「純純真可憐，和我吃了那麼多的苦，九死一生，現在還不知道是死是活？」

「希望老太太在天之靈保佑她們母子平安，為紹地留下一條根。」蝶仙說。

「幸好紹天、紹文這兩支血脈隨二表哥來到臺灣，以後龍家就全靠他們了。」文珍說。

香君聽了高興地說：

「連我也託了他們父子兩人的福，沾了他們的光。」

「別說您們都是名正言順，連我這個沾著一點邊兒的人，也享了他們父子兩位的福。這些年來是我一生最無憂無慮的日子。」郝薔華說。

的確，由於紹天計畫周詳，又有眼光，天龍紡織公司發展得很快，原來他買的那座日式房屋，早已改建十二層大樓，另外在北投大屯山之陽興建了一座兩層樓，三百多建坪的天龍山莊，

院子也有四、五百坪，當時他以十塊錢一坪買下這片山坡地，蓋了這座別墅，使大家住得非常舒服，雖然沒有北平老家那麼大，但在臺灣已經是少有的了。連郝薔華也住了一間十五坪大的套房。她沒有參加任何劇團唱戲，但每一個劇校、票房都請她教戲，義演時才請她亮亮相。紹天很重視員工的康樂福利，他公司裏成立了一個天龍票房，請郝薔華當社長，培植了不少票友，連紹芬也能登臺唱《生死恨》。蝶仙、文珍、香君因為聽她說戲，也成了行家，她們幾人無事時不打麻將，只放唱片、錄音帶，聽她講解唱腔。要不然大家就整理花園，飼養金魚，或是結伴出去遊山玩水，過著神仙都羨慕的生活。

紹天除了天龍紡織公司之外，還創辦了天龍成衣公司、天龍塑膠公司，內外銷業績都十分好。另外為了紀念古美雲，成立了一個美雲育幼院，專門收養孤兒，由紹芬擔任院長。還設立了美雲獎學金。他不但事業成就很大，大兒子傳祖留美，已經成為太空科學家，小兒子傳宗也留美學比較文學。

天行已經退休，日常以登山、打拳、讀書、彈古箏、著作消遣。

蝶仙也早把家務事交給了杏芳，林阿足成了杏芳的助手。紹文已成家立業，為人師表，而且是一位不同流俗的作家。蝶仙與文珍等優游歲月，她的身體十分健康，笑口常開，比年輕時更風趣幽默，勝似老太太當年情況。老夫人當年只有她和梅影等人作伴，她如今卻有文珍、香君、郝薔華這三位難得的知己。她聽了郝薔華的話笑著說：

「我們現在都是活神仙，天龍山莊雖然沒有翰林第那麼寬敞，那麼古色古香，但我們的祖宗牌位還是高高在上，那幅『開張天岸馬，奇逸人中龍』的中堂對聯也沒有丟掉。向陽門第，滿院子天天都有花開，當年老夫人享受不到的冷氣、暖氣、冰箱、電視我們統統有了，連當年宮裏的老佛爺、皇上也比不上我們，我真想活一千歲呢！」

「蝶仙姐，您這麼一說，又使我想起柳老師那幾句偈語來。」文珍說。

「不錯，柳老前輩真是劉伯溫，他那幾句偈語是完全應驗了！」蝶仙點點頭說，又向天行一笑：「不過天行也算得上半個神仙，要不是他有先見之明，我們也早下十八層地獄了！」

「可惜當初沒有人信他的話！」文珍說：「真奇怪，連紹人都不信，不然他也不會發配到北大荒。」

「天作孽，猶可違，自作孽，不可活。」天行慨歎地說：「紹人是自作孽，我雖然是他的父親，我也救不了他。」

「只是紹地、純純太值得我們同情了！」蝶仙說：「他們打日本人出生入死，想不到反而會遭到自己人的毒手？」

「紹地和大表哥一樣，公而忘私，可惜的是，他不榮反辱！純純更沒有您這麼幸運，她沒有遇到一個能共患難又能共富貴的好叔子！」文珍望著蝶仙說。

「我也不知道是幾輩子修來的？」蝶仙望望天行欣慰地一笑。

「紹地、紹人夫婦我們是遠水救不了近火，現在龍子自由了，您該寫封信去請他來團聚一下才是？」文珍對天行說：「龍子是您的好兒子，我看他比紹人孝順得多。」

「我也是這樣想。」香君說。

「可惜我沒有見過他，他要是能帶著中國媳婦來一趟，那真是一件好事兒。」蝶仙說。

「他剛回東京，一定有很多事兒要辦，我倒希望他先寫完那本書再來。」天行說。

「我們的年紀都大了，我沒有見到美子，是一大憾事，我很想見見他，您回信時不妨把我們的意思告訴他，他什麼時候來?由他自己決定好了。」蝶仙說。

其實天行更想見他。他沒有和美子完成婚禮，是他一生的憾事，龍子未能歸宗，他也一直耿耿於懷，幸好龍子並未忘本，也正因為他想認祖歸宗，才陷身魔窟，受盡了折磨。他對龍子比對紹人更加同情。他回了龍子的信，將大家歡迎他們兩夫婦來臺團聚的意思告訴他。

航空信來去很快，龍子回信說正在寫《煉獄春秋》，兩、三個月就可以脫稿出版，決定來臺過陰曆年。

蝶仙、文珍、香君都很高興，給他們準備了一個向陽的好房間。紹天計畫成立東京辦事處，想請龍子負責。他把自己的構想向天行、蝶仙、文珍、香君說明，大家都很同意。天行悄悄地把美子的日記交給裝訂工廠精裝起來，還做了一個精美的塑膠函套，親筆題名《美子日記》，燙了金字，他準備交給龍子保存。

陰曆臘月二十八，龍子帶著阮玲玲飛來臺灣，紹天開了三部轎車去機場接他們兩人。

龍子、阮玲玲看見這麼多人來接他們，十分高興，龍子和天行見面，不禁喜極而泣，天行更是老淚縱橫，父子兩人擁抱了半天，說不出話來。隨後天行指著蝶仙對龍子和阮玲玲說：

「這是伯母。」

龍子和阮玲玲叫了蝶仙一聲大娘，他看蝶仙有些像自己的母親，更暗自高興。隨後他又指著文珍、香君對阮玲玲說：

「這兩位是文珍、香君阿姨，我早在北平見過。」

文珍又介紹郗薔華、杏芳和他們兩人認識。

紹天趨前和龍子握手，龍子打量了紹天一眼，似曾相識，蝶仙在旁邊笑著說：

「你們兩兄弟最像了，從小我就在照片上看出來。」

「紹天看來比我年輕多了！」龍子笑著對蝶仙說。

「你們生活在兩個不同的世界，你受了那麼多折磨，他一直豐衣足食，自由自在，自己作主，自己當老闆，所以他看來還年輕得很。」蝶仙笑著說：「你要是能在臺北住三個月，我保你年輕十歲。」

「大娘，我們現在比剛到東京時已經好多了。」龍子說：「我們在成田機場下飛機時，海關人員還以為我們是兩個叫花子呢！」

大家看他一身筆挺的藏青色西裝，一副紳士模樣，怎麼會像叫花子？阮玲玲一身粉紅色洋裝，還有幾分新娘的喜氣，人也清純脫俗，美而不艷，看來比龍子要年輕十多歲。她一口的京片子，蝶仙她們聽來就有一種親切感，看來也格外喜歡。

他們邊談邊上車，東西早由司機提到轎車後面安放好了。

蝶仙請阮玲玲上她的車子，和文珍、香君四人同坐。阮玲玲見了她們好像見了家中的親人，沒有一點兒陌生感，只是坐的賓士車在北京沒有見過，眼前的景物也不像北京，到處紅花綠葉，一片青翠，沒有半點急景凋年的蕭條感覺。鄉下人家門口也停了機車、汽車，屋頂上都是電視天線，老老少少、男男女女，沒有一個人穿破舊的衣服，阮玲玲慨歎地說：

「這真是兩個世界」

「北平的情形怎樣？」蝶仙急著問。

「大家穿一個顏色的衣服，誰也不敢講真心話，不知道那一天又會扣上新帽子，有窩窩頭吃就算不錯了。」阮玲玲說。

「妳去過我們家沒有？」蝶仙又問。

「我們臨走前，紹仁帶我去看過一下，他有點兒依依不捨的樣子。他很懷念從前那個家，現在卻跟狗窩差不多了。」

「怎麼會弄成那個樣子？」文珍奇怪地問。

「我們都是一家人一張床，全家擠在一塊兒。我看那個房屋大大小小總住了好幾百人，怎麼不會變成狗窩？」阮玲玲向她們說。

蝶仙、文珍、香君相互看了一眼，想起她們從前住得那麼舒服、乾淨，不禁搖頭苦笑。

龍子和天行、紹天同車，天行細問他在大陸的情形，他從頭到尾向天行敘述一遍。天行最後問他：

「你有沒有做過對不起中國人的事兒？」

「爹，我記住了您和母親的話，除了打仗以外，我真沒有做過一件對不起中國人的事兒。」龍子回答。

「你有沒有去九江老家看看？」天行又問。

「去過，除了廬山、甘棠湖以外，什麼也沒有看到。」

「老家那麼大的房子，你也沒有進去？」

「房子已經拆了，我只看到一個空場子，皇軍在那個空場子上練習劍道，我一個家人也找不到。」

「你結婚多久了？」

「回東京之前才結婚的。」

「回東京以後的生活情形如何？」

「一切都好！」龍子高興地點點頭：「日本的改變真大，那種自由、富足，是我做夢也沒有想到的。相形之下，十億中國人是太悲慘了！」

蝶仙的車子先到天龍山莊，她和阮玲玲已經下車，天行的車子也隨後趕到。

龍子和阮玲玲看到這麼漂亮，寬大的別墅，廣闊的庭院，也十分高興。蝶仙把他們帶到樓上一個豪華而素雅的大房間，他們非常滿意。蝶仙對他們說：

「你們不妨在臺北多住一陣子，我們北平那個家雖然丟了，這也是你們的家。過了年我們會陪你們出去參觀遊覽一下。」

「可惜我母親過世了！」龍子說：「她是真想和你們一起生活。」

「我們也是和她一樣的想法，」文珍說：「可惜天不從人願。」

「阿姨，妳們都比我母親的福氣好。日本的苦日子她受夠了，好日子她沒有見到。妳們卻享受了臺灣這段好日子，而且大家沒有分開，這真是老天爺照顧。」龍子對文珍、香君說。

「也得感謝你爹有遠見，你弟弟能幹，我們是享他們兩人的福。」蝶仙說。

阮玲玲從箱子裏取出幾串珍珠項鍊，分送給她們，這是日本的特產。龍子送了紹天一雙Seiko金錶，送了天行一對金筆，一本他的日文本《煉獄春秋》新書。

他們帶的輕巧禮物很多，人人都有一份。這都是太郎事先告訴他們的。

龍家過年一直保持北平老家的習俗，十分隆重。今年因為龍子夫婦歸來團聚，更重於往年，天行親自寫對聯，過去是由紹文寫，文珍、香君看他自己寫，自然想起在北平冰天雪地寫對聯的往事，那時多由香君替他牽紙磨墨，還要準備烤手烤硯臺的鋼腳爐，現在墨也不必磨，有現成的墨汁兒，臺北不會結冰，用不著烤手。學生、年輕人都不用毛筆，對聯印了現成的，不必自己寫，天行自己寫對聯，更成了鮮事兒。

龍子、阮玲玲看他寫對聯，也覺得有趣，天行問他北平還貼不貼春聯？阮玲玲搖搖頭說：

「大家飯都吃不飽，住的地方又小，誰會想貼春聯？」

「我在北京老家過了一個年，大家提心吊膽，生怕扣帽子，沒有貼過一副對聯，紹人連提都不提這件事兒。」龍子說。

「現在臺灣還在貼春聯，不過十家有八家上聯、下聯都分不清楚，大學生也不懂作對子是怎麼回事兒？這在當年是一大笑話，現在反而習以為常了。」天行苦笑說。

「火車站附近的補習班如雨後春筍，可是補的都是英、數、理、化，可沒有誰補國文。」香君說：「我看將來漢文也許會像圍棋一樣，要去日本學了？」

「日本現在也找不到加藤爺爺、金日昇爺爺那樣的漢學家了。」龍子說：「日本年輕人都不懂漢文。如果此地再不重視漢文，那就沒有地方去學漢文了。」

「我們這兒的大學生，提起母親的年齡會說『徐娘半老』，寫信給母親表示思念會說『音容宛在』。紹文有一位同學，是文學碩士，又身為國文教授，寫了一篇歌功頌德的文章，說那位偉人的豐功偉業是『罄竹難書』，我真不知道他們是怎麼教怎麼學的？」香君笑著說。

「阿姨，您不是開玩笑吧？那會有這種事兒？」龍子望著香君說。

「我怎麼會和你開玩笑？這是千真萬確的事兒，有報紙為證的。」香君說：「想當年我向你文珍阿姨和你爹漂學，也沒有學出這種妙文來。」

「妳別丟我們自己人的臉了。」文珍笑著說。

「紹仁也不是外人，我是實話實說。妳看這些對聯又有幾位大學生分得出上、下聯來？」香君指指地上的對聯望望文珍說。

「現在是工商業社會，這也難怪。」文珍說。

「我也是隨便說說，我也不知道怪誰？」香君一笑。

天行寫好對聯，都交給紹文去貼，大門口的那一副對聯是他自己作的：

故居藏鼯鼠
新莊宜臥龍

他自己書房門口也作了一副：

門迎旭日千重影
窗對南山一眼青

中堂是他從北平家中帶出來的傳家之寶，陳摶的「開張天岸馬，奇逸人中龍」對聯，一直沒有換過。天龍山莊雖然是個大別墅，但沒有北平故居一連五進大屋那麼多門窗楹柱，對聯也少多了。

吃年夜飯之前，照例要祭拜祖先。現在一般公寓、別墅都沒有供奉祖先的位置，年輕人好像忘記了自己是從那兒來的？當初建天龍山莊時，天行就要建築師在樓下大廳特別設計了一個供奉祖先的神位，他自己還親筆寫了一張龍氏家族世系表貼在祖宗牌位旁邊，看來一目瞭然。每年除夕，他一定率領家人跪拜。

龍子、阮玲玲夫婦是第一次在龍家過年，天行沒有正式提出歸宗的事，但龍子夫婦看到天行率領紹天、紹文夫婦等人列隊在祖宗牌位前肅立時，他們自然地站在紹天右邊，一起跪拜。

阮玲玲是中國人，她知道這是大事，龍子也完全明白中國一切風俗習慣，尤其是抗日戰爭期間，他在中國各地都過過年，以及清明節、中元節。中國人的慎終追遠，使他印象深刻。他覺得他身上流著天行的血，自然是龍家人。

天行看龍子夫婦在他的身後一起跪拜祖先，一陣喜悅湧上心頭，想起美子他又不禁悲從中來，一時悲喜交集，眼淚不禁奪眶而出，滴在猩紅色的地毯上，點點斑斑。他伏在地上久久沒有起來。

年夜飯是蝶仙、文珍、香君、杏芳的集體傑作，和天放那年回家過年一樣豐盛。龍子夫婦一看到這一大桌色香味俱佳的菜，有些目瞪口呆。他們到東京之後雖然吃穿都比在北京好多了，但日本的飲食一向簡單，口味也差。他們在這兒吃了幾頓家常飯已經覺得大飽口福，現在又看到這一大桌菜，更是垂涎欲滴。龍子感慨地說：

「我十年監獄勞改，從來沒有吃飽過，能夠抓到蛇、蛇蛋、刺蝟和老鼠，就算是修五臟廟了，那見過這些菜？」

「我們這兒是三日一大宴、五日一小宴，我幾乎天天都在大飯店、餐廳應酬，山珍、海味，應有盡有，我早就吃膩了，倒很想吃青菜豆腐。」紹天說。

「難怪您臉上又紅又白，我還是面有菜色。」龍子笑說。

「您要是住上三個月，您就會吃不消。」紹天說。「這兒一個小地方拜拜就要吃掉好幾千萬。」

「那邊三年大躍進餓死九百萬人，這兒一個拜拜恐怕也會撐病好多人？」龍子說。

「以前我還以為您們在吃香蕉皮呢！」阮玲玲笑說：「想不到您們是這樣的吃法？」

紹天為了使這個年過得特別愉快，讓龍子和阮玲玲享受一番天倫之樂，除了豐盛的菜餚之外，也用 Chabot Napoleon 和 Hennessy XO 助興。他喝慣了洋酒，龍子還沒有嚐過，但他的酒量不錯，紹君、紹文也陪他喝，天行已經吃素禁酒多年，今天接受龍子夫婦敬茶。

蝶仙、文珍、香君、郝薔華、杏芳、紹芬她們以果汁當酒奉陪。

飯後又照例發壓歲錢，天行特別給龍子夫婦一人一個大紅包。阮玲玲高興得手足無措，龍子向天行說：

「爹，我們都不是小孩子，您還給什麼壓歲錢呢？」

「爹一直沒有好好照顧你，今年是你們第一次在家裏過年，又是你們雙雙脫離牢籠，是兩大喜事，應該給你們沖沖喜。」天行拍拍他說。

蝶仙、文珍、香君也以長輩的身分給了他們一人一個紅包，連郝薔華也給了一個。龍子又高興又感慨地說：

「爹，不是您們給了我的壓歲錢我才說這種話：我覺得這才是中國。我一直嚮往加藤爺爺和母親對我講的中國，可是戰爭期間我沒有辦法和中國人打成一片，您們被迫來到臺灣以後，中國又改頭換面，中國人也變了形，連紹人也變得陰陽怪氣，和雲姑奶奶、文珍、香君阿姨都不一樣，劉嬷嬷、卜師傅，又死的死，逃的逃，真使我傷心失望……」

「這是中國人的空前浩劫，不幸你也遇上了！」天行說。

「爹，幸好您帶了大娘、阿姨、紹天他們來到臺灣，不然真不堪設想。」龍子又說。

「不然我們怎麼能活到現在？」蝶仙笑說。「看樣子，我們都要活過你曾祖母那種年齡了。」

玲玲問曾祖母活了多少歲？蝶仙告訴她活了一百零一歲，玲玲聽了眉開眼笑。龍子卻說：

「一百零一歲不算什麼，日本有一位一百一十六歲的人瑞，身體還好得很，巴基斯坦有一位一百六十歲的人瑞，也很健康。」

「我們都是再世為人，我好不容易保住龍家這條根。」天行說。

「以後我每年都帶著玲玲回來過年好了，日本沒有這種氣氛。」龍子說。

「那是再好沒有了！」蝶仙說：「你爹和我們活著也就更有意思。」

「可惜我母親不在……」龍子又提起美子。

天行把他一拉說：

「你跟我到書房來。」

龍子跟天行來到書房，書房週圍都是靠牆壁訂製的檜木書架，配了厚玻璃保護，藏有許多大部頭的書，一個三十坪大的房間，都放滿了書，井然有序。天行在一個靠書桌的架子裏，取出他珍藏精裝的《美子日記》，那裏面還放著他自己著作的一大堆原稿。龍子沒有注意他寫的是些什麼東西?天行把《美子日記》交給龍子說：

「這是你母親臨終時交給我的，我保存了這麼些年，現在應該交給你保存了。看了《日記》，你對母親會更瞭解。」

龍子睹物思人，含著眼淚雙手接下母親的《日記》。

大家都在客廳裏看電視守歲，龍子卻在樓上自己的房間內閱讀母親的《日記》，快天亮時才全部看完。他正掩卷閉目沈思，玲玲走了進來，看見他面前的《美子日記》，不禁問他：

「這是從那兒來的?」

「爹交給我的。」龍子回答。

「裏面寫些什麼?」

「記著母親、父親生死不渝的愛，也記著他們一身揹著兩個民族的恩怨苦難。中國弄到今天這種地步，日本也要負責。」

「不但他們兩位是受害人，我們兩個也是受害人。」玲玲說。

「希望我們的子孫永遠不要再有我們這兩代人的不幸!」龍子說。

玲玲忽然哇的一聲想吐，龍子連忙扶著她問：

「是不是吃壞了東西?」

「虧你長了這麼大?……」玲玲笑著白了他一眼。

外面響起了霹霹啪啪的鞭砲聲。他們好久沒有聽到這種聲音，不禁相視一笑。

第九十一章　龍子旁觀識好歹
傳宗盲目認圖騰

玲玲懷孕的消息，更增加了新年的愉快氣氛。

蝶仙、文珍、香君、郝薔華這些長輩更是個個高興，天行是喜在心裏。

初三以後，紹天陪龍子夫婦參觀天龍公司、工廠，每個地方都給他作簡報，他這才知道紹天成功的原因。他答應替天龍公司成立東京辦事處，負責總代理業務。

隨後天行、蝶仙、文珍、香君、郝薔華他們陪龍子夫婦到處遊覽，臺北近郊的故宮博物院、烏來、陽明山，東部的天祥、太魯閣、知本溫泉，南部的墾丁、鵝鑾鼻、澄清湖、佛光山，中部的阿里山、日月潭、溪頭、苗栗的獅頭山，都有他們的足跡，回臺北後又陪他們看了幾場平劇。

龍子很歡喜平劇，而且會唱幾齣鬚生戲，他在入獄之前的那段時間，常去看戲，又隨時向同事、朋友請教，再自己鑽研，他居然會唱《坐宮》、《空城計》、《捉放曹》、《法門寺》等等。過年那幾天又在天龍山莊聽了不少唱片、錄音帶。郝薔華有一套高級音響，她自己也錄了幾齣拿手戲。龍子聽得入迷，郝薔華還指正了他的一些唱腔、咬字、吐音，有時還陪他唱一兩段，他既感激又高興。郝薔華看他對平劇這樣著迷，既高興又感慨，她告訴他現在此地的年輕人不看平劇，甚至學戲的年輕人也不唱戲，反而去演電影、電視劇了。

「京劇這麼高級的藝術都會沒落，這真是工商業社會的壞處！」龍子搖搖頭說。「電影、電視劇的演員怎麼能和京劇演員相比？」

「演電影、電視劇既容易，拿的錢又多，年輕人怎麼肯下那麼大的功夫學平劇？」郝薔華說。

「這真是反淘汰！」龍子說：「我看中國文化在這兒也遭遇了另一個危機。」

「你爹早就耽心這件事兒。」文珍說。

「阿姨，日本雖然有些美國化，但還能保存自己的東西。日本能取人之長，補自己之短。我看這兒是別人好的地方很少學到，卻拋棄了自己的國粹，反而把西方文化垃圾都搬了進來，這是很危險的。」

「你真有眼光！一眼就看出毛病來。」蝶仙說。

「大娘，學人家並不是什麼壞事兒，日本人是最會學人家的，學中國就學了一千多年，把中國的長處都學去了；學西洋不過一百多年，把西洋人的長處也學到了，所以日本總是受益者。我真奇怪！中國學西洋不到一百年，卻給中國人帶來這麼大的災難！如果再隨便糟蹋自己已經很少的好東西，那後果就更嚴重了！」

「你該和你爹好好地談談。」文珍說。「自從黃教授過世之後，他連一個談得來的朋友也沒有，你的看法倒和他很接近，真是有其父必有其子。」

「阿姨，我怎麼能和爹比？」龍子謙虛地一笑：「我懂得太少，我不過是和十億中國人一樣，吃了許多苦頭，才換來這個看法」

「這才是無價之寶！」文珍說：「如果你能把你的意見寫成文章，用川端龍子的名義，在中文報上發表，一定很有效果。」

「阿姨，我算老幾？」龍子不禁好笑。

「這你就想錯了！」蝶仙笑著說：「如果你用龍紹仁的名義發表，那準會成為馬耳東風，沒有人理會；你要是用川端龍子的名義發表，那就會以為你是川端康成的什麼人了，那一定會當作金科玉律。現在我們這兒真是月亮外國的圓，很多人都犯了『洋』癲瘋。」

「如果你爹是美國人，或是美國華人，那他放個屁都是香的。」香君笑著說。「可惜他偏偏是個道地的中國人，這就吃不到冷豬肉了！」

「阿姨，怎麼會變成這個樣子呢？」龍子大惑不解地望著香君說。

「我也不知道是怎麼變的？」香君向他苦笑：「你爹的好友黃凍梅教授就是氣得腦中風死的。幸好你爹看得淡，他的血壓又很標準，你放心，他不會腦中風。」

「像紹天從英國學紡織回來，學到人家的長處，創辦自己的事業，這就對了；如果從外國檢破爛回來，還騙自己人說是寶貝，那就該打屁股了！」龍子說。

「你是旁觀者清，很多人就分不出那是破爛？那是寶貝？」蝶仙說：「不像八國聯軍搶我們的萬寶齋，都是行家。」

「啊，對了！你祖父運到廬山的那批好骨董字畫，也被皇軍搶走了，一直弄不回來。你不妨和你爹談談，再回去打聽打聽？即使要不回來，你弄幾樣做個紀念也是好的。」文珍說。

「這是海底撈針的事兒，我又不懂骨董字畫，恐怕太渺茫了？」龍子說。

「我們在這兒雖然也發財了，房子也很漂亮，可是沒有一件骨董、一幅古畫，好像是暴發戶似的，沒有根柢。連你爹的那些書也都是影印本，不是北平老家藏的那些善本。」蝶仙說。

「老家的那些善本書都被紅衛兵燒光了。」龍子說。

「這就糟了！」蝶仙歎口氣說：「我們現在真是漂湯油，表面光，沒有一點兒老底子了。」

「現在大家都忙著賺錢，鈔票愈堆愈高，要用機器來數；肚子裏裝的全是大魚大肉，腦袋裏裝的全是黃金美鈔，客廳裏擺的都是洋酒，大人變成了賺錢的機器，青年人變成了文憑的奴隸，小孩子變成了電視兒童，閒來就找感官刺激，誰也不讀怡情養性有益身心的書。他們把我們這種人都看成老骨董了。」文珍悽然一笑說。

「日本可不是這樣，」龍子搖搖頭說：「我發現現在的日本人更會賺錢，可也歡喜讀書，更重視文化財。」

「紹天經常出國，他對歐洲國家比雲姑奶奶更瞭解。」蝶仙說：「他說當年英國人、法國人從北京搶回去的骨董字畫，都保存在他們的博物館裏。私人收藏的一隻什麼明朝花瓶，一拍賣就是幾十萬美金。這些東西當年我們家裏真是多得很，如今連一隻鼻煙壺、一隻景德鎮的蓋盌也沒有了。現在我們只好去外雙溪故宮博物院重溫舊夢了。」

「那兒的文化財倒還不少。」龍子說。

「要不是有那麼一個地方，你就找不到中國了。」文珍說。

「阿姨，我從您們幾位身上，也看到了中國。」龍子笑說。

「我們都是快死的人了，又不能變成你說的文化財。我們一死就灰飛煙滅，什麼也沒有了！」文珍說。

「我發覺爹好像在寫什麼東西？」龍子忽然想起除夕天行從書架裏拿出母親的《日記》，看到一大堆稿紙，那分明是他的手稿，但他沒有看到題目，也不知道寫的是什麼東西？

「你爹一生憂患，也許他能留下一點什麼？」香君說。

「爹可能是最後一個中國人了？」龍子說。

「你怎麼能這麼說？」阮玲玲突然插嘴：「中國人多得是！」

「中國人多，固然不錯，但那和韓國人、日本人沒有什麼分別。」龍子說：「我指的是爹腦袋裏裝的幾千年的中國文化，緩緩散發出來的那股幽香。爹這樣的中國人已經很少很少了！」

「你不愧是半個中國人，你倒變成中國通了！」玲玲向他一笑。

「我在大陸上吃了那多年的苦頭，又在天龍山莊住了一個月，妳以為我是白活了？」龍子笑答。

因為快走了，龍子和天行做了幾次長夜談，不但父子情感更深，彼此也更加瞭解。紹天送了他們兩人春夏秋冬四季上好的服裝，讓他們滿載而歸。

天行百歲誕辰前，他們兩夫婦又帶著兒子回來祝壽。

紹天的兒子傳祖、傳宗也分別從美國趕回來。傳宗先回，他剛好以《查泰萊夫人的情人與肉蒲團、金瓶梅的比較》論文得到比較文學博士學位，一家報紙副刊還特別選刊了他這篇論文，他自己十分得意。他在美國以《肉蒲團》、《金瓶梅》的 Parody 洋理論唬中國人，弄得一班年輕人對他如癡如狂，像「五四」時從美國回來的梁勉人講屠為實驗主義一樣，也像十年前那些在美國學比較文學的人在美國混不下去，卻回來販賣意識流、存在主義，把年輕人弄得暈頭轉向一樣。

蝶仙、文珍、香君她們沒有想到傳宗會變成這個樣子？她們都沒有看過《肉蒲團》，只看過刪節本的《金瓶梅》，但都聽說過《肉蒲團》完全是一本淫書；《金瓶梅》寫西門慶和吳月娘、李嬌兒、孟玉樓、孫雪娥、潘金蓮、李瓶兒、春梅等七個妻妾的私生活也很淫穢，但它在反映明朝社會的腐敗、人性的墮落方面還有些價值；《查泰萊夫人的情人》這本書也聽說過是禁書。現在傳宗居然靠這三本書拿到比較文學博士學位，又大談特談。她們心裏很不高興，但又不便和他談這個問題。香君悄悄地問杏芳：

「傳宗到底在美國搞什麼鬼？妳知不知道？」

「娘，我和您一樣，我也沒有看過那些書，我怎麼知道？」杏芳回答。

「他花了大把銀子去美國，什麼事兒不好學？怎麼要做這種無聊的事兒？」

「娘，本來我就不贊成他去美國學什麼文學，但他說他學的是外文，不去美國喝洋水兒就唬不到中國人。我們家裏又不缺少這筆錢，所以紹天就讓他去了，誰知道他不走正路？傳祖就和他不同！」

「傳祖去美國學科學是對的，文學那用得著去美國學？」香君說。「我們老祖宗的文學遺產多得是，他唸洋文，既不會作詩，也不會填詞，更寫不出《紅樓夢》那種小說，只是去美國撿破爛、收垃圾，反而回來唬那些小孩子，真沒有出息！」

「娘，您可以好好地教訓他一頓。」杏芳說。

「他是你們龍家的人，我又隔了一層，我怎麼好教訓他？」香君說：「連蝶仙姐也很不滿意。」

蝶仙也私自向紹文探問傳宗的情形，紹文卻笑著對她說：

「娘，您是說 Dr. Leo Lung 呀！他搞的不是比較文學，是比較淫學。」

「娘和你說正經話兒？你怎麼瞎胡扯？」蝶仙白了紹文一眼。

「娘，我說的也是正經話兒，不是瞎胡扯。」

「那他怎麼不比較《紅樓夢》？」蝶仙問。

「他連《金瓶梅》都沒有讀懂，他怎麼懂《紅樓夢》？」紹文一笑。

「他不懂《金瓶梅》，他怎麼比較？」

「娘，那才叫做瞎胡扯！」

「他怎麼瞎胡扯？」

「他連《金瓶梅》裏的硝子石都不知道是什麼東西，他請教賈斯文，賈斯文告訴他是一種假水晶、玻璃之類的東西，而且指出『南兒丁口心』是『丙兒丁口心』，賈斯文還說：五行之說，東方甲乙木，西方戊己金，南方丙丁火，北方壬癸水，中央庚辛土……」

蝶仙聽了格格地笑了起來，邊笑邊說：

「這真是兩個渾球！硝子石是打火石都不知道，西方庚辛金，中央戊己土也搞不清楚，一個拿了洋博士回來唬小孩子，一個自稱《金瓶梅》專家，這怎麼得了？」

賈斯文是紹文的朋友，常到龍家來，一副酸秀才的樣子，好像什麼都懂，其實一竅不通。蝶仙一向就不欣賞他，現在聽紹文這樣講，不禁又好氣，又好笑，文珍也被她說得笑了起來。紹文忍住笑說：

「娘，您說傳宗怎麼能懂《紅樓夢》嘛？」

「他既然這樣不通，那自然讀不懂《紅樓夢》了。」蝶仙說。

「不但《紅樓夢》裏的主題、曹雪芹的哲學思想他不懂，曹雪芹怎樣替元春算命他也不懂，連曹雪芹的詩詞他也未必能懂，最少他譯不出來。他怎麼動得了《紅樓夢》？」紹文說。

「那紹天送他去美國留學的這筆錢不是白花了？」蝶仙說。

「錢白花了事小，難免還有一些後遺症。」紹文說。

「什麼後遺症？」文珍問。

「以後的文學青年更會走邪門。」紹文說。「現在大家都不在文學思想和創作技巧上去下功夫，只在兩性原始關係上著筆，以後《肉蒲團》之類的作品會更多，連 Parody 都談不上。」

「什麼是派樂弟？你別把我搞糊塗了！」蝶仙說。

「派樂弟是洋文，是模倣別人的詩文而改作的滑稽諷刺詩文。《肉蒲團》裏只有些骯髒的笑話，不能算是派樂弟，也不能算是文學作品，它比《金瓶梅》差得太遠了，那完全是一本淫書。現在這種風氣正在流行。」

「這樣誨盜誨淫那怎麼得了？」蝶仙說。

「大家都為了賺錢、出名，所以不擇手段。」

「這是造孽，造文字孽！」

「娘，現在的女孩子比我們男人大膽多了，她們只要出名、賺錢，可不像您這樣想。我在她們眼裏都變成老頑固了。」

「等你二叔過了生日，我要紹天把傳宗趕回美國去。」蝶仙說。

「娘，他在美國混不下去。」紹文向蝶仙一笑：「他是趁二叔的生日回來推銷自己，國內的文化商人還把他當個寶呢！」

「莫非我們龍家的氣數盡了？」蝶仙感傷地說。

「娘，那倒也未必，等傳祖回來再看。」

傳祖早已取得物理博士學位，在美國太空總署工作，是一位年輕的傑出太空科學家。他在天行生日前兩天才悄悄回來，誰也不知道他的身分，唯一和別人不同的是，他皮夾克胸前繡了一個太極圖，不像別人胸前背後都是英文字。外國人很少知道太極圖是什麼東西？連傳宗也不知道那是什麼東西？他們兩人在美國隔得很遠，傳宗也進不了他的工作中心，不知道他做些什麼？

傳宗一見傳祖就打量傳祖胸口上的太極圖問：

「哥哥，你胸口上繡的是印第安那一族人的圖騰？」

「你去美國還不到十年，怎麼連太極圖也不認識？」傳祖奇怪地望著他說。

「你是從那兒弄來的？」傳宗又問。

「是我自己畫好繡上去的。」傳祖說。

「這有什麼意義？還不如繡個美國大蘋果漂亮。」傳宗笑說。

「你是學文學的，你認為美國蘋果比太極圖美；我是學科學的，我認為太極圖最有意義。」傳祖說。

「那玩藝兒和印第安人的圖騰差不多，有什麼鬼意義？」傳宗嗤的一笑。

「你不知道，我們中國五、六千年的文化就發源在這上面？」傳祖指指胸前的太極圖說。

「你別唬人了！那種圖騰不過是原始人的迷信，和我們的文化有什麼關係？」傳宗狂放地笑了起來。

「不但我們的文化思想發源在這上面，整個宇宙的形成、發展，都可以從太極圖上得到解釋。」傳祖正色地說。

「你愈說愈玄了！」

「我是研究太空科學的，我最注重實際。不像你用瞎子摸象的辦法比較《查泰萊夫人的情人》和《肉蒲團》、《金瓶梅》。」

「不管你怎麼說，我也不相信太極圖和科學扯得上什麼關係？」

「數學的二進位和顯隱對比的電腦你該相信吧？」

「電腦是現代科學，我自然相信。」

「它們都是從太極生兩儀、兩儀生四象、四象生八卦而來的，你知道嗎？」

「這是中國的玄學，胡說八道。」傳宗武斷地說。

「文學儘管你去主觀、武斷，科學可不許你主觀、武斷。」傳祖望了他一眼說。「早在三百年前，德國數學家萊布尼茲就根據八卦原理發明二進位記數法，而演變成今天電腦的二進位系統，但這種二進位系統還只能表彰偶數的效益，不能囊括奇數。而八卦中的加一倍法，可以包括所有的進位，也包括所的退位，這就是太極陰中有陽，陽中有陰，陰陽互變，生生不息的道理。這個道理可以運用在科學、人文任何方面，一本萬殊，天人合一。」

「你愈說愈玄了！我真不懂。」傳宗望著傳祖說。

「你是不懂，」傳祖向他一笑：「如果你懂了，你就不會這麼武斷、荒謬。」

傳宗被傳祖說得面紅耳赤，但他沒有辦法反駁，他不但自小數理化不如傳祖，連作文也趕不上哥哥，他是因為數、理、化不行，才考乙組，學了外文，拿到比較文學博士學位之後他就沾沾自喜，目無中國人，想不到被學科學的傳祖教訓得啞口無言。他從來沒有聽過這種說法，他只知道算命卜卦這兩回事兒，但他認為那是迷信，他寧可相信吉卜賽人的水晶球、手相，也不相信中國的卜卦算命，他認為中國人最沒有科學頭腦，他就最不喜歡數、理、化。他和他的中國教授甄聖經都認定一個事實：回中國要販賣西洋文學，在美國混飯吃要販賣中國的作品，他的博士論文也是甄聖經出的點子，甄聖經教美國學生《玉梨魂》就是這個道理。只有這樣，才能站得住腳，才不容易被一般人識破。反正外行多，內行少，中外都是一樣。

天行對他這位孫子也十分失望。他看傳宗的長髮覆在衣領上，蓄了鬍子也不修剪，穿的衣服又奇形怪狀，完全像個嬉皮，連話都不願意和傳宗講。

傳祖回來天行卻十分高興，他看傳祖頭髮長短適度、穿著整齊樸素，很有精神，尤其是看到他皮夾克上的太極圖，知道是他自己繡上去的之後，更加高興。當天夜晚他就和傳祖、龍子在書房裏談了很久，隨後將自己的原著《中國文化新論——易經、道德經的宇宙本體論、相對相生論與文化整合功能》拿出來給傳祖看，傳祖看了副題就驚叫起來，連忙問他：

「公公，這麼重要的著作，您怎麼不拿去出版？」

「這種上百萬字的冷門書，沒有人肯出版。」天行說。

「那也可以自己印。」傳祖說。

「自己印了在國內也沒有人看。」

「我帶到美國去，翻成英文，給您出版，國內自然會刮目相看。」傳祖說。

「爹，我也拷貝一份，帶到日本去，翻成日文出版，不愁國內沒有人看。」龍子說。

「那這就是你們最好的祝壽禮物了，」天行笑著望望他們說：「我的責任已了，我再也沒有什麼心事了。」

第九十二章 龍天行不知所終 楊文珍一慟而絕

壽堂在前一天晚上就由蝶仙按照當年老夫人百歲誕辰的形式，指點林阿足和下人佈置好了。紹天本來要在大飯店裏大宴賓客，天行不要他鋪張，不讓他發一張帖子，只是家人團聚一下。這天晚上，紹芬、紹君就趕來替他暖壽，實際上這是他九十九歲生日，按照做九不做十的習慣，中國人從受孕起至出生下地，懷胎十月就算一歲的生命意義，算是一百歲。

天行生日這天早晨，天氣很好，旭日東昇，院中花木扶疏，真是：「門迎旭日千重影，窗對南山一眼青。」他和家人一道吃壽麵、聊天，十分愉快，他還講了一個笑話：

「從前人家過五十歲生日，別人恭喜他長命百歲，他高興得很，因為還有五十年好活。前年有一位巨公過九十五歲生日，有一位仁兄也恭喜他長命百歲，他立刻拉長臉對那位仁兄說：你這不是咒我只能活五年了？那位仁兄嚇得連忙溜之大吉。現在我已經一百歲，那是一天也不能多活了。」

「爹，現在一百多歲的人多得是，」龍子立刻接嘴。「蘇聯高加索有一個地方的人都是一百多歲，現在日本人的平均壽命女的已經七十八，男的也七十五了，是世界上第二位高壽國家。醫生說人類的平均年齡最少是一百五十歲，只要不自己糟蹋，活兩百五十歲也不稀奇。」

「公公，您是最瞭解陰陽互變生生不息的原理的，道家延年益壽的理論和方法是很正確的，現在的科學家也已經明白這種延長細胞老化的原理，不久人類就會有重大的突破，科學會證明我們老祖宗陰陽相生互變的理論是可以應用在任何方面的，長壽自然不成問題。」

「我都活了這麼一大把年紀，你還經過柳老師的指點，你該明白『道不記年』這句話的意思？」文珍笑著對他說。

天行笑而不答。

吃過壽麵以後，他又揹起背包準備登山，蝶仙對他說：

「今天是您的生日，您就休息一天好了？」

「蝶仙姐，生日也和平常一樣，不要把它當回事兒。」他笑著回答。

「今天您是上大屯還是七星？」文珍問。

「七星。」他說。

「今天可要早些回來？」蝶仙說。

他望了她們一眼，一笑而去。

沒有人阻止他，也沒有人跟他去。因為自黃凍梅過世後，二十年來，他都以登山自遣，自得其樂，每次都準時回來，從未出過差錯。住進天龍山莊之後，他每天打拳、打坐，生活更有規律，身體一直很好，老年人的高血壓、糖尿病、心臟病、攝護腺肥大，他完全沒有，看來還只有五十來歲，尤其是身手矯捷，登山從來沒有摔過跤，所以大家都很放心。

下午天氣突變，大屯山、七星山都是烏雲密佈，不見蹤影。平地在下雨，山頂可能下雪。大家開始擔心，希望他早些回來。以前他也遇過這種天氣，還是兩、三點鐘準時回來。

可是今天直到下午五點，他還沒有回來，大家急得像熱鍋上的螞蟻。紹天從公司回來，連忙打電話給山上警察所，請他們派人上山搜索。警察說山上已經在下雪，天又黑了下來，不能上去，明天早晨再派人上山看看。

大家都慌了手腳，不知道如何是好？也不知道他是迷了路還是出了意外？

「七星山有多高？」龍子問。

「大約有一千零四十公尺高。」紹君說。他曾經率領公司員工登過一次。

「爹會不會迷路？」龍子又問。

「他最少上去過一百次，從來沒有迷過路。」蝶仙說。

「以前有沒有人失事過？」

「擎天崗有過一次，七星山還沒有聽說過。」紹君說。

「今天的天氣特別壞，在山上過夜也很危險。」龍子說。

紹芬哭了起來，她在野人山三、四個月，她知道那是什麼滋味。

文珍突然想起他去日本那年她曾經做過一個怪夢，先夢見他飄洋過海，後來又夢見他好像在雲霧濛濛的深山中跟在柳敬中老師的後面，走著，走著，突然失蹤了。因此她對大家說：

「你們不妨到他書房裏看看，看他有沒有留下什麼東西？」

紹天、紹君、紹文、紹芬、傳祖、傳宗都湧了進去，到處搜尋，片紙隻字都不放過，後來在字紙簍裏找到一個揉成一個小球的紙團，紹天拿出來攤在書桌上，一看，原來是一首詩，題為，〈百歲感懷〉：

且從一字問緣因，一字原來也是零；
滄海曾經應有淚，桑田看盡總傷神。
憂時子美誰與共？樂道淵明我最親；
流水青山無限意，騎牛老李亦前身。

紹天一看，頭兩句完全不懂，他便對傳宗說：

「開頭我就不懂，你是文學博士，你講給我聽聽？」

「爹，我看公公是在打啞謎？現在是新詩的時代，他怎麼還寫這種落伍的東西？」傳宗大言不慚地說。

紹天看他回國後的言行，心裏本來不太高興，現在又聽他說出這種對父親大不敬的話，不禁血氣一湧，猛然朝他臉上唾了一口說：

「呸！你自己不懂，還胡說八道！你那種狗屁文學博士是白白浪費了我的金錢！」

他隨即拿出來給文珍、香君、蝶仙三人看，同時對她們說：

「爹留下的這首詩是在字紙簍裏找出來的，我們看不懂，您們三位最瞭解爹，請您們講給我們聽聽？」

文珍看看頭兩句的一與零字，也捉摸不定，她便對紹天說：

「傳宗是學西洋文學的，他的觀念思想都比我們新，我又不懂數學，不瞭解一與零是怎麼回事兒？請他講講看。」

「表姑，您太抬舉他了！他不但不懂，還胡說八道，對爹大不敬，所以我才來請教您們。」

「我看這不光是詩的問題，」文珍向紹天說：「這裏面一定有很大的學問，關鍵全在一字零字，我沒有把握，恐怕講不清楚？」

「表姑奶奶，一字和零字我倒能解釋。」傳祖說。

「這裏面一定有很大的玄機，你講講看？」香君望著傳祖說。

「公公的一與零，是從八卦來的。」傳祖說。

「這是數字，和八卦有什麼關係？」傳宗不服氣地說。

「現在有些科學家以一與零來解釋八卦，以一代表陽，零代表陰，太極陽中有陰，陰中有陽。太極生兩儀、兩儀生四象、四象生八卦。萊布尼茲就是根據這種原理發明了二進位記數法。

宇宙間的一切變化，都是陰消陽長、陽長陰消，這種循環變化，無窮無盡，可以運用到數學上，也可以運用到任何方面，但萬變不離陰陽，這就是我們老祖宗伏羲偉大的地方。公公那本上百萬字的著作，就是講這種變化理論，是科學，也是哲學，更能統合科學哲學。老子說有生於無，有又還原於無。佛家說：『色即是空，空即是色。色不異空，空不異色。』也是同樣的道理。《易經》講『宇宙本體論，相對相生論』。老子最瞭解陰陽有無的互變關係，宇宙的奧祕，所以遊於天地之間，進退自如，而不執著。中國道家追求的是與日月參光，與天地為常，能出能入，活潑無比。公公這兩句詩，就涵蓋了這許多意義。《全唐詩》裏也沒有人寫過，公公全寫出來了，所以連表姑奶奶和外婆都難看懂，學西洋文學的，那就更別談了。」傳祖一口氣說了這麼多，使文珍、香君、蝶仙、紹文、紹天都十分折服。紹芬望望傳宗，傳宗目瞪口呆。

「你怎麼懂得這許多道理？」香君笑問。

「外婆，我是學物理的，研究太空科學的。我用科學方法去探索宇宙的奧祕，去瞭解《易經》，不是望文生義；我又看了公公那本大著的緒論，我更恍然大悟了。」

「要不是你這位太空科學家來解釋，我們只好瞎子摸象了。」蝶仙笑著說。

「我說嘛！二表哥怎麼會借『下平聲九青』裏的零和『上平聲十一真韻』裏的神、親、身用在一起，原來他是不願以辭害意。」文珍說。

「本來古體詩九青和十一真是通用的，寫詩不必太刻板。」香君說。

「頭兩句解釋清楚了，後面六句就好懂了。」紹天說：「明天一大早，我們就分頭趕上七星山去找爹回來。」

「大哥，我看二叔這首詩後面兩句也有文章？」紹文說。

「後面這兩句又有什麼玄機？」紹天問。

「老子騎青牛出函谷關，不知所終，恐怕二叔也不會回來了？」

紹天一怔，再看看「騎牛老李亦前身」這句詩，似有所悟，不過他還是堅決地說：

「無論如何？明天我們一定要去把爹找回來！」

可是晚上十一點的氣象報告說，明天天氣更不好，大屯山、七星山的能見度更低。大家都十分焦急，紹天卻說：

「氣象報告一向是晴、時多雲、偶陣雨。要是氣象報告靠得住，今天就不會變天了！」

大家心裏都忐忑不安，不知道是紹天的話對？還是氣象報告可靠？

文珍躺在床上更是不能闔眼，她回首前塵，往事歷歷，八國聯軍打散了他們兩人的姻緣，使他們受盡了感情的折磨，這種壞天氣，再加上以前的那個怪夢，她想今生今世是再也見不到天行了。

她突然一陣心悸，感到透不過氣來，她大叫了一聲，香君、蝶仙她們都趕了過來，她的心臟已經停止跳動了。

香君伏在她身上痛哭起來！她積壓幾十年的情感，一旦爆發，便不可收拾，她也哭暈過去。

年輕人都不知道是怎麼一回事兒？蝶仙卻擁著她們兩人淚落如雨，泣不成聲……。

第九十三章　太空學家談宇宙　物理博士說時空

天行登七星山不知所終，文珍一急心悸去世，這兩件意外的大事，都是蝶仙和紹天所沒有想到的。幸好蝶仙久經世故，頭腦清楚，應變能力絕不下於當年的龍老夫人，甚至青出於藍。紹天性格很像天行，重情感、講道義、明利害、識大體。他和天行不同的是一個是文人學者，一個是工商企業家，而由於紹天受過西方工商管理訓練，處事很有條理，章法分明。但他還是就天行的事特別細心地請教蝶仙，一如當年龍從雲請示老夫人一樣。

「姑姑，爹這次登山，和平時的舉止有沒有有什麼不同？」

「表面看來並沒有什麼不同，」蝶仙說：「不過這次他出門時很有深意地望了我們一眼，然後一笑而去。」

「姑婆婆，我看這裏面大有文章。」傳祖接嘴。他從小跟父親、紹天按著輩份稱呼蝶仙，而蝶仙也很樂意他這樣稱呼。

「對了！」蝶仙連忙頭一點：「傳祖，你這樣一說，我更覺得你公公那一笑非比尋常。」

「姑姑，您是最瞭解父親的。」紹天說：「平常我很少在家侍候爹，爹退休這麼多年，連一個談得來的朋友都沒有，我除了知道他經常登山以外，連他寫了那部大書我都不清楚，爹的日子到底是怎麼打發的？」

「自從黃教授去世之後，你爹是更寂寞了。」蝶仙說：「不過他的心情倒很平靜，不像年輕時有那麼多牽腸掛肚的事兒。你娘和美子去世之後，他更心無罣礙，好像連七情六慾都沒有了。」

「姑，現在文珍表姑已經過世，我想講講也無妨？」紹天望著蝶仙說。

「你說好了。」蝶仙向紹天一笑。

「我娘和紹仁哥的母親雖已去世，文珍表姑和爹仍然住在一個屋簷下，難道爹真的能心如止水嗎？」

「你爹和文珍表姑的情形你岳母最清楚。」蝶仙笑指香君說：「你問你岳母好了。」

紹天望望香君。香君歎了一口氣說：

「現在我也是黃土蓋到眉毛尖兒上的人了，不怕你們笑話。」但是香君說到這兒眼圈兒還是有點發紅，停了一會才說下去：「當年你爹和你文珍表姑確是痛斷肝腸，連我也不知道流了多少眼淚？」

「我娘更不知道忍受了多少屈辱，連性命也賠了進去，不過我娘還是無怨無悔。」紹仁插嘴。《美子日記》裏的每一句話他幾乎都記得清清楚楚。

「可是到臺灣這麼多年來，我和你文珍表姑託你們父子兩人的福，風不吹，雨不打，生活十分安逸，得到很大的安慰。我可以告訴你：來臺灣後，你文珍表姑和你爹只有表兄妹親情，真是心如日月。而你爹又不是普通人，那就更不同了。」香君說。

「你爹從小受過柳老前輩柳神仙的真傳指教，」蝶仙接著說：「他這一生做人做事做學問都受益不少。加上你爹又有慧根，他真像經過九九八十一難的唐僧，對人生早已看透。自從搬進這座天龍山莊之後，除了登山之外，那個大書房就是他的世界，打坐、讀書、寫文章，全在裏面，我們都不敢去打擾。尤其是你文珍表姑和你爹從小一道聽過柳神仙講《易經》、八卦、《道德經》和《南華經》，她更能體諒你爹。有一次她對我說，她真希望你爹成仙得道。」

「姑，我不懂《易經》、八卦，我也不知道爹有沒有得道？爹不回來，我做兒子的總是不免擔心。」紹天說。

「爹，我已經從頭到尾仔細拜讀過公公的那部大著，您不必擔心。」傳祖對紹天說。

「你這孩子，公公人不見了，我怎能不擔心？」紹天望著傳祖說：「莫非你有什麼發現？」

「爹，我上過太空，我是研究ＵＦＯ的。雖然我還沒什麼大發明，但是有關宇宙的信息我倒多得很，尤其是拜讀公公的大著之後，我得到很多印證，我更有信心。」他笑著指指胸前的太極圖說：「要解開飛碟和整個宇宙人生的奧祕，鑰匙就在這裏。」

「哥哥，你愈說愈玄了！你是搞太空科學的人，怎麼反而教我們迷信？」傳宗在家裏沒有受到尊重，不像在賈斯文那些人面前那麼風光，憋了一肚子氣，終於忍不住對傳祖說。

「傳宗，你憑《金瓶梅》、《肉蒲團》和《查泰萊夫人的情人》的那一點點知識，真是坐井觀天。你知道宇宙有多大嗎？」傳祖笑著問傳宗。

傳祖一句話就問得傳宗啞口無言，別人也面面相覷。傳祖又笑著拍拍傳宗的肩膀說：

「你不知道的事兒以後千萬不要武斷。俗話說：世界之大，無奇不有。何況我們地球這個世界小得很。我們地球人連地球這個物質世界的事兒都還沒有搞清楚，對於看不見的非物質世界，佛家說的意念造成的世界，更是一無所知。我研究UFO是愈研究愈虛心。我真是覺得人外有人，天外有天！我覺得我這個物理學博士還是個小學生，你這個比較文學博士那真不好拿什麼來比了？」

傳祖說過之後又淡淡一笑。香君笑著對他說：

「你這孩子，你也把外婆搞糊塗了！你倒是說說看：宇宙到底有多大？免得我也坐井觀天。」

「外婆，」傳祖笑著回答：「現在我們這個宇宙是以望遠鏡為圓心，以一百億光年為半徑畫出的部分宇宙，稱為可見宇宙或有限宇宙。無數的有限宇宙，才能組成全宇宙。至於整個宇宙究竟有多大？現在全世界的天文學家、物理學家也說不清楚。倒是老子有一句話概括得最好。」

「那一句話？」香君又問。

「大而無外。」傳祖說。

「老子是兩千年前的人，他又沒有學過天文、物理，他怎麼知道？」傳宗又急著說。

「你把老子看成什麼人？」傳祖笑著問他。

「他不過是個連冷豬肉都吃不到、連土地公都不如的道教始祖而已。」傳宗輕蔑地說。

「你這好一個『而已』！」傳祖搖搖頭一笑：「可是我們研究物理、研究UFO的人卻奉他為宗師呢。」

「傳祖，你這樣說來，連爹也有些迷糊了。」紹天一怔，望著兒子說。

「爹，您不該迷糊。」傳祖笑著回答：「現在美國和西方許多國家都在暗中積極研究飛碟。尤其是大陸在這方面憑著我們老祖宗留下的《易經》這個法寶，更是得天獨厚；而老子又是闡釋《易經》最透徹的神人、大聖人，再加上道家傳授下來的一些修持方法，如氣功、打坐，這都是解開宇宙奧祕的終南捷徑。大陸在這方面有不少能人。」

「他們那種專制社會，有人才也糟蹋了。」紹天說。

「爹，不可一概而論。」傳祖冷靜地說：「我在美國不受思想意識形態的干擾，資訊又多，我對那方面的情形也比較瞭解，即使在文化大革命期間，科學領域方面還是很少受到侵害的。」

「難怪他們能發射衛星和擁有長程飛彈。」紹天恍然大悟似地說。

「爹，我看這就是他們聰明的地方。秦始皇焚書坑儒，可也沒有燒掉《易經》。」傳祖說，隨後又輕輕一歎：「倒是劉徹，為了萬世一系，罷黜黃老申韓，統制思想，排斥科技，對中國科學造成了太大的傷害。」

「你這看法也和你公公一樣！」香君搶著說：「當年在翰林第時，他就悄悄和我談過，還特別囑咐我守口如瓶，不然是要掉腦袋的，當時我那懂這些道理？一直悶到今天，才聽到你也講這種話。」

「外婆，現在還是犯忌的，還是不講出去的好。」傳祖說。

「哥哥，你怕什麼？」傳宗大聲地說。

「有些政治禁區我們還是不要闖的好。」傳祖自嘲地一笑：「幸好科學沒有禁區，所以我樂意研究UFO。不過因為我是龍家的子孫，我特別重視《易經》、《道德經》。我是從物理學觀點研究《易經》，我才瞭解《易經》和老子的偉大。不然我怎麼會在胸前繪個太極圖？我又不是神經病。你是搞西洋文學意識流的，難怪你說不如畫個美國蘋果漂亮。」

傳宗聽了不免有點尷尬，他還是硬著頭皮說：

「我怎麼也看不出來太極圖有什麼玄妙？」

「你要是看得出來那就好了！」傳祖笑著說。

「真可惜我們老祖宗留下的這個法寶老早丟進茅廁坑去了！」蝶仙突然歎口氣說：「現在像傳宗這些年輕人，開口什麼存在主義、意識流，閉口什麼前衛藝術、前衛思想，真把我搞得暈頭轉向。這點也最令你公公傷心。這和當年他和梁勉人話不投機，以及他這一輩子並不得意都有關係，想不到你這個學科學的孫子倒和他走到一條路上去了！」

「看了公公的大著，對我確實有不少啟發，這是在美國學不到的。」傳祖說。

「那老子所講的『大而無外』，其中一定有很大的學問了？」紹仁問傳祖。

「伯父，這裏面的學問是大得很。」傳祖望著這位日本籍的伯父說：「宇宙不但大，而且還有層次。」

「這我倒沒有聽說過，那又怎麼個分法？」紹仁茫然一笑。

「伯父，這又得靠《易經》了。」傳祖也向紹仁一笑。他看這位伯父愈看愈像他父親紹天，不大像日本人。

「怎麼又靠《易經》？」傳宗奇怪地問。

「《易經》最大的數是九，過了九又周而復始。所以我們研究易學、UFO的人，也認為宇宙可分為九個層次。我們中國不是有句俗話說『九重天』嗎？『九重天』的說法也是根據《易經》來的。」

「那我們是在幾重天呢？」杏芳問。

「娘，我們是在三重天，也就是在第三層宇宙。」傳祖回答：「不過佛家卻說我們這個世界是娑婆世界，層次很低。」

「孩子，我活了這一大把年紀，從來沒有聽說過這種話兒。」香君笑著插嘴：「今天我倒要打破砂鍋問到底，你倒是照你的說法一層一層地說給我聽好了。」

「外婆，我學了這麼多年的物理，也研究了好幾年飛碟，這一下子不都被您掏空了？」

傳祖說得大家一笑，香君也好笑。蝶仙笑對傳祖說：

「傳祖，你外婆的學問全是向你文珍表姑婆和你公公學的，我可不會向你剽學，弄個什麼博士去唬人。我倒覺得你的話很有趣兒，像聽《封神榜》、看《西遊記》一樣。不過我也聽老夫人說過，我們這個地球是娑婆世界，娑婆世界之上還有第一界，第二、三、四、五、六、……界呢！」

「姑婆婆，研究UFO可真比看《封神榜》和《西遊記》更有趣兒呢！」傳祖也笑著回答：「娑婆世界也好，一、二、三、四、五、六、……界也好，都是在這個大宇宙之內，和我認為宇宙有九個層次沒有什麼衝突。姑婆婆，您說是不是？」

「我們沒有你這麼大的學問，只好聽你講了。」

「姑婆婆，我就是講出來，也未必有人相信？」

「你公公當年講的那些話也沒有人相信，可是現在都應驗了。」

傳祖問蝶仙，天行當年講了些什麼話？蝶仙像說故事一樣地告訴他。他感慨地說：

「公公的那些話是比我講九層宇宙更難令人相信的。如果我向那位老佛爺說請她看電視，或是告訴她我上過太空，她不罵我妖言惑眾，摘掉我的腦袋瓜兒才怪！」

「那倒未必，」香君笑著說：「說不定她會請你去當軍師，對付八國聯軍呢！」

「這是個大悲劇，我們都吃足了苦頭，不提也罷！你還是言歸正傳吧！」蝶仙對傳祖說。

「那我從什麼地方講起呢？」

「你就從第一層講起吧。」

「不過我只能用我的語言解釋，恐怕大家沒有興趣。」

「你該不會對我講陰溝流水吧？」蝶仙笑對傳祖說：「那就對牛彈琴了！」

蝶仙說的「陰溝流水」起先大家還有些楞頭楞腦，隨後突然想到 English 的諧音，便像熱鍋爆豆子一樣爆笑起來。這兩天的悲戚氣氛，便一掃而空了。傳祖沒有看到蝶仙當年和老夫人逗趣的情景，看她這一大把年紀，頭腦還是這麼靈敏，反應這麼快，真是又驚異又佩服，他高興地大笑。香君笑著對他說：

「當年我們這些人，只有她最會逗趣兒。她現在也和老夫人當年一樣，心知肚明，身子骨兒比老夫人還硬朗，真不知道她是幾世修來的？」

「外婆，現在醫藥發達，營養又好，開發國家中的人都長壽健康，這不足為奇，倒是姑婆婆這樣靈敏的頭腦，真是得天獨厚呢。」

「我看她也是有來歷的。」香君說。

「你還是講你的，就算給我們上一課吧。」紹仁說。

「伯父，這可不敢當。」傳祖謙恭地說：「不過這倒是很值得講講。因為公公的大著和我的研究不謀而合的地方很多很多，尤其是原理原則，陰陽互變方面。只是我們所使用的語言不盡相同而已，將來我翻譯的時候稍加註釋就行了，而且我會列表對照。」

「我恐怕沒有這個能力翻譯爹的大著，因為我不是學物理的，又沒有研究過ＵＦＯ。」紹仁惶恐地說。

「伯父，您可以先翻好日文，日後再參考我的英文本子修正就行了。」

「這倒是個辦法。」紹仁點點頭。

「傳祖，你又把話扯遠了，還是快講九重天吧。」杏芳對他說。

「好，我就用我的語言來說吧！」傳祖連忙點頭：「第一層宇宙具有陰陽雙重性。也就《易經》和老子所說的陰中有陽，陽中有陰，公公的大著裏也特別強調這一點。這種物質的主要代表是光子，以及同族的電子、磁子，它們是剛由能量因子聚合而成的能量基本小塊，也就是初生粒子。一旦形成，便以光速運動，流竄滲透在物質世界裏。如果運動加速，它又解體回到太虛能海中，如果減速，則被其他的大粒子吸收或合成其他更大的基本粒子。光子是『小而有內』的，虛子也就是能量因子才沒有內部結構，也就是老子所說的『小而無內』。它們構成了太虛『能海』，也就是所謂『氣』，它們就是宇宙之母。」

「你講的這些專門名詞我聽不懂，」香君說：「說到氣我就一知半解了。你公公年輕時就常和我講到氣，講到一陰一陽之謂道。」

「柳老前輩也和老夫人講過，當時我就沒有想到這裏面有這麼大的學問？」蝶仙說。

「外婆、姑婆婆，第二層宇宙是能量粒子，它是由許多初生粒子在不同的條件下聚合而成。有代表性的是中子、質子，乃至氫原子、氦原子。」

「我們地球上有人，那就算是第三層宇宙了？」杏芳說。

「娘，您說的不錯。」傳祖笑著點頭：「第三層宇宙是行星級能量塊，它們是由無數的第二層基本粒子組成的。月亮這類衛星也屬於這一層。」

「那第四層呢？又是怎樣的情形？」杏芳又問。

「娘，第四層是恆星級能量塊，太陽系是很好的代表。它包括了眾多的行星及其衛星，還有彗星。」

「第四層宇宙裏有沒有人。」杏芳急著問。

「娘，自然有，不過我們稱他們為太陽系人，那是和我們不一樣的。」

「怎麼不一樣？」

「第四層宇宙空間有虛實，時間可伸縮。這一層的太陽系人智慧本領比我們高得多，他們能操控陰陽，能在太陽系內隨意生活，沒有生老病死、衣食住行的問題。」

「那不是神仙了？」杏芳笑著叫了起來。

「媽咪，」傳祖笑著逗她：「也可以這麼說。」

「傳祖，照你這樣說，那五層天不是更神了？」香君說。

「外婆，您說對了。」傳祖笑著點頭：「第五層宇宙空間可以轉換成時間，時間也可以轉換成空間，銀河系人還能駕駛超光速，形體時隱時顯、可虛可實，以超光速信息波集合體穿行在太陽系之間，坎離易位，天涯咫尺……」

「哎呀！你愈說愈神了！」杏芳叫了起來。

「娘，我不是說神話。」傳祖向她笑笑：「公公就瞭解這個道理，他的大著中講的坎離易位、子午轉向，就是討論這種情況的。」

「哦？」紹天一驚：「我真不知道爹在默默地作這麼大的學問？」

「爹，我看公公不止是紙上談兵，他還真能做到。」傳祖說。

「當年住在翰林第時他就和我談過什麼坎離易位、子午轉向的，我像鴨兒聽打雷，還笑他說夢話。他還說可惜他心事太重，打坐時不能真正入定。……」香君說。

「大概在天龍山莊他做到了。」蝶仙說。

「要是他真能做到，那就可以趕上柳老前輩了。」香君說。

「我看修佛修道也是不經一番寒徹骨，焉得梅花撲鼻香的。」蝶仙感慨地說：「不過傳祖說的三層以下的宇宙和老夫人說的三界以內的情況不大一樣。」

「姑婆婆，那我就不必再講下去了？」傳祖笑說。

「見仁見智，觀點不盡相同，自然是有的，你不妨再講下去。」蝶仙又鼓勵他。

「好，」傳祖頭一點：「第六層是銀河級能量塊，這一層空間可虛可實，時間可順可逆。」

「時間可逆是什麼意思？」蝶仙連忙問。

「就是時間可以倒流。」傳祖解釋：「佛道兩家具有六通的高人之所以能知道過去未來，就是順著時間往前看，就知道未來，逆著時間向後看，就知道過去。」

「難怪劉伯溫能寫《燒餅歌》，前五百年後五百年的事兒他都知道。」蝶仙忽有所悟地說。

「姑婆婆，五百年太短了！」傳祖向蝶仙一笑：「俗語說：『天上一日，世上千年。』實際上以天上一日比地上千年並不準確，但這個觀念是很合理的。佛家也說，天上一晝夜，人間四百年呢！」

「那要怎麼比呢？」香君問。

「我們地球繞太陽一週稱為一年，太陽繞銀河系一週稱為一個太陽年。地球自轉一週我們稱為一日，太陽自轉一週稱為一個太陽日。不同層次天體的日和年的大小完全不同，我們看每秒八公里的宇宙第一速度就覺得快得不得了，因為我們這個世界上最快的百公尺短跑好手也要跑九秒多，而超光速是每秒三十萬公里，達到這個速度才能在銀河系內進行常規活動。因此四層天以上的宇宙人看我們地球人的壽命是太短了。所以有人說我們的生命如朝露。這也就是為什麼人想成佛成仙了。」

「成仙成佛談何容易？」香君搖頭苦笑。

「但這倒是一個好念頭，只要瞭解宇宙奧祕，那就容易辦了。」

「我看只有柳神仙瞭解了。」香君無可奈何地說。

「中國的道家、佛家高人是瞭解的，印度的瑜伽聖人也是瞭解的，而且他們懂得靜坐修持。能夠靈魂出竅，神遊太虛。」

「真有這樣的高人嗎？」杏芳不大信，她也不認識柳敬中。

「娘，這個世界就有。」傳祖笑說：「印度教聖人克沙里．拉瓦爾，曾在兩百名科學家面前表演短途飛行和穿牆能力。」

「你別胡扯，牆壁怎麼能穿過。」杏芳白他一眼。

「娘，這是千真萬確的事兒。」傳祖說。

「那他怎麼個穿法？」杏芳又問。

「他先集中意念，進入恍惚狀態，這叫做意念加速，身體便自旋到超光速，身體由陽轉陰，化成虛子團而隱形，因此可以隨心所欲，克服三維時空效應，穿透一切粒子組成的牆壁。」

「他真的穿過了？」香君問。

「他穿過印度超自然現象研究院的兩道鋼筋水泥牆，安然無事。」傳祖說：「可惜在穿第三道牆時，他精神分散了一下，便陷在牆內，只有手腳在外，他身體的分子與牆分子已經融合成一體了。」

「怎麼？精神不能分散？」杏芳問。

「精神一分散，體內自旋速度就下降低於光速而轉陽顯形，便不能突破時空障礙，所以就陷在牆內了。」

「想不到還真有這樣的怪事兒？」杏芳自言自語。

「娘，一點不怪。」傳祖搖搖頭：「只要能超光速，身體便可由陽轉陰，沒有重量，不佔空間，就會來無影、去無蹤了。」

「難怪我們看不到菩薩、神仙了！」杏芳慨歎地說。

「我們不要再打岔，讓傳祖繼續講吧。」蝶仙對大家說。

傳祖接著講宇宙層次：

「第七層是星雲級能量集，這一層的生靈我稱為星雲人，第八層是星協級能量雲，我稱這一層的生靈為星團人。第九層是星霧系能量霧，上面的人我稱為星網人。從第六層到第九層都是宇宙高能生靈永恆的靈性生命。從第七層到第九層空間已虛，時間可變。」

「第十層呢？又是怎麼回事兒？」杏芳問。

「娘，我說了天只有九層，第十層就返回太虛的純陰虛，那就周而復始了。」

「你是怎麼知道這些宇宙奧祕的？」杏芳笑問。

「娘，我這是從《易經》中悟出來的。公公的大著也和我的物理知識不謀而合，因而得到很好的印證。」

「那我花在你身上的心血總算是沒有白花了。」杏芳安慰地一笑。

「我倒沒有想到，他和天行倒真是一脈相承呢！」蝶仙也高興地說。

「當初爹替他取名傳祖，好像有先見之明似的。」紹天也高興地說。

「我看了公公的大著，才算沾了公公一點兒邊，在文學方面我差得更遠。」傳祖謙虛地說。

「你也不必太謙。」蝶仙鼓勵傳祖說：「我看天行那部書還要因你而傳呢！」

「哥哥，我聽了半天，我總覺得你講得有些神乎其神。」傳宗悶了半天，忍不住說：「眼前的事實是，公公沒有下落，這又怎麼解釋？」

「你這個問題倒不錯，」傳祖向他點點頭說：「我研究的資料很多，全世界有關ＵＦＯ的信息我都有，包括大陸的在內。我先講一個比較久遠的故事給你聽好了。」

「我願意洗耳恭聽。」傳宗回答。

「這個故事發生在菲律賓。」傳祖向大家說：「時間是一八九三年十月二十五日半夜，一位西班牙士兵，在菲律賓總督府前站崗，突然神志不清，第二天清晨醒來，發現自己卻在墨西哥政府大廈門前。」

「怎麼會有這樣的奇事兒？」大家驚叫起來。傳宗卻搖搖頭說：「那怎麼可能？」

「這就是公公大著裏寫的坎離易位、子午轉向最好的實例。」傳祖冷靜地解釋：「將一瞬的時間轉為很長的一段距離，靈學家認為這是時間和空間正在交變的一瞬間。」傳祖說：「不過我們物質世界的地球人的五官是感知不到的。」

「這真是奇中奇了！」蝶仙說。

「姑婆婆，這還不算奇。」傳祖向蝶仙一笑：「還有更奇的事兒呢！」

「你倒是說說看？」蝶仙望著他說。

「蘇聯首席太空專家斯坦諾夫・麥赤耶夫博士說：他們發射到月球的人造衛星拍回的照片顯示：一架二次世界大戰時的美國轟炸機又神祕地失蹤了。」

「這到底是怎麼回事兒？」蝶仙也叫了起來，望著傳祖說：「孩子，你不是在編故事尋我開心吧？」

「姑婆婆，我怎麼敢呢？」傳祖笑著回答：「您是看著我長大的，我又學的是物理，不像傳宗學西洋文學，愛怎麼編就怎麼編，我可是有憑有據的。」

「那這件事兒你又怎麼解釋呢？」傳宗質問。

「我以為這是宇宙人用意念力將這架飛機加速到超光速，使它成為無重量、不佔空間的影子飛機，飛向月球，然後減速降落，顯出原形。」

「那宇宙人又是什麼人呢？」傳宗一步步追問。

「你在考我是不是？」傳祖向傳宗笑笑。他彷彿回到高中時代，傳宗對不懂的數理問題，自己不願意多花腦筋，總是問他，甚至要他作出答案。他只好告訴傳宗：「宇宙人是三維以上時空的高級智慧生命，比我們地球人高多了，我們想不到的事兒他們都能辦到。」

「玄，真玄！」傳宗搖搖頭說。

「不玄，」傳祖也搖搖頭：「我還可以告訴你另外一件事兒。」

「什麼事兒？」

「百慕達這個地名你總該知道吧？」傳祖問他。

「當然知道！」傳宗點點頭：「那是世界上有名的魔鬼三角。」

「你知道它是有名的魔鬼三角就好了。」傳祖笑道：「你記不記得曾經有一艘英國船海風號在魔鬼三角失蹤的新聞嗎？」

「好像有那麼回事兒？」

「可是事隔八年，它又在失蹤的地點出現了。」

「這又奇了！」

「不但如此，船上六個人也好端端地活在船上。」

「那八年時間人和船究竟在那兒呢？」杏芳問。

「娘，調查隊也問過船上那六個人，他們回答說他們就在原地，剛才並沒有幹什麼。」傳祖笑著對母親說。

「奇，真奇！比《封神榜》還奇！」杏芳不禁好笑。

「娘，搜索隊的人說他們是掉進時間空洞，我看他們是無意中掉進另一個影子世界了。」傳祖說。

「孩子，你是物理學博士，又是太空科學家，我真弄不懂，你怎麼知道這許多鬼事兒？」香君笑問。

「外婆，我專門研究ＵＦＯ，所謂幽浮就是不明飛行物，它們確實存在，但各國又不敢承認，因為捕捉不到它們。但我這個研究者，卻不能掩耳盜鈴，我反而要盡量蒐集這方面的資料資訊，我的檔案多得很，將來我要是寫出來，一定洛陽紙貴。」傳祖坦白而自信地說。

「孩子，可惜你生晚了！」蝶仙向他一笑：「要是你高祖母在日，你講這些稀奇古的事兒給她聽，那我就沒有戲唱了！」

「姑婆婆，那時我也許在北京，和您的年齡差不多呢？不過那就不知道我姓什麼了？」傳祖笑對蝶仙說。

「你也相信人會投胎轉世的？」杏芳連忙問。

「娘，我是搞物理，又搞ＵＦＯ的，但我更是研究《易經》的，《易經》的陰陽學說更主導了我的研究思維。整個宇宙既然是陰陽兩儀構成的，人的生命自然也脫離不了這個規律法則。」傳祖回答。

「娘真的搞不清楚生死之謎，你不妨說說看？」

「媽咪，」傳祖故意笑著逗她：「我就說給您聽吧，您可別罵我迷信呀？」

杏芳被他逗得一笑，他接著說：

「生命是由某一組特定的陽性物質元素的有機結合，這種結合是滲透、輸入、印染、儲存，是陰陽互相交融，一旦生物時鐘開動，靈魂便以密碼形式支配肉體的運動和生命歷程。死就是靈魂離開了肉體。沒有靈魂的肉體，便參加自然化學變化。靈魂則可升可降，重新組合轉移載體，這種重新組合轉移載體就是投胎轉世，是自然規律、宇宙法則，並不迷信，所以佛家和道家都講輪迴。」

「那為什麼佛家講六道輪迴呢？這不是差別待遇嗎？」傳宗問。

「這是因果律，不是差別待遇。」傳祖說：「因果律就是自然律，種瓜得瓜，種豆得豆，一切果報全看自身作為，佛家說是業障，這是最公平的。三層宇宙以上的高級智慧生靈，你說是仙也好，佛也好，外星人也好，他們是最重視道德的，他們是三層宇宙地球人的監護者，他們以超光速來往於星球間，全知全能，無所不在，所以俗話說『舉頭三尺有神明』，善惡自有報應。」

「你這不是同和尚、道士一樣迷信嗎？」傳宗望著傳祖說。

「我絕不迷信。」傳祖猛力搖頭：「我還要告訴你，一切孽以誨盜、誨淫的文字孽最重，因為文字傳播廣，其他傳播廣的媒體，也是一樣。」

傳宗不敢再講。紹天看了他一眼，還問了他一句：

「你聽清楚哥哥的話沒有？」

傳宗只好點頭，但又不想離開。

大家都沒有想到傳祖會講出這番話來，更對他肅然起敬。蝶仙笑著對他說：

「孩子，我是真沒有想到，你這個學科學的人，居然和你公公一脈相承，如果你公公、曾祖父母、高祖母，聽到了你這番話，真不知道他們會怎樣高興？」

紹天、杏芳高興在心裏，嘴裏卻沒有作聲，倒是紹仁感慨、讚賞地對傳祖說：

「我總算又看到了你們這一代的真正中國人。」

「伯父，」傳祖也感慨地說：「我們這一代人把地球這個物質世界的邏輯思考、有限知識當作最高無上的準則，不受一切道德規範約束，尤其是一些學西方文學、政治的人，把自己看做特權階級、知識壟斷者，為所欲為，什麼傷天害理的事兒都做得出來；反而是我們學科學的人，都服從自然法則規律，不敢亂來，不敢造孽。」

「孩子，你剛才說的仙、佛、外星人可以超光速來到我們這個世界，隨時與我們同在，剛才我沒有聽清楚超光速究竟有多快？你再講講好不好？」香君看氣氛凝重，故意把話岔開。

「外婆，光速是每秒鐘運行二十九萬九千八百公里，為了方便計算，我們就說三十萬公里。」傳祖說。

「哎唷！那麼快？」香君一驚。

「所以孫悟空一個觔斗十萬八千里並不算快，因此他翻不過如來佛的手掌心。」傳祖說。

蝶仙聽了高興地一笑，她望著傳祖的臉上說：

「孩子，你這個比方打得真好！我也可以觸類旁通，舉一反三了。以前我就不知道如來佛有什麼法寶，現在才知道：原來是他比孫悟空更快！」

「這真是講話的人要會講，聽話的人也要會聽，我看你們祖孫兩人也搭調了！」香君打趣地對蝶仙、傳祖說。

「這比《金剛經》好懂多了，」蝶仙一笑：「我看我下輩子也要學物理了。」

她說得大家都輕鬆地一笑。香君隨即接著說：

「那如來佛、觀世音每秒鐘就不止三十萬公里了？」

「當然，當然，」傳祖連連向她點頭：「如果只有三十萬公里，不能超過光，觀音菩薩、如來佛就不能化成虛子團，不能隨心所欲克服三維時空障礙效應，也就不能隱形，地球人也就可以看見他們而抓住他們了。」

「要是抓住了如來佛、觀世音，那才是大笑話呢！」杏芳笑說。

「老夫人說，如來佛、觀世音，無形無相，有千百億化身，娑婆世界的眾生，看都看不到，怎麼能抓？」蝶仙說。

「不但抓不到如來佛、觀世音，各國想抓飛碟，可是在它顯形之後，還是抓不到。看到飛碟的人倒是不少。」傳祖說。

「聽說有外星人來過地球，不知道是真是假？」紹仁問。

「伯父，這是千真萬確。」傳祖覺得他半天沒有說話，特別輕言細語地湊近他說：「我覺得我們的老祖宗伏羲、神農、黃帝、堯、舜、大禹等，他們就是當時的外星人、神人。伏羲留下的八卦，我們今天的科學家還不能完全解釋清楚，更別說突破了。現在我還是靠它做思維指導，您就知道他有多高了？」

「那他怎麼不見了呢？」紹仁又問。

「這倒容易解答，」傳祖一笑：「那就是回到四維以上的宇宙了。我甚至認為老子的不知所終也是同樣的道理。孔子不是說過老子『其猶龍乎』嗎？可見老子也不是凡人。」

「你把他們看成外星人，難道外星人只來中國，不到別的國家去嗎？」傳宗又忍不住問。

「你這個問題又很不錯，」傳祖向他一笑：「曾經有位英國探險家蘇爾，偕同四位隊員到巴西亞馬遜河森林探險，發現一位二百三十歲的老婦人班魯巴，她曾被邀請到一艘來歷不明的飛船上去，接受了外星人的注射，外星人注射的是什麼藥物她當然不知道，但她已經活到二百三十一歲卻是事實。」

「外星人為什麼要給牠打針。」傳宗又問。

「我想可能是外星人拿她做試驗，正如我們的醫生拿猴子、老鼠做試驗一樣。」傳祖回答：「此外巴西原始森林裏還現發現過外星嬰兒；巴西科家卡羅斯・狄米羅博士還向新聞界宣佈過，他在亞馬遜河發現過六百名曾被外星人綁架過的男女。」

「外星人還有沒有到過別的地方呢？」杏芳問。

「到過。」傳祖點點頭：「我看過一本科技雜誌的報導，瑞士有一位天文學家說，一天晚上外星人來看過他，而且留下一個銀碟，碟中有古怪精靈的符號。外星人還對他說，他們有六十多位不同星系的外星人，都將會來到地球。看來以後外星人會愈來愈多了。」

「那我們這個世界也會更熱鬧了。」傳宗說。

「哦，對了，」傳祖忽然想起什麼似地說：「我想起一九五〇年三月二十八日，格林威治標準時間四點十七分，三艘來自宇摩星的太空船，鬧到地球的事兒了。」

「你怎麼連時間都記得這麼清楚？」杏芳有點奇怪，不禁又問。

「娘，這是我的工作，」傳祖向杏芳一笑：「我差點兒忘記了！您還說我記得清楚呢？」

「那你就趕快說吧。」杏芳催他。

「那三艘太空船總共有四男二女，他們首次踏上了地球。」

「那是在什麼地方？」

「法國普羅旺斯山區。」

「他們來幹什麼？」杏芳問。

「蒐集各種稀奇古怪的東西。」

「他們的長相怎樣？」

「他們長得像北歐人。身軀高大，滿頭金髮，臉上長了雀斑，身上也有色斑。」

「他們會不會講話？」

「他們沒有聲門，說話全是鼻音。而且由於宇摩星上只有一塊大陸，所以那兒只有單一的人種和語言，不像我們地球的人種、語言這麼複雜。」

「他們怎樣和我們人類接觸？」

「他們不願公開露面，完全以書信方式與地球人聯繫。」

「誰收到過他們的信，那又怎麼讀得懂？」

「他們的第一封信是一位西班牙人收到的，上面全是錯綜複雜的記號，要經過解碼才能看懂。」

「有誰能看懂呢？」

「法國科學研究院研究部主任，天體物理學家白提，花了不少時間才真的解碼，因此他寫了一本《宇摩人的奧祕》，才揭開這個宇宙故事。」

「那你也是從這本書上知道的？」

「不錯。」傳祖點點頭。

「你有沒有收到過其他外星人的訊息？」

「收到過。」傳祖肯定地說：「不過我還沒有完全解碼，現在不能公開。」

「那宇摩星到底離我們有多遠？」

「宇摩星離地球十五光年，但他們只要六個月時間就可以飛到地球。」傳祖解釋：「天文學家給它取名為 Wolf-424。」

「那他們的科學要比我們進步了？」紹天插嘴。

「他們的文明超過地球很多。」傳祖點頭。

「難怪老夫人當年常說人外有人，天外有天！」蝶仙說。

「一點不錯！」傳祖感慨地說：「不過科學先驅的理論都不被當時的人承認，科學家布魯諾還因為提出無限宇宙與多種世界理論而被活活燒死。連我們的老子自從被劉徹打進冷宮之後，一直倒楣到現在，還不能翻身。而我還是靠他的一陰一陽之謂道，道生一、一生二、二生三、三生萬物的理論來探索宇宙奧祕的。姑婆婆，您說可笑不可笑？老子冤不冤？」

「所謂曲高和寡，現在更是認假不認真，我就不如賈斯文走運。」紹文笑著插嘴。

「小叔，真金不怕火，這只是暫時現象。」傳祖望著紹文說：「宇宙真理只有一個，老子講的是真理，釋迦牟尼講的也是真理。我是搞科學的，所以我更相信真理，我很有信心。」

「孩子，難得你有這樣的信心。」蝶仙對傳祖讚賞地笑笑。「你高祖母篤信佛陀、觀世音，直到往生，信心堅定。你公公雖然一生都不走運，但他從來沒有動搖過他做人、做事、做學問的信心。不然我們也不會有今天，你也不大可能拿到物理學博士，成為太空科學家。」

「當初我要是數理化好一點，我也不會考乙組，不會搞比較文學，我是退而求其次的。」傳宗說。

「比較文學也不是不能搞，」紹文對這兩位姪兒有完全不同的看法。他對傳祖的才華、氣質，一直都很欣賞，今天聽了他這一番話更覺得士別三日刮目相看。對傳宗的標新立異，愛走偏鋒，不腳踏實地，只想一夜成名，他頗不以為然，因此他對傳宗說：「不過應該走正路，好好地研究。能創作時最好還是多創作，唯有創作才是自己的孩子，一千個紅學專家也抵不上一個曹雪芹。你不能老是跟賈斯文那班人一起混，我瞭解賈斯文比你多，他不是一個好榜樣。他是唬外行騙自己。你明不明白我的意思？」

傳宗沒想到紹文會對他講出這番話來，但他又不敢反駁。他知道這位小叔父是位不愛出鋒頭，卻很受人尊敬的紳士學者型的作家，他在國內時曾受過紹文的栽培指導，他認識賈斯文也是因為紹文的關係，但他覺得走紹文「獨行俠」的路子要憑真本領，也很難爬起來；走賈斯文的路子卻可以譁眾取寵，而且他還有一幫子人壯勢。反正現在大家認假不認真，他們相互吹捧，真的唬得很多人兩眼一楞一楞的。但他們唬不倒紹文，傳宗看看勢頭不對，他便找個藉口溜了。

「紹文，你這番話講得針針見血。」紹天連忙對紹文說：「我因為不是學文學的，我想講可就講不出來。如果你再不講，我真怕傳宗會忘記自己姓什麼了！」

「我也是忍了很久才不得不講的。」紹文說：「本來父子之間不責善，責善則離。我真怕這一下得罪了他，我這個小叔就難做了。」

「你放心，有我在，他還跳不出我的手掌心。」紹天對紹文說。隨後又望望傳祖：「剛才你這番話我插不上嘴，不過我總是很耽心爹！」

「爹，您也不必太耽心。」傳祖對紹天說：「我是認真拜讀過公公的那部大作的，我看出公公是在六通之後寫出來的。《易經》很不容易搞通，公公是連《易經》、《道德經》全搞通了。」

「他會不會像你剛才說的那位西班牙士兵一樣捲進時光隊道，或是像百慕達的英國船掉進影子世界呢？」紹天又問。

「不會，不會。」傳祖連連搖頭：「就我所知，凡是經過修持達到六通的人，都具有我們地球人所沒有的能力，他們和四層宇宙以上的高級智慧生靈一樣，能使用意念力自旋加速到超光速，使本身既無重量又不佔空間而隱形，完全變成訊息波集團，在宇宙間自由來去，一減速又可以立刻顯形，快得使我們凡人無法感知。他們具有操控陰陽，駕馭超光速能力，是一種永恆的靈性生命。我認為佛道兩家追求的就是這種境界。只是佛道經典中的說法和我詮釋的語言不盡相同而已。」

大家聽他這一解釋，彷彿茅塞頓開，都怔怔地望著他肅然起敬。過了一會兒蝶仙才望著他說：

「當年老夫人常說：『佛是如來，觀世音無所不在。』照你這樣說來，你公公不是也和他的老師柳神仙一樣來去自如了嗎？」

「我看八九不離十。」傳祖點點頭。他從小聽過柳敬中的故事。「公公是真人不露相。不過我擔心的是，有人會自以為是，以什麼前衛自居，說我是在宣傳迷信？」

「你擔心誰？」香君笑問。

「外婆，」傳祖一笑：「現在傳宗不在這兒，我最怕的就是他這種人。」

「你怕他幹什麼？」紹天不以為然地說。

「爹，現在大家都打美國招牌，以為從美國回來的和尚都會念經，何況傳宗還有博士頭銜呢！」

「他去美國是撿破爛回來的，我真白花了心血金錢了！」紹天憤憤地說。

「傳祖，你剛才說公公是真人不露相這句話我有同感。柳神仙也是真人不露相的。就憑你這句話，你是完全瞭解你公公了。」

「姑婆婆，我說實話。」傳祖對蝶仙說：「過去我對公公並不怎麼瞭解，只以為他是中國傳統的知識分子，很有風骨的讀書人，我讀完他的《中國文化新論》之後，才知道公公是一位了不起的高人。」

「他是受過千磨九難的，但願他真的得道。」蝶仙帶著三分欣喜七分期望地說。

第九十四章　蕙質蘭心歸淨土　詩魂詞魄歎無明

文珍的後事是在殯儀館中料理的。她是天龍公司的原始創辦人之一，是大股東、常務董事，雖然她從來不過問公司業務和經營狀況，但紹天完全按照《公司法》辦事，董事會一切會議紀錄、公司營業狀況，除了按正常程序送她過目外，紹天還每月向她口頭報告一次。書面報表她從來不看，口頭報告她也懶得聽，起初幾年她還笑著對紹天說：

「我活一天你就養我一天，一旦兩腳一伸，一切後事也由你料理，我才不操那個心。」

後來紹天多半利用過年過節團聚時以談天的方式故意透露給她聽，這樣就一舉數得，香君、蝶仙，甚至郝薔華也同時知道公司的情形，因為郝薔華也早將她過去的積蓄全部投資天龍公司了，她也是股東之一，雖然不是大股東，她也像文珍、香君、蝶仙一樣做太上皇。蝶仙因有紹文頂常務董事，她更不過問，但她很像當年的老夫人一樣，是龍家的中心，紹文固然是親生的兒子，十分孝順，紹天這位姪兒也是她一手帶大的，他甚至比紹文對她更周到、更恭敬。她雖然不像老夫人當年有三、四個丫鬟侍候，但由於一切物質條件比那個時代好得太多，她和香君、文珍、郝薔華的晚年，也過得比老夫人舒適。她待林阿足很好，林阿足一直捨不得離開她，直把龍家當作自己的家，連她兒子也成了天龍公司的一員。她不但成了蝶仙的左右手，實際上是天龍山莊的女總管，這種事兒在臺灣是少有的。

紹天十年前就在市郊買了一片向陽的山坡地，有十來甲。他完全是以投資的眼光買的，一方面計畫公司擴展時可以開發利用，即使不開發，放在那兒睡覺也會賺錢。果然不差，當年他以十五塊錢一坪買下來，現在已經漲到三千塊一坪了，單是這片土地就賺了兩百倍，公司企劃部門曾建議再成立建設公司，從事營建業。但他先決定的卻是劃出左邊一千坪的土地做為花園式的墓園。他請過一位江西籍的名地理師看過，說這是最好的陰宅吉地。這個計畫他是悄悄進行的，沒有讓天行、蝶仙他們知道。想不到文珍卻先葬在這裏。

地理師看過之後，他又請了一位庭園設計師設計繪圖，種植花木，營造假山、魚池。還先蓋好了一棟廟宇式的陰宅，中間廳堂有一個兩尺多高的灰色大理石圓桌，配以同色大理石圓凳，後面靠山削平挖出一個墓穴深入山裏，墓穴壁上可嵌碑石、瓷像，另外設有祭臺。兩廂左邊是廚房、浴室、廁所；右邊是休息室、臥室。這種設計是為了便於管理、祭祀。他並沒有預定將來誰先葬在這兒，反正以後都照樣營造陰宅，只是省去廂房。陰宅屋頂是藍色琉璃瓦，屋脊正中塑了雙龍戲珠，兩端塑的是鳳凰展翅。屋內牆壁上貼了絳色的卍字圖案瓷磚，地上鋪的是灰色大理石，中間嵌了一個桌面大小的太極圖。整座陰宅造形和內部裝飾，看來莊嚴肅穆，而無陰森之氣。這都是事先做好的。

文珍的喪事則是紹天在她去世的那天夜晚就和蝶仙她們商量決定的。他先對蝶仙說：

「姑姑，表姑的喪事我想盡量辦得體面一些，別說她和您們上一代人的關係，她沒有子女，我這個做晚輩的也應該盡一分孝心，何況她還是公司的創辦人。」

「你想的不錯，我和你岳母也有這個意思。」蝶仙望望香君說：「但是怎樣才算得體？這很重要。一方面我們要對得起文珍，一方面也不要讓人家說我們作燒、擺闊。」

「我們和你表姑有緣，情逾骨肉。人生最難得的是知己。她先走了一步，不知道那一天我也會走，我相信我會和她再見，我會將你對她的一份孝心告訴她的。」香君含著淚說。

「娘，您何必這麼感傷？」紹天一直跟著杏芳這麼稱呼香君。

「你不知道我和你表姑的情感，」香君悽然一笑：「我也活了一大把年紀，你和杏芳很使我放心，我也和你爹一樣，無牽無掛了。」

「妳捨得離開我？」蝶仙故作輕鬆地說。

「蝶仙姐，您是福慧雙修的人，我不能和您比。人總是有先來後到的，自然也有先走後走的，我也看開了，何必忌諱什麼？」

「娘，不要再講了。表姑的喪事我會盡量辦得使您們兩位老天牌滿意就是。」紹天說：「不過，我想作副輓聯聊表心意，但我又不長於此道，這倒使我為難了。」

「你可以請傳宗代筆。」杏芳不假思索地說。

「妳太抬舉他了！」紹天黯然一笑：「妳自己生的兒子妳還不知道他有幾斤幾兩？」

「這我倒沒有想到，」杏芳尷尬地一笑：「他是學西洋文學的，自然不會這一套。」

「妳還想替他遮醜？」紹天望著杏芳的臉上說：「一位堂堂的文學博士，又不是洋人，連中國文人看家的玩藝兒都不會，妳還好意思替他找藉口？」

「現在時代不同了，你也別太怪他。」杏芳說。

「我也不是怪他，」紹天說：「只是我心裏不是味道。」

「那你就請紹文代筆好了。」杏芳又說，同時望望紹文。

「只怕我不能表達大哥的心意？」紹文有點遲疑。他知道應酬文字難以表達真情，尤其是代筆。

「紹文，我不是附庸風雅，我確是想表達一點兒心意，你看著辦好不好？」紹天望著紹文說。

「好在大哥不是外人，不會見笑，我只好勉為其難了。」紹文笑著回答。

蝶仙自然也要寫副輓聯弔唁文珍，但她一向很少動筆，也沒有和文珍、香君唱和，但這次她不得不自己作。她坦然地說：

「我向來不敢獻醜，更不敢冒充斯文，但文珍和我情同姊妹，她的遭遇我又感同身受，輓聯我也是要送的，但這不是應酬，不該假手他人，好壞我就不計了。」

她才思敏捷，又成竹在胸，說過之後，就隨口唸給紹文聽：

蕙質蘭心那堪人琴俱杳
詩魂詞魄何以輾轉一生

「娘，您也是真人不露相呀？」紹文聽了一笑。

「我說了我不計好壞，我只是將我的感想說出來，你照寫就是了。」蝶仙對紹文說。

紹文照寫後就交給紹君掛在靈堂文珍遺像右邊。

香君為了表示心意，她不但自己作，也親筆寫，她的輓聯是：

芳心託明月卿猶憐我
情劫付幽冥我仍思卿

她這副輓聯掛在文珍遺像的左邊。紹文代紹天作的輓聯則掛在香君的輓聯旁邊，這是八個字的輓聯：

祇因情深天龍付我
不為利鎖愛心與人

因為文珍無後，在生時又不過問公司的事，完全由紹天處理。紹天暗自準備撥出兩億臺幣，成立「天龍楊氏文教基金會」，回饋社會，也讓她遺愛人間。紹文知道紹天的心意。

除了他們的輓聯之外，其他要人、名流、工商界的聞人送的輓幛很多，重重疊疊掛滿了整個大廳。大花圈從大門口一直排到廣場中央，大廳內更是人山人海，萬頭鑽動。現在企業家的地位高高在上，和從前大不相同。從前老夫人那個時代，光是有錢還不行，必須得有三、四品以上的頭銜才能相得益彰。從前是貴而富，現在是富而貴，有錢什麼事兒都好辦。從前人說：「有錢能使鬼推磨。」現在更是有錢能使閻王笑，也能使閻王跳。何況天龍公司不但是大企業，紹天的人緣又好，不發訃聞，見了報趕來祭弔的就不知道有多少？場面比當年老夫人的喪事大多了，也熱鬧多了，也比文珍在北京八國飯店和彼得的婚禮，以及天行的婚禮熱鬧多了。

文珍的棺槨是銅的，閃閃發亮，比老夫人的楠木壽材也好多了。而最難得的是紹天居然披麻戴孝，像兒子一樣手拿哭喪棒。現在他完全清楚文珍和天行的一切，而又感歎文珍那一段不幸的婚姻，便像兒子一樣行了大禮。當然外人完全不知道個中情形。

本來紹天不想要蝶仙、香君、郝薔華三人去殯儀館，但她們一定要去。香君更說：

「我和你表姑共生死患難一輩子，我不但要去殯儀館見她最後一面，我還要送她上山。」

「娘，我知道您們感情深厚，但您千萬不能傷心，不能哭？」紹天擔心地說。

「我不哭好了，」香君黯然地說：「我的眼淚早已流乾了。我和你表姑兩人年輕時流的眼淚，少說也有一缸。」

「讓娘去，我會照顧娘。」杏芳對紹天說：「俗話說：『士為知己者死。』娘和表姑的這份深情，是沒有什麼可比的。」

蝶仙和文珍的感情也不必說，但她一向樂觀豁達，也很能節制自己。天放為國犧牲的那段時間，她最難受，但她並沒有一把眼淚、一把鼻涕地哭泣，反而強作歡笑，侍候公婆。紹天囑咐紹文夫婦照顧她，囑咐紹芬照顧郝薔華。

大殮時她們三人都看了文珍最後一面。文珍經過化妝師的特別化妝，睡在閃閃發亮的銅棺裏面顯得十分安詳，面部輪廓還有年輕時的模樣，只是冰凍過的身體顯得更小。香君並沒有哭叫，只是默默地望著她，眼裏還是有淚，不過沒有流下來。

蝶仙望著她自然想起她這一生的往事，她自幼和天行一道唸書，一道承歡老夫人膝下，她們幾人也過了一段花樣年華的歡樂歲月，分享了她的快樂，也分擔了她的痛苦。在臺灣的這段歲月，平靜而幸福，但蝶仙知道她仍然心繫天行，她不像天行那樣看透人生，古井不再生波。蝶仙心想：「女人總是女人！」如果天行真的得道成仙，恐怕她也不能成仙？因為她還沒有擺脫一個「癡」字。當年月印不肯收她為徒，大概也是看透了這一點。

郝薔華默默地看看她，不免一掬同情之淚。他完全明白文珍和天行的故事。當年她和天祿那段露水姻緣，無怨無悔，也是一個「癡」字。她甚至想到美子，他覺得那位日本佳人，更「癡」得可愛，「癡」得令人起敬。她心中暗歎：

「唉！女人，女人！」

紹仁和傳祖也留下來參加文珍的喪禮，紹仁覺得他母親美子和文珍同病相憐，又是知音。他記得文珍和他母親的那四句詩：「江戶有人長落淚，京都無女不成詩；傷情我亦與卿共，吟到星沈夜已遲。」他默祝她與母親在陰間相會，相互慰藉，相互唱和。陰間應該沒有國界？沒有勢利？沒有侵略戰爭？

傳祖因為文珍一直寵愛他、呵護他，把他當作自己的孫子一樣。他不知道這是一種移情作用？還是發自女性本能的愛心？反正她愛得那麼自然、那麼深。他記得他去美國留學時，她還悄悄地塞給他兩千美金，要他不要給父親知道，而且以後還陸續寄了兩次錢給他，都是瞞著紹天的。因此他在美國唸書時也特別用功。這次他也和紹仁一道留下來，參加文珍的喪禮，他也像孫兒一樣披麻戴孝。

他默默地注視文珍的遺體，覺得她的瓜子臉上仍有一股清秀之氣，仍然和活著時一樣慈祥。她胸前放著一束康乃馨，掛著一塊墨綠色的太極圖形的大玉珮，這塊玉珮還是他和父親紹天一道去玉山珠寶店特別訂製的。鮮花、玉珮兩相襯托著她的化妝得栩栩如生的秀臉，沒有一點死亡的感覺，彷彿是熟睡一樣。他想要是公公天行以化身的方式來看她，她一定也會感到一點安慰。也許此刻公公就在他身邊，但那是一團隱形的訊息波，公公的振動力，公公的頻率。他自己的振動力、頻率很粗糙，和公公的振動力、頻率不一樣，所以他的肉眼看不到公公。他相信公公不會捲進時光隧道或是掉進另一個影子世界，公公會進入四維以上的宇宙，佛家說的極樂世界。這是人類的最高境界，他認為不久的將來，會有很多人都能達到這個境界。

他也想到文珍的遺體很快就會進入化學變化過程，化成水，化成一堆枯骨。她的靈魂是上升到四維以上的宇宙？或是重新尋找載體，仍然轉世為人，變成嬰兒，重回物質世界的人間？他不知道。他又突然想起《星雲》雜誌上刊載的一名十六歲的非洲某部落少女叫做艾力克的，在昏倒過去十二小時之後，甦醒過來時卻說出一口標準的法語，一名死去的法國女郎正分享她的肉體。文珍的靈魂會不會這樣滲透進別人的身體，鵲巢鳩佔呢？……他又想起大陸安徽省宿縣一位六十多歲不識字的周秉金，說他前生是靈壁縣西三十里王莊的王士章的事，王士章是一個不識字的瓦匠，死時四十二歲，是從屋上跌下意外死亡的。他當時看到王莊很多人都圍著他歎氣，他太太呼天搶地的哭泣。可是沒有人理他，他便生氣地走了，走時如輕風一樣，輕飄飄腳不著地。後來累了，在路邊歇歇打個盹兒，兩眼還未睜開，卻聽見接生婆說：「恭喜！恭喜！是個好小子！」他睜眼一看，眼前的人一個也不認識。他覺得衣服好緊，一動也不能動。再看看自己的手，怎麼那麼小？便氣得哭了。第三天他就開始說話，一說話就捱打，他便不敢再說。長大以後他親自去靈壁王莊老家去看，一切依舊，可是老婆兒子都不認識他。他說他是十六年前死去的王士章，莊上的人都罵他是神經病。直到他把生前親手藏在牆壁中的十七畝地契取出時，大家才相信他是王士章再世為人。而這位王士章轉世的周秉金，現在還住在宿縣西六十五華里的韓樹村高家莊。這是千真萬確的事。但傳祖不敢在傳宗他們面前講。如果講出來，即使傳宗不敢罵他是神經病，也會說他在宣傳迷信，是什麼鬼的科學家？他對於一些不懂物理學、不懂 UFO 的人，也有「秀才遇到兵，有理講不清」的無奈。但文珍會不會像那位非洲少女艾力克的故事一樣去分享別人的肉體？或是像安徽人王士章那樣很快轉世為周秉金呢？他不知道。他這個物理學家還沒有這麼大的「神通」。他還要在「定」字上多下功夫。定能生慧，定是通向六通，進入三維時空以上高層宇宙，「跳出三界外，不在五行中」的不二法門，物質世界的所謂科學知識無能為力。一般沒有科學知識，以前衛自居的人文主義者，隨便給人戴上「迷信」的帽子，實在令他啼笑皆非。他很欣賞禪宗南宗六祖惠能的悟性，認為他比北宗神秀高多了。他們兩人向五祖弘忍所唸的兩首詩偈，就明顯地分出了高下。神秀的詩偈是：

身如菩提樹，心如明鏡臺；
時時勤拂拭，莫使惹塵埃。

惠能的詩偈卻是：

菩提本非樹，明鏡亦非臺；
本來無一物，何處惹塵埃？

傳祖欣賞惠能而不認同神秀。他認為神秀的思維還停在物質世界，因為他心中有物，看不到四維時空以上的宇宙虛態，那些由虛子組成的太虛物。神秀看到的是實，而惠能卻看到實中虛，甚至九層宇宙以上的純陰虛。不瞭解《易經》的太極原理，沒有慧根，又不知道正確的修行方法，不潛心修持，是很難開悟，豁然貫通，成仙成佛的。像傳宗這些自以為是，其實一無所知的人更是鴨兒背上潑不進水的。

他們瞻仰過文珍的遺容之後，接著是蓋棺，這時香君突然哭了起來，蝶仙和郝薔華也不停地抹眼淚。扶著香君的杏芳、扶著蝶仙的林阿足，以及紹文的太太何婉如，都不禁眼淚婆娑，她們的情感實在太好太深了。

紹天不要她們送上山，她們一定要送。蝶仙、香君都說：

「我們姐妹一場，還能省這一趟路？」

因為有車，不必走路，紹天就安排她們分乘兩部賓士，由紹君坐車前導，紹君是這次喪禮的總幹事，一切大小事務，全由他總管，他經驗老到，人情世故練達，舉重若輕，面面周到。一到墓地路邊，完全出乎她們想像，一棟廟宇式的陰宅，已經蓋好在那裏，週圍花木扶疏。她們還以為是廟。紹君把她們迎下車，指著一百公尺以外的陰宅對她們說：

「那就是表姑的歸宿之處。」

蝶仙聽了又驚又喜，連忙問他：

「你又不會變戲法兒，這麼短的時間你怎麼來得及？」

「嬸娘，是紹天未雨綢繆的，我不過是按照計畫進行罷了，臨時抱佛腳怎麼來得及？」紹君說。

「他怎麼不讓我知道？我還暗中著急呢！」

「嬸娘，唯獨這件事兒他不能讓您老人家知道，我也不敢講。」紹君向她解釋：「買這筆土地的事兒，他是告過您的。」

「那是十年前的事兒，我幾乎忘了！」

紹君引她們上去，紹天、傳祖他們和靈車也隨後來到。後面還跟了一列小轎車和大批人馬，這都是來送葬的，有些是天龍關係企業的員工，有些是親屬友好，還有不少是燒熱灶、趕熱鬧的，連賈斯文都來了！這些人文珍生前多不認識，死後就更不知道了。他們也多半不是為她而來的，他們是做給紹天兄弟子姪們看的。

靈柩抬上墓地，停在廳堂，隨即有人點燒香燭紙砲，讓大家行最後敬禮，大家都交口稱讚這個陰宅設計得真好，看不到傳統的墳墓，沒有一點兒陰森氣氛，祭祀維護又十分方便，乾乾淨淨，一塵不染，比一般人的家庭還好多了。

祭祀過後，安葬時辰已到，扛夫將銅棺推進水泥墓穴。銅棺放好之後，隨來的兩位尼姑又念經，送文珍往西天極樂世界。經一念完，地理師就指示工人將一整塊大理石墓碑封住墓口，大小絲絲入扣，工人隨後又用白水泥封了縫隙，整齊清潔。墓碑上刻的是：

天龍公司常務董事楊文珍女士之墓

碑石上方還留了一個空白，預備嵌上文珍的瓷像，那個大瓷像還沒有燒好。

紹天送走客人之後，就陪蝶仙他們在右邊廂房休息，員工中早準備好了茶水、果汁。蝶仙看廂房窗明几淨，桌椅沙發和天龍山莊的不相上下，臥室的陳設也很素雅。蝶仙欣慰地對香君、郝薔華說：

「我想文珍在九泉之下也會安心，以後我們也可以來陪陪她，替她解解悶兒。」

「可惜我娘孤單地葬在東京，不能和文珍表姑作伴。」紹仁感慨地說。

「哥哥，您要是願意遷葬，我會像葬表姑一樣葬她。反正給爹留的墓地可能是用不著了？」紹天對紹仁說。

「這是我有感而發，」紹仁黯然一笑：「恐怕做起來很難，這得從長計議。」

紹天也想起祖父母龍從雲、鄧淑卿和他娘周素真都葬在重慶沙坪壩，連遷葬故鄉九江祖墳山都不可能，更別說是這兒了。

「伯父，這您就不必遺憾了。」傳祖安慰他說：「現在文珍表姑婆是在另外一個世界，她們是天涯咫尺，要想相會是隨時都可以的。」

「難道她們不坐車、不坐船，也不坐飛機？」傳宗問。

「那也不像我們活人有許多時空障礙。」傳祖回答。

傳宗聽傳祖這樣說，既不能駁他，心裏可也不大誠服，只好不講。因為他對多層宇宙的時空觀念還弄不清楚。什麼陰陽虛實，他認為更是鬼話。

大家休息了一陣，便起身回天龍山莊。蝶仙又領先向文珍行禮告別，她還對著墓碑說：

「文珍，您如果在地下有知，您要保佑天行。我們歡迎您在天之靈，隨時回天龍山莊。總有一天，我們會來陪您，替您解解悶兒。您好好安息吧！」

香君本來想講幾句，但是蝶仙先講了，她就不再重複。她含淚深深一鞠躬，就隨著蝶仙一道出來。

蝶仙、香君、郝薔華三人同坐一輛賓士，直奔天龍山莊。香君忽然感慨地說：

「這真像做了一場夢，我到現在還不相信這是事實。」

「不信也得信，畢竟我們是凡人，有生就有死。」蝶仙說。

「我好像還是剛從紫竹菴回來的？怎麼一轉眼間，天行便不知去向，文珍也走了，徒然令人痛斷肝腸！這究竟是怎麼回事兒？我真猜不透！」香君惶惑地說。

「要是人能猜透就好了，就不會有這麼多魔障。」蝶仙說。

「我看文珍也是至死都沒有猜透，她這一輩子活得比我還苦。」香君又說。

「這談何容易？」蝶仙一歎一笑：「當年老夫人曾說，連像北宗神秀那麼聰明，那麼有學問的大和尚都沒有看透，何況我們俗人？」

「看來要跳出三界外，不在五行中，是太不容易了！」香君歎口氣說。

「要是能跳出三界外，不在五行中，那不是神仙就是佛了。」蝶仙說。

「說真格的，三界五行，我還一點兒都弄不清楚？」郝薔華望著蝶仙說：「您能不能告訴我？」

「我也是從前聽老夫人說過，也只知道一點兒皮毛。」蝶仙回答。

「那您就告訴我吧？免得日後死了還是一個糊塗鬼。」郝薔華說。

「據說三界是：欲界、色界、無色界。」蝶仙解釋：「但老夫人說，這樣會把人弄糊塗了，不如說第一世界、第二世界、第三世界，簡單明瞭。不過這三界之內，誘惑、假象、障礙太多太多，修行人也不容易通過，普通人更難跳出。」

「不能跳出三界，所以我們生生世世就要輪迴了。」香君又歎口氣。

「人就是這樣無奈！」蝶仙說

「那五行又是怎麼回事兒呢？」郝薔華問。

「五行就是金、木、水、火、土。這是柳神仙最常講的。」蝶仙說。

「他怎麼講？」郝薔華急著問。

「五行是各種物質組成的花花世界，但是可以分成五種類型、五種屬性，這是三界都有的，要是不在五行中，人自然成仙成佛了。」

「我怎麼沒有聽說過？」香君說。

「一來那時妳還沒有進翰林第，二來妳又太小，三來妳又撥給天行使喚，不像我和梅影姐日夜都在老找人身邊。再說，柳神仙是在翰林老爺在世時就和老夫人交往的，他們談的大道理可多著呢！我當時也很小，不大懂事，現在說來，我可是掛一漏萬啦！何況他和天行講經時我還沒有在場呢！」

「那梅影姐出家是不是也受了他們兩位的影響？」香君又問。

「表面上看來是受了天行、文珍棒打鴛鴦的刺激。但俗話說：『近朱者赤，近墨者黑。』她當然會受他們兩位的影響。」

「唉！不知梅影姐現在是死是活？她有沒有跳出三界外呢？」香君又忽然關心起梅影來。

「這我怎麼知道？」蝶仙無可奈何地一笑：「我們都是凡人呀！」

「從前聽人家說：不能同日生，但願同日死。我看這也辦不到了！」香君又歎了一口氣。

「以美子和文珍來說，她們是同病相憐，又是知音，她們不能同日生，美子又比文珍早死好多年，連我也沒有想到文珍會比我先走，看來人是很難如願的。」蝶仙說。

「從前我讀過一首唐朝無名氏的詩：『君生我未生，我生君已老；君恨我生遲，我恨君生早。』當時只覺得好笑。真想不到，人生就是這樣陰錯陽差，顛顛倒倒！」香君感慨地說。

「可不是？」郝薔華也歎口氣說：「以後不論我們三人誰先走？誰後走？那就再也難得聚在一塊兒了！」

「還不知道六道輪迴怎麼個輪迴法？」香君說：「究竟我們會投個什麼胎都不知道？那更是陰陽顛倒，差錯可大了！」

她們一陣欷歔，車子卻輕輕地停在天龍山莊的門口。

第九十五章　軍機捕蝶成妄想
博士探源望六通

大家都回天龍山莊了。

紹君最後回來。他到家時正在吃晚飯，這是很難得的一次大團圓。因為平時各人都有事，紹天、紹君他們的應酬又特別多，連紹芬也很難得來和大家一道共餐，她是以美雲孤兒院為家，成天與保姆、孤兒們在一起，連自己的婚姻都耽誤了，現在還是單身。她是孤兒們共同的母親，是有名的「龍媽媽」。年輕時她投入抗日戰爭，在野人山九死一生；來臺灣後她又獻身於那些被遺棄或是家庭破碎的孤兒。紹君則早已成家，因為九江那個家抗戰時他顧不得，來臺灣時又行色匆匆，一心協助紹天在臺灣建廠，所以太太沒有帶出來。後來看看時局好像打了死結，那邊不容易打過來，這邊也很難打回去，和他同樣妻離子散的「單身漢」朋友都結了婚，他也不得不結婚。他太太是本省人，是公司的會計小姐，叫林麗美，生了一男一女，男的叫傳德，女的叫傳慧，現在都上國中了。

大家看他回來，都招呼他坐下吃飯。紹天還特別對他說：

「大哥，這幾天您又辛苦了！」

「表姑的後事，應該的嘛。」紹君笑著回答。他一向任勞任怨，自發自動，和紹天同心協力，天龍公司才有今天。

蝶仙、郝薔華一向都很看重他，這次他又將墓園、文珍的陰宅、後事，處理得出乎她們想像的好，所以蝶仙感慨地對紹天、紹君說：

「幸好我們龍家有你們兩兄弟一條心，不然也不會有今天這種局面。」

「姑姑，」紹天接嘴：「我們是託您們幾位長輩的福，和祖上的餘蔭。如果我們是赤手空拳來臺灣，那就很難翻身了！」

「紹天說得不錯！」紹君連忙點頭：「想當年我從廬山逃難一直逃到四川，要不是在重慶得薔嬸搭救，我真會討飯。」

「虧你還能記得這些陳年往事？」郝薔華笑說。

「在我心裏還像是昨天的事。」紹君認真地說：「做人總不能一丟下討飯棍，就忘記叫街時。」

「就憑你這兩句話，我們龍家還有後望。」蝶仙指著紹君說。

「嬸娘，」紹君也望著蝶仙說：「雖然天龍公司現在是大企業，我也坐的是賓士車，但是我時刻提醒自己：不能忘形。我也沒有一天忘記過九江老家的那些親人，像紹華、紹珍、紹玲……

她們到底是死是活？杳無音訊，我一直擔心。」

「對了！」紹芬連忙接嘴：「當年我逃到臺灣後，實在忍不住，太想念她們，我曾經暗中自香港轉寄一封信給紹華姐，希望她能告訴我一些家中情形和純純的消息，可是卻如石沈大海，我還一直不敢作聲。」

大家聽她這樣說不免一驚，因為那時三反四反如火如荼，那封信很可能加重她的罪名。紹芬也暗自擔心，但她還是解釋說：

「那是由一家商行轉寄的，我也化了名，我以為那邊搞不清楚？」

「那邊是天羅地網，妳這一手還能瞞得住他們？」阮玲玲說。

「要是真的替她們惹了禍，那我真該死了！」紹芬急得吃不下飯，放下碗筷說。

「現在急也無益，」紹仁說：「反正那邊對人是欲加之罪，何患無辭？只是在什麼時候給你戴上什麼帽子？戴上的時間遲早而已。」

大家都知道像他們這種家庭，人人都是黑五類，人人都有大罪，余純純更是罪加一等。紹天最擔心的也是紹地和純純。因此他對紹仁說：

「哥哥，你能不能再去大陸看看？打聽一下家人的情形？我們實在不能去。」

「我表哥太郎已經在和大陸做生意，我也是他公司的股東，他最近可能親自去北京一趟，我先拜託他打聽好了。」紹仁回答。

「爹，您不提起探聽家人的消息我還不敢對您說，既然您提起了，我就向您報告好了。」傳祖對紹天說。

「難道你有家人的消息？」大家連忙問。

「現在我什麼消息都沒有。」傳祖搖搖頭說：「但是北京方面已經派人和我接頭，希望我能去大陸一趟。這次我來臺北前兩天，還有人催我，我一直沒有決定。」

「你有美國公民身分，他們不敢對你怎樣，你考慮什麼？」紹芬問他。

「一方面我有雙重國籍，我怕去了北京就回不了臺北；二來我也想先和您們交換一下意見，看看能不能去？」傳祖望望大家說。

「你自己的意思怎樣呢？」紹天問他。

「爹，說實話，」傳祖對紹天說：「北京請我去當然有『統』的意味，同時也想和我交換一些航天知識經驗；而我也很想多瞭解一些他們從《易經》原理方面研究飛碟的發展情形。」

「難道他們的科技水準還能趕上美國？」傳宗有些奇怪。

「你是只知其一，不知其二。」傳祖向傳宗一笑說：「西方的科技只能認識接觸半個宇宙，天文儀器不可能望到時間。因此在研究飛碟這方面無法突破。美國也是一樣。」

「美國花那麼多人力、物力、財力都不能辦到的事，大陸人民連飯都吃不飽，還能出現奇蹟？」傳宗說。

「我告訴你：美國一直想捕捉飛碟進行研究，可是不成。一九四八年七月三日，美國空軍湯姆士曼特爾上尉就和其他幾位飛行員駕駛 P-51 野馬式戰鬥機，從諾克斯堡戈的德曼機場起飛，追趕白天接近基地的巨型不明飛行物體，真想不到，野馬式飛機竟在一團紅光中化成碎片，碎片落在地上比拳頭還小，碎片上卻有無數小孔。一直到現在，大家都不知道那是被什麼武器打下來的？而美國到現在也沒有捕捉到一隻飛碟。」

傳宗完全不知道這件事。大家聽了傳祖的話也面面相覷。傳祖又接著說：

「不但美國沒有抓住飛碟，歐洲國家也是一樣。」

「美國抓不到，那歐洲國家也別想抓了。」紹仁說。

「歐洲國家照樣想抓。」傳祖笑說。

「是法國還是英國？」傳宗問。

「比利時。」傳祖輕輕地說。

「比利時？」傳宗嗤的一笑。

「你笑什麼？你要知道，比利時科學並不落後。」傳祖提醒傳宗：「何況他們用的是最新式的美國 F-16 戰鬥機？」

「那到底是怎麼回事兒？」香君問。

「外婆，歐洲出現飛碟的次數很多，已經有五、六千人親眼目睹過，有一次是在比利時上空出現，是一個三角型的不明飛行物體，比利時空軍立刻派出兩架 F-16 升空攔截……」

「攔到了沒有？」傳宗搶著問。

傳祖望著他一笑，故意慢條斯理地說：

「那兩架 F-16 以六百哩的時速猛追上去，快接近那隻三角型飛碟時，像變戲法兒似的，飛碟突然消失得無影無蹤，兩架 F-16 飛行員都傻了眼，根本不知道是怎麼回事兒？」

「你知道是怎麼回事兒嗎？」杏芳笑問。

「娘，您別考我。」傳祖向杏芳一笑：「我還是借比利時專家的話回答吧。」

「他們怎麼說呢？」

「他們說，那隻飛碟神速無比，F-16 怎麼追得上？也許是那隻飛碟故意開個玩笑，等飛機快接近時突然失蹤，耍飛行員一下。不但如此，它還能在極小的空間突然改變飛行方向，也能在低於時速十哩的情況下，無聲無息地飛行。」

「這真奇了！」杏芳好笑：「天上飛的怎麼會沒有聲音？連一隻鳥兒拍動翅膀都會發出聲音來。」

「所以西方國家包括美國在內，捕捉飛碟已經走進了死胡同，研究工作也無法突破。因此我不得不把注意力轉移到東方來。我是中國人，我自然會想到我們老祖宗的文化遺產。恰巧，大陸那方面的學者專家在易學的應用這方面有不少心得。」

「他們是不是也和臺灣一樣，用來算命卜卦？」香君問。

「《易經》固然可以用來算命卜卦，但它還有更大的用途。」傳祖說：「聽說大陸禁止算命卜卦。」

「那為什麼？」他們不會讓老百姓知道自己的吉凶禍福。」

「娘，《易經》是講陰陽五行變化的，人也是陰陽兩種物質組成的，這是自然法則，不是迷信。不過一般人只能看到物質的軀體，看不到非物質的靈魂。其實靈魂才是生命的主宰，生命的密碼。《易經》也是解開生命密碼之鑰。」

「你又愈說愈玄了！」杏芳好笑。

「娘，一點兒也不玄。」傳祖也笑著對她說：「《易經》既是解開宇宙的奧祕之鑰，人身一小宇宙，《易經》自然也能解開人的生命密碼，這一點兒也不玄不奇。」

「為什麼也有算不準的？」杏芳問他。

「那是在乎個人的道行，江湖術士也未必真有高人？他們自然更不知道現代的科學家可將易學與物理數學結合起來解宇宙之祕與飛碟之謎了。」

「你就是為了這個理由要去大陸取經是不是？」傳宗問他。

「不錯，」傳祖點點頭：「但是，取經二字我要稍作修正。在我未去完全瞭解之前，這兩個字兒還不能用。正如我以前告訴你任何事都不要太早下結論一樣。你認為大陸人民吃不飽飯固然是事實，但是也不能否定他們在高科技方面的成就，這是兩碼子事兒，不能畫等號的。」

「在飛碟研究方面，難道他們還能超過美國？」

「你要知道，他們承襲了我們老祖宗的寶貴文化遺產。當初他們和俄國人鬧翻，俄國科技人員全部撤走，美國也在圍堵他們，他們在完全孤立的情況下，還不是關起門來搞出長程飛彈，發射人造衛星了。這又怎麼說呢？」

傳宗解釋不出來，只好不作聲。傳祖又說：

「你還要知道，中國本來是個科學先進國家，漢朝張衡發明渾天儀的時候，世界上還沒有美國這個國家。那邊的制度我比你更不贊同，但是只要能運用我們老祖宗的文化遺產，又能實幹、苦幹的中國人，我們都不能否定他們。因此，我認為那邊的科學家、學者，根據《易經》太極八卦陰陽消長的原理研究飛碟，和我根據同樣的原理探索外星人和宇宙的祕密，以及公公的《中國文化新論》的大著，都沒有什麼好奇怪的，也沒有什麼不同，為什麼不能在這方面去多瞭解一些呢？」

「海峽兩岸都是中國人，都繼承了祖先的共同遺產，你怎麼不在這邊多瞭解一些呢？」傳宗反問傳祖。

「你既然說出這種話來，就別怪我罵你了！」傳祖亦莊亦諧地笑指傳宗說：「我剛回來的那天，你看見我胸前繡著的太極圖，以為是印第安人的圖騰，又說什麼不如繡一個美國大蘋果漂亮，這種渾球的話，像你這樣不知道祖宗文化遺產為何物？捧著金飯碗討飯，抱著何仙姑叫二姨，以為月亮也是外國的圓的洋迷信，遍地都是，我在這兒向誰去討教？又能向美國二手貨瞭解些什麼？」

傳宗望著傳祖哭笑不得。傳祖又指著他笑罵：

「我並不想罵你，這可是你自己討賤呀！」

傳宗的巴掌在後腦上一拍，自怨自艾地說：

「真邪氣！這是怎麼搞的？我怎麼說都不對勁兒？」

「你是吃錯了藥！」紹天白了他一眼。

杏芳連忙替傳宗解圍，故意笑著對紹天說：

「他不過是剛回來，還沒有摸清楚此地的行情，您又何必認真？」

「我也不是單單氣他，」紹天語氣和緩下來：「我是覺得此地吃錯了藥的人多得很。」

「說真格的，我們可不能再吃錯藥。」蝶仙笑著插嘴：「當年要不是楊家姑爹拖著何仙姑叫二姨，天行、文珍也不會受這一輩子的委屈；而且城門失火，還殃及池魚。」

香君黯然不語，紹仁也會意。蝶仙又輕輕一歎說：

「還有紹人少不更事，當年也是剃頭擔兒一頭熱，我到現在還不知道他的死活？他也是我一手帶大的，我實在擔心。」

「姑，我知道您在我們三兄弟身上花的心血比花在紹文身上的還多，您放心，我一定會想辦法打聽出來。」紹天一面安慰蝶仙，一面轉向傳祖說：「我真沒有想到，你到那邊去還有那麼大的意義？你是學科學的，又不搞政治。政治有禁區，科學可不能封閉。你去那邊照理不會有太大的是非。」

「爹，我是怕給您帶來困擾、麻煩。」傳祖說。

「我和你公公一樣，一生不搞政治，我專心搞我的工商事業。你的身分特殊，你能去，我不能去。而我們又都掛念家人的生死，但是這麼多年還是如在五里霧中。那你就去一趟，代我探聽一下好了。太郎不大瞭解我們龍家的情形，不好太麻煩他。」紹天說到這兒又轉向紹仁：「哥哥，您說是不是？」

「太郎還沒有我清楚。」紹仁點點頭說。

「要是您和傳祖都去那邊一趟，多方打聽，我想不難弄個水落石出？」紹天說。

「如果紹仁和玲玲也去，那就更好了。」蝶仙望著他們兩夫妻說。

紹仁和玲玲當初離開大陸時，很不想再回去。可是最近變化不小，日本工商界正和美商搶大陸市場，太郎已經搭上了那班列車，玲玲也很想家，她聽蝶仙這樣說自然心動。她望望紹仁，紹仁瞭解她的心情，便對他說：

「如果妳想家，我就陪妳去一趟。」

「我現在是日本人，我想他們也不敢對我怎樣？」玲玲說。

「為了避免麻煩，我也會用川端龍子這個日本名字。」紹仁說。

蝶仙和香君都歎了一口氣。蝶仙悠悠地說：

「真想不到，龍家的子孫回北京老家，還要靠美國、日本做護身符，這怎麼說好？」

「這個悲劇還不知道什麼時候才能結束？」香君輕輕一歎。

紹君半天沒有說話，這時他才向紹天報告文珍喪事的收支情形，最後他說：

「喪禮收的賻儀除了大花圈五百多個，輓聯、輓幛兩千多幅還要花錢清理外，現金有兩百五十多萬，如何處理才最適當？恐怕還要斟酌一下？」

紹天不敢擅專，他站起來說：

「我們去客廳談談，這件事兒我要請示姑和娘兩位老天牌，我不敢僭越。」

客廳有三十坪大，除了不能免俗有一個大酒櫃，掛了四幅西式油畫之外，還有一個特製的祖宗神龕、傳家之寶的中堂對聯：「開張天岸馬，奇逸人中龍。」和幾副當代名人字畫。兩邊各擺設三套烏沈香木嵌著貓眼綠的大理石的雙人沙發。配以淡金色的大理石面的大茶几，地上鋪的是大理石，上蓋墨綠色的地毯。但客廳中最顯眼的還是「開張天岸馬，奇逸人中龍」的中堂下面一個古色古香的特製書櫃，裏面放了全套精裝的《古今圖書集成》，這是天行當年特意要擺設的。其他《四庫全書》等重要圖書都放在樓上他自己的書房裏。當然這都是翻版書，不能和他祖父當年收藏的那些善本、孤本相比。可惜那些書早被紅衛兵燒光了。

紹天一手扶著蝶仙，一手扶著香君，坐定之後，蝶仙便對他說：

「你不是打算將賻金捐給慈善機關嗎？」

「姑，我是有這個打算。但是怎樣捐？捐給那一個慈善機關？還沒有決定。這得請您們兩位琢磨琢磨？」

「外面的事兒我沒有你清楚，我看只要受者實惠就好。」蝶仙一面說一面又問香君：「您看怎樣？」

「文珍在世時就不是沽名釣譽的人，她走後自然也不希望我們在她身上作文章，我贊成您的意見。」香君回答。

蝶仙又徵詢郝薔華的意見。郝薔華說：

「外面的事兒我也不太清楚，我不知道美雲孤兒院是不是也需要錢？」

蝶仙又問紹芬，紹芬說：

「公司每年都編列預算補助孤兒院，但是現在社會問題、家庭問題愈來愈多，孤兒院是一個蘿蔔一個坑，有多少錢收多少人，得維持一定的教養水準，不能只是養活他們。」

蝶仙沈吟了一下，立即對紹天說：

「我看這樣好了，你切實調查一下，什麼地方？什麼人最需要救助？你就捐給他們好了。君子賙濟不濟富，當年老夫人也是這個原則。」

「好，我就照著這個原則辦。但是還有一件大事我要報告一下。」紹天又向蝶仙、香君、郝薔華說。

「還有什麼大事？」蝶仙問。

「我先前和紹文提過，我想撥出兩億臺幣，成立『天龍楊氏文教基金會』，每年辦理獎學金和獎勵文化著作，我以為這是紀念表姑的最適當方式，不知道還有沒有什麼更好的辦法？」

「你這個意見很好，」蝶仙立即點頭：「你表姑一輩子不會用錢，她走得又很突然，一文也沒有帶走，如果能為她做點有意義的事兒，她在九泉之下，也會安心。您們兩位說是不是？」

香君、郝薔華也點頭稱是，郝薔華還對紹天說：

「等我百年之後，你也依樣畫葫蘆好了。我也沒有後，用不著什麼遺囑。」

「妳何必說這種話？」香君看了她一眼說。

「這有什麼好忌諱的？」郝薔華淡然一笑：「那是人人都要走的一條路，我又沒妳的命好，我一向是禿子跟著月亮走，託他們父子兩人的福。我很知足，一無牽掛，做點好事兒，積點兒陰德，也好修修來生。」

郝薔華早已洗盡鉛華，天龍又是股票上市公司，她每年分到的股息，多半暗中捐贈出去，濟危扶困，倒是做了不少好事兒。她和古美雲一樣也是為善不欲人知。文珍在生時該領的股息，她都交給紹芬領，交給孤兒院用，也不要紹芬講出來。她們住在天龍山莊，一切吃用開支都不必管，有錢也無處花，錢對她們已經沒有什麼意義。

紹天不好怎麼回答她，但他胸有成竹，不到那個節骨眼兒他不會講。

紹君最清楚她和天祿的那段露水姻緣，但在九江時他對她還不大瞭解，那次他逃難到重慶後，得她搭救照顧，他對她既感激又敬重，比對天祿的原配還好。他笑著對她說：

「薔嬸，我雖然不是您生的，可是您救的。一切您都不必說，我和紹天都心裏有數，您過您的神仙日子好了。」

郝薔華聽他這樣說，立即眼淚盈盈，笑著對紹君說：

「紹君，我知道你的心腸好，也知道你並不需要我這一點兒錢，所以我沒有說留給你，你該不會見怪吧？」

「薔嬸，您一個子兒都不必留，我們這一代人都叨天之幸，能有今天，我更知足。我和紹天還是這麼兢兢業業，不僅是為我們龍家著想，也是為社會創造財富，創造更多的就業機會。」

「大哥的話不錯，」紹天接著說：「當初我們的工廠只有一百多人，現在三家公司的員工有一萬多人。當初工人上工都穿呱噠板，只有三、四十塊錢一個月，現在上工都穿皮鞋，連加班費合計，平均有兩萬塊錢一個月，年終還有獎金，連阿足也早買了一層三十多坪的樓房，她兒子還在工場當股長，手下也有三十多個人呢！」

林阿足聽了也很高興，她笑著對大家說：

「當初我來當下女，只想吃飽飯，養活兒子，真沒有想到會有今天？」

「說來說去，這都是天行的先見之明。」蝶仙慨歎地說：「要不是他，我們龍家也整個兒垮了！」

「可不是？他一個人受苦受難，卻給我們大家造福。」香君接著說，又指指傳祖、傳宗：「你們年輕人可要飲水思源！」

「外婆，您放心。」傳祖笑著回答：「我雖然入了美國籍，那也是為工作方便、研究方便，我不會忘本。」

「現在忘本的人可多著呢！」香君說：「前幾天報上還登了一位民代的話，說我們都是光著屁股來臺灣的。」

「誰說這種渾球的話？」傳祖不知道這些情形，茫然地問。

「阿足最清楚那位忘本的人。」香君指指林阿足說：「你請阿足講好了。」

「對不起！他是我娘家的姪兒子。」林阿足抱歉地對傳祖說：「當初我娘家也很窮。他唸小學時連呱噠板也沒有的穿。唸中學時也買不起球鞋，光著腳丫子上學。幸好學校老師、教官都很照顧他，我也請董事長幫助過他，他才唸完大學。想不到他大學畢業後人就變了！」

「怎麼會變呢？」傳祖奇怪地問。

「他野心大得很，想一步登天。」林阿足說。

「那有這回事兒？」傳祖上過太空，他知道登天難。

「可是他搞選舉。」

「競選要錢，沒有錢怎麼選？」傳祖知道美國選舉的情形，那是金錢政治。

「大少爺，這您倒不用擔心。」林阿足一笑：「他的嘴甜，又只顧目的，不擇手段，自然有人出錢請他做保鑣、打手。巧的是，偏偏第一次出馬他就當選了。」

「他當選了什麼？」

「議員。」林阿足說：「現在又快要選了，他想更上一層樓，所以他又黑白講。他完全忘記了自己打赤腳，吃同學的剩飯，還說別人光著屁股來臺灣呢！我知道您們就不是光著屁股來的。」

「他再競選，妳投不投他的票？」傳祖笑問。

「他這樣黑白講，我不會再投他的票。」林阿足說。隨後又望望香君：「外婆，人有好歹，我可不會忘本。我記得我初來做下女，家裏連蕃薯簽都沒有，我姪兒子還去菜市場撿菜葉吃，這好像是昨天的事啦！」

「阿足，剛才我也是有感而發，我是怕傳祖、傳宗兩兄弟也會忘本，所以我才提醒他們。」

香君向林阿足解釋。

「外婆，我知道您的意思。我也最不歡喜黑白講的人！連我姪兒子在內。」林阿足坦白地說。

「娘，您剛才把話岔開了，我想成立天龍楊氏文教基金會的事兒還沒有談完呢？」紹天對香君說。

「你還有什麼話說？」香君問：「剛才我們不是都很贊成嗎？」

「可是事情還得有人做呀！因為我的事情太忙，大哥也和我一樣，不能分身。因此，基金會的董事長就請紹文當，他也比我內行，也免得我大權獨攬。希望姑和紹文能夠同意。」紹天一面回答香君，一面又望著蝶仙、紹文說。

「這是你們兩兄弟的事兒，不必問我，反正我只能當太上皇。」蝶仙一笑置之。

紹天、紹君、紹文都好笑。香君更笑著說：

「蝶仙姐剛才這一招，使我想起當年在長江輪船上吃撫州西瓜的故事來了。」

除了蝶仙和香君之外，誰都不知道那個故事。因此大家急著問，香君望了蝶仙一眼才說：

「當時梅影姐在頭等艙裏侍候老夫人，又一個人切西瓜分給大家吃，蝶仙姐卻到船頭上風涼去了，巧的是，吃西瓜時她正好趕進艙來，梅影姐罵她，罰她清理西瓜皮。她看那一大堆髒兮兮的西瓜皮，先是眉一皺，隨後向窗外一望，窗外是滾滾長江，她一笑說：正好攉進江裏餵魚吃。便三把兩把統統攉進江裏，隨即將抹布在茶几上一擦，清潔溜溜。梅影姐看了又好氣又好笑，罵她懶人偏有懶法子。剛才她這一句『不必問我』，就推得乾乾淨淨。這不是和當年攉西瓜皮的故事異曲同工嗎？」

香君還沒有說完蝶仙就在暗笑，她一說完大家都望著蝶仙大笑，蝶仙自己更好笑，她笑指香君說：

「虧妳還記得這筆陳年爛帳？我也好像返老還童了！」

大家都很嚮往她們那種少年不識愁滋味的歡樂生活。蝶仙和香君更有無限感慨。香君說：

「要是時光能夠倒流，我真情願放棄現在這種生活，再回到翰林第當丫頭。蝶仙姐，您說對不對？」

「可是我們又不能成佛成仙，上傳祖說的四重天、五重天去，在那兒才能時光倒流。傳祖，你說是不是？」蝶仙說。

「姑婆婆，要是真能入定勤修，能夠靈魂出竅，便能辦到。」傳祖說：「要是六通了，那就隨便您想了，一切都不在話下。」

「為什麼有些出家人說正信不言神通呢？」香君問。

「外婆，因為佛法無邊。阿彌陀佛、觀音菩薩的佛法更高呀！」傳祖笑著解釋：「他們既能千百億化身，而化身又有三十二好相，又能無所不知、無所不在、無所不能。那又何必談什麼神通呢？」

「唉，我們是不是在說夢話？」蝶仙望著香君自言自語，不禁失笑。

「我是不能成佛成仙的，只要真能讓我夢見當年在翰林第的那段少年歲月，死我也心甘。」香君也如夢如幻地望著蝶仙笑，卻笑出了眼淚。

蝶仙知道香君不僅是懷念翰林第的那段少年歲月，更懷念的是她和天行、文珍的那份只可意會不能言宣的情感。但她不能點破。當時她雖然身在那片純情的汪洋的大海邊緣，但那種少女情懷，她現在回想起來仍如夢如幻如詩，她也不免輕輕歎了一口氣。